Wonderful World

기 소르망 지음

조정훈 옮김

문학세계사

옮긴이 · 조정훈
이화여자대학교 불어불문학과 졸업. 프랑스 보르도3대학과 파리3대학에서 수학.
현재 전문번역가로 활동. 2005~7년《출판저널》에 프랑스 책 소개 연재.
번역서『세잔과의 대화』,『결혼의 적들』,『르꼬르뷔지에의 동방기행』,
『경제는 거짓말을 하지 않는다』(공역),
『오비디우스의 변신 이야기 16가지』 등이 있음.

원더풀 월드
기 소르망 지음

초판 1쇄 발행일   2010년 5월 25일

옮긴이 · 조정훈
펴낸이 · 김종해
펴낸곳 · 문학세계사

주소 · 서울시 마포구 신수동 345-5(121-110)
대표전화 · 702-1800   팩시밀리 · 702-0084
이메일 · mail@msp21.co.kr   홈페이지 · www.msp21.co.kr
출판등록 · 제21-108호(1979.5.16)

값 14,000원
ISBN 978-89-7075-496-3   03320
ⓒ 문학세계사, 2010

Wonderful World

Guy Sorman

Wonderful World

원더풀 월드

원더풀 월드

Wonderful World

|차 례|

2007

2008

Wonderful World ═══════════════════════════════

2009

프롤로그

태어난 고향은 오랫동안 그 사람의 운명과 세계관을 지배했었다. 심지어 여행을 하거나 이민을 가더라도 사람들은 보이지 않는 끈에 의해 자기 지역이나 나라에 늘 묶여 있곤 했다. 하지만 오늘날 우리는 점점 '지역'의 주민에서 '시대'의 주민이 되어가고 있다. 시대라는 조건이 지리적 조건보다 더 큰 영향을 미치게 된 것이다. 개인의 출신지와 민족이 한없이 다양해진 지금 이 순간 우리는 시간이라는 공통의 정체성을 함께하게 되었다. 우리의 행동방식은 피부색이나 언어, 문화보다 시간의 흐름에 더 많은 영향을 받는다. 그 사람이 어느 지역 출신이냐를 따지는 것보다 그 사람이 현재 어디에 있고 어떤 시간을 살고 있는가가 더 중요해졌다. 인류 전체가 이렇게 시간과 시대로의 큰 변화를 겪고 있기는 하지만 그 변화의 단계는 너무나 다양하다. 이민자들과 젊은이들, 국제적인 엘리트들은 그 시대의 중심에 가장 잘 맞는 시민들이라 할 수 있을 것이다.

추억과 함께 불변하는 것들은 여전히 자리를 지키고 있지만 시대의 완전한 도피처는 될 수 없다. 모두가 움직이고, 모두가 이동하며, 모두가 변화한다. 사람도, 사물도, 음악도, 이미지도, 사상도 모두 변화한다. 그리고 보편화된 이런 움직임과 정체성의 변화를 사람들은 '세계화'라 부르는 것이다.

세계화는 지역적, 문화적 한계가 없는 새로운 문명을 가져다주었다. 이제 어떤 국경이나 권력도 소리와 형상과 사상이 서로 넘나드는 것을 방해하지 못할 것이다. 그러면 문명은 어떻게 될 것인가? 세계화는 결코 중간적인 상태를 의미하지 않는다. 세계화는 국가와 가부장적 권위, 나아가 온정주의까지 모든 것을 해체한다. 스스로 선택한 집단이 의무적인 애국심보다 앞서고, 새로운 우상이 전통의 종교보다 앞서게 하는 것이 바로 세계화다. 소외된 자들이 중심으로 나오고 막 태어난 문화가 오래된 전통을 밀어내는 것 또한 세계화다.

아시아의 불교 전파나 서양의 기독교 전파 등 예전에도 비슷한 변화의 시기는 있었다. 하지만 이것이 문명으로 자리잡기까진 수 세기가 필요했었다. 그런데 지금의 변화는 예상치 못하게 불쑥 등장했다. 1989년에는 베를린 장벽이 무너졌고, 1991년엔 자유민주주의를 대체하려던 사회주의 체제 모델이 사라졌으며, 1995년에는 인터넷이 모든 인류를 하나로 묶어주었다. 이때부터 받아들이든 거부하든 상관없이 세계화는 전 인류의 현실과 대다수 개인의 운명에 영향을 주게되었다. 이제 우리의 신분증명도 세계화되었으며 동시에 새롭게 갱신되었다. 이제 각자에 대한 정확한 묘사만이 우리의 복잡한 정체성을 설명해줄 것이다. 그래서 우린 각자의 뿌리와 행적과 자취를 신분증으로 지니게 될 것이다. 그리고 각자는 자신의 복잡한 정체성에 만족하거나 덜 만족한 채 적응할 것이다. 어떤 이는 스스로에게서 세계화의 흔적을 지워버리려 하고 어떤 이는 자신의 뿌리에 불만족스러워할 것이다. 이러한 선택은 민주주의가 없을 때보다는 민주주의 안에서 더 쉬워지겠지만 개인적 선택의 가능성은 어디든 있을 것이다.

따라서 우리는 세계화와 문명화를 통해 그리고 어제의 정체성과 오늘의 정체성 간의 투쟁을 통해 시대와 행동방식과 사건들을 바라볼 수 있다. 너무 편협한 시각이 아니냐고? 클로드 레비-스트로스는 세상을 바라보기 위해서는 하나의 렌즈가 필요하며 그 렌즈 없이는 아무것도 볼 수가 없다고 말했다. 덧붙여 우린 어떤 렌즈도 완벽할 수 없다는 것과 모든 렌즈는 어느 정도 현실을 잘못 비춘다는 사실도 알고 있다. 적어도 우린 이런 렌즈를 착용하고 있다는 사실을 알고 있다. 더 직설적으로 말하면 그 렌즈가 자유주의 사상이라는 색깔이 칠해진 렌즈라는 걸 알고 있다. 18세기 프랑스에 자리를 잡은 자유주의는 정부에게 개인들의 의사표현의 자유와 선택의 자유 그리고 가능하면 번영까지도 보장해 주어야 함을 가르쳐주었다. 민주주의와 시장경제, 주권국가 등은 바로 이런 '야심찬 계획'을 위한 장치들이라 할 수 있다. 자유주의자들은 사람들이 각자 다른 생각을 가질 수 있다는 것과, 인류 전체에 대한 다른 비전도 존중해주어야 한다는 것, 스스로가 집단의 편견에 사로잡히지 않도록 조심해야 한다는 것을 잘 안다. 그리고 자유주의자들은 세계화가 개인들의 선택의 자유를 극대화해주기 때문에 세계화에 만족해한다. 따라서 우리는 이렇게 결론을 내릴 수 있다. 세계화는 훨씬 더 많은 자유와 발전을 우리에게 가져다준다고. 그렇기에 우리는 이 시대를 사랑하며, '지금' 그리고 '이곳'에서 얻게 된 복잡한 우리들의 새 신분증을 기념하는 것이다.

『Wonderful World』라는 이 책의 제목을 보고 사람들은 1967년 루이 암스트롱이 부른 유명한 노래 제목을 떠올릴 것이다. 이런 제목을 붙인 이유는 세계화를 대표하는 언어인 영어의 'wonderful'이라는 단어가 '멋지다'는 의미와 함께 '놀랍다', '경이롭다'라는 의미도 가지고 있기 때문이다. 또한 1944년 이후에 태어난 프랑스인에게 적어도 지금의 세상은 이전 세상보다 훨씬 훌륭하다는 뜻에서 이런 제목을 붙였다.

이 시대를 예찬하기 위해 쓴 나의 글들은 원래 스위스의 주간지

《렙도L' Hebdo》의 제안으로 블로그에 올린 것들이다. 2006년부터 2009년까지 ‘포스팅’ 되었던 400개의 원고들 중에서 당시의 상황을 담았지만 시간을 뛰어넘어 지금도 이해될 수 있는 글들만을 발췌하여 실었다. 현장의 사건을 글로 옮기는 과정에서 문장들을 여러 번 손질했지만 그 기본은 변하지 않았다. 책에 나오는 몇몇 분석들과 예측들은 이후에 벌어진 사건들과 비교해 오류로 밝혀지기도 했는데 이를 통해 나는 예언을 함부로 해선 안 되겠다는 겸손함을 배우게 되었다. 알다시피 블로그는 ‘포스트’와 그에 딸린 리플들로 이루어지기 때문에 기존의 일회적 글쓰기와는 전혀 달리 쌍방향적이다. 어떤 댓글들은 ‘포스트’ 자체보다도 더 흥미롭고 좋은 정보를 제공해주기도 했다. 내 ‘포스트’에 달린 만이천여 개에 달하는 리플들을 모두 책에 싣는 건 불가능하지만 나의 블로그 http://gsorman.typepad.com를 통해 리플들을 확인할 수 있을 것이다.

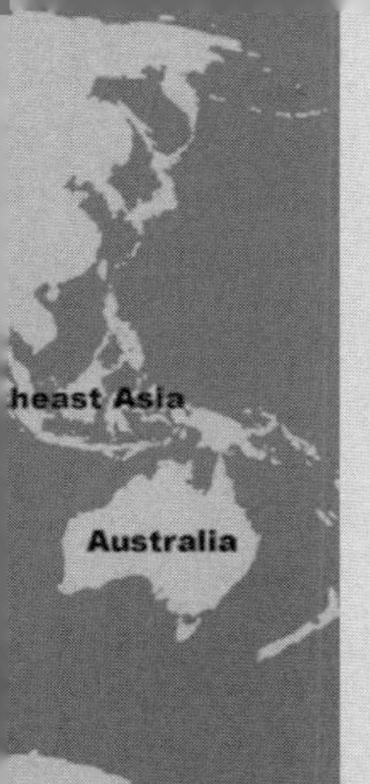

2006

Guy Sorman

구글이 걱정스럽다

구글이 중국에 상륙했다. 그런데 이 캘리포니아 기업이 중국시장을 공략하기 위해 공산당과 맺은 모종의 계약이 우리를 전율케 한다. 구글의 중국어판 검색창에선 이제 '민주주의', '자유', '티베트', '달라이 라마', '타이완' 같은 단어들을 찾아볼 수 없게 되었다. 구글은 이렇게 지구상에 마지막 남은 일당독재국가와 공범이 되었다. 이를 단순히 돈의 문제나 중국시장을 공략하기 위해 치러야 할 대가만으로 보아야 할까? 상황은 그리 단순하지 않다. 구글과 중국 공산당은 세계 패권을 차지하겠다는 비슷한 야심으로 손을 잡은 것이다. 구글의 경영진들은 늘 세계를 석권하겠다는 야심을 보여 왔다. 인터넷과 세상의 모든 정보들을 손에 넣고 주물러 보겠다는 것이었다. 그들의 목표는 세계 모든 언어로 된 문헌들을 (저작권 없이) 손 안에서 관리하는 것이다. 반면 중국 공산당은 십억 중국인들을 정치적으로 통제하고 경제적으로 착취하려 하며 나아가 인민들이 자기 생각 없이 당과 똑같이 사고하도록 만들려고 한다. 이런 면에서 우린 중국, 아니 중국 공산당의 끝없는 야심을 의심하지 않을 수 없다. 언젠가 그들이 비축해 두었던 무기들은 실제 사용될 수도 있을 것이다.

---

1) 미국 캘리포니아주의 서부에 있는 도시. 실리콘밸리가 조성된 이후 정보통신 등 첨단기술의 중심지가 되었다.

이들의 부당한 계약을 세간의 화제가 된 하나의 상업적 거래로만 보고 넘길 수는 없다. 중국 공산당과 구글의 새로운 협정이 앞으로 닥칠 우려스러운 미래를 암시하는지도 모르기 때문이다. 우리는 인터넷이 세상을 억압으로부터 해방시켜줄 것으로 믿고 있지만 반대로 '일방적 감시망'이라는 정치통제기술을 가능케 함으로써 전체주의 미래를 가져다줄 수도 있다. 그럼에도 이런 최악의 상황이 오지는 않을 것으로 보인다. 인터넷은 오히려 구글과 중국 공산당에 타격을 입힐 수도 있다. 중국의 지도자들은 자국의 수천만 네티즌들의 양식과 노련함을 과소평가하고 있다. 베이징의 정부가 온갖 방법으로 검열을 해도 이미 인터넷은 중국인들이 자유롭게 정보를 얻을 수 있는 최대 소스가 되었다. 만여 명에 이르는 국가정보요원들이 인터넷과 메신저들을 검열하고 있지만 중국의 네티즌들은 이런 감시망을 빠져나가는 법을 잘 알고 있다.

구글은 어떤가? 조만간 사람들은 구글을 피하게 될 것이다. 다른 검색 엔진들이 검열 없는 정보들을 제공하고 보다 대중적인 사이트들이 나타나 선택의 폭을 넓혀줄 것이기 때문이다. 아직까지는 다른 선택의 여지가 없기 때문에 구글은 독보적인 자리를 지키고 있다. 하지만 이는 정보검색이 아직 초기단계에 머물러 있기 때문이다. 언젠가 구글은 중국 공산당과 마찬가지로 독점적 권력을 잃게 될 것이다. 이유는 둘 다 같다. 인터넷을 이끌고 있는 대중들의 표현의 자유 욕구를 과소평가하고 있기 때문이다. 그럼 지금 당장 구글 없이 정보를 얻는 방법은 없을까? 야후를 쓰면 될까? 하지만 야후는 한술 더 뜬다. 중국 기자인 시타오를 중국 공산당에 고발한 것도 야후였다. 자신이 쓰는 야후 메일로 민주주의를 호소하는 메시지들을 전송했다는 게 이유였다. 그리고 이 사건으로 시타오는 10년 형을 선고받았다!

아직까지 구글이 대세를 유지하는 이유가 또 있다. 미국 사법부는 아동 대상 성도착자 사이트를 이용하는 사람들의 명단을 구글에 요청했다. 그러나 구글은 고객들의 사생활 보호를 이유로 이 요구를 거절했다. 상대가 중국이 아닌 미국이었기에 가능했을 것이다. 이에 대한 판단은 다시 미국 사법부로 넘어갈 것이다. 참고로 중국 네티즌들의 투쟁에 대해 궁금하다면 www.hrichina.com 사이트에 들어가 보시길 바란다.

인도 살려!

인도의 기업가인 락시미 미탈Lakshmi Mittal이 프랑스 기업 아르셀로Arcelor를 인수하려 한다. 그가 설립한 미탈이란 회사의 국적은 영국이며 아르셀로는 룩셈부르크에 본사를 두고 있다. 그런데 이런 문제에도 인종 편견이 작용하고 있다.

우리는 '황색의 도전'에 직면해 살고 있으며 그 선봉에 인도인들이 있다! 물론 사람들은 이렇게 대놓고 말하지 않는다. 하지만 미탈 철강 그룹이 아르셀로를 인수합병하려 한다는 소식에 놀란 프랑스의 정치가, 노조, 기업주들의 반응은 대략 이렇다. 누가 앞장서 미탈의 합병을 막아낼지는 잘 모르겠다. 왜냐하면 아르셀로의 주주들(그들의 국적도 잘 알 수 없다)은 투덜거리면서도 언제든 주식들을 팔아치울 준비를 하고 있기 때문이다.

프랑스 재무장관에서부터 아르셀로 회장에 이르기까지 자리에 위협을 느낀 이들의 동지애는 비장하기까지 하다. 주장도 하고, 눈물로 호소도 하다가 이젠 인종차별적인 생각까지 서슴없이 드러낸다! 아르셀로의 대표 돌레 씨는 주주들에게 인도의 문화가 프랑스와 너무 달라 경영이 어려울 거라 호소한다. 인도와의 문화적 차이란 게 뭘까? 카레를 많이 먹고 볼리우드 영화들이 넘쳐난다는 것? 물론 자신들의 이익을 지키기 위해 신경전을 벌이고 있는 거라지만 외국인 혐오와 애국심까지 동원하는 건 정당하지 못하다.

평소 신중하기로 소문난 발레리 지스카르 데스탱Valéry Giscard d'Estaing도 미탈 사태를 '정글의 법칙'에 빗대어 표현했다. 키플링의 『정글북』을 말하는 것인가? 하지만 스스로도 정글의 맹수였던 돌레 사장은 주주들에게 했던 주식 뻥튀기Monkey Business 제안을 재확인 했다. 이런 정신 나간 짓들은 프랑스가 세계화에서 얼마나 뒤처져 있는지 그리고 사회 지도층들이 얼마나 여론 앞에 떳떳하지 못한지 보여준다.

프랑스의 재무장관이자 자유주의자를 자처하는 티에리 브르통Thierry Breton의 말에 우리는 귀를 기울일 필요가 있다. 그의 말처럼 미탈 그룹이 아르셀로를 인수해도 락시미 미탈 회장은 여전히 영국 시민이며 미탈은 룩셈부르크 회사가 되는 것이다. 그렇다! 새로운 세계경제에서 국적은 의미가 없다! 그럼에도 프랑스의 철강산업은 타격을 입지 않을까? 브르통은 철강산업이 더 이상 프랑스 노동자들의 미래를 책임지지 못하며, 프랑스의 기술이나 임금, 교육 수준을 볼 때 더 고부가가치의 산업에 힘써야 한다고 말한다. 이런 발상의 전환을 통해서만 프랑스는 인도 시장을 다시 공략할 수 있을 것이다. 하지만 프랑스는 아직 이런 생각을 못하고 있으며 그런 면에서 아직 이탈리아나 독일, 벨기에 등에 한참 뒤져 있다.

인도의 역습은 어찌 보면 당연한 결과다. 왜냐하면 우린 인도를 잘 모르기 때문이다. 프랑스 기업의 '공자님'들은 오직 중국에만 정신이 팔려 주위를 돌아볼 정신이 없다.

프랑스의 중국에 대한 짝사랑은 염려스러울 정도다. 인도는 민주주의 법치국가이며 사기업이 보장된 나라다. 하지만 중국은 법치가 통하지 않는 전체주의 국가다. 무엇보다 중국은 지적재산권 같은 게 존중되지 않는다.

처칠은 1938년 뮌헨협정[2] 직후, 프랑스와 영국이 불명예와 전쟁을 동시에 짊어지게 될 거라 말했다. 세계화를 부정하고 민족적 애국심만으로 자국을 보호할 수 있다고 생각한다면 우리는 인도뿐 아니라 중국에게도 역습(이번엔 평화로운)을 당하게 될 것이다. 세계화는 전쟁이 아니며 전쟁을 대신한 무엇이다. 이것이 우리가 세계화를 사랑할 수밖에 없는 이유다.

---

2) 독일인이 다수 거주하고 있는 체코슬로바키아의 수데텐란트 영토 분쟁에 관련된 협정으로 1938년 뮌헨에서 열렸다. 당사국인 체코슬로바키아가 제외된 채 유럽 열강들이 회담에 참석하여 체코슬로바키아의 영토 문제를 논의했다. 나치 독일에 대한 유화책으로 열린 이 협정에서 영국, 프랑스, 이탈리아는 독일의 수데텐란트 합병을 승인하였다.

이민자, 르노사의 수장이 되다

프랑스인들은 결국엔 변화를 수용하면서도 언제나 투덜거리기를 멈추지 않는다. 기다리기만 하면 되는데도 말이다. 이런 경향은 이번 르노의 경우에서도 볼 수 있다. 창립자 루이 르노 이후 이 회사가 처음으로 고위 관료 출신이 아닌 순수 경영자를 회장으로 맞았다. 카를로스 곤Carlos Ghosn이 새로 부임한 사장의 이름이다. 레바논 태생인 그는 브라질 국적과 프랑스 국적을 가졌으며 일본 닛산의 회장을 지낸 적도 있다. 그야말로 국제적인 이력의 소유자다. 그는 루이 슈웨체르Louis Schweitzer의 뒤를 이어 르노사의 회장이 되었다. 루이 슈웨체르는 고위 공직자의 아들도 프랑스 국립행정학교(E.N.A)를 나왔으며 로랑 파비위스Laurent Fabius4)의 보좌관을 지낸 장 폴 사르트르Jean-Paul Sartre의 사촌이다. 얼마나 프랑스적인 이력인가! 물론 슈웨체르가 르노를 잘못 경영한 건 아니다. 그는 국가의 회사 지분 비율을 다수결 저지 비율 밑으로 낮추었으며 이를 통해 미국 연금기금의 투자를 이끌어내기도 했다. 하지만 슈웨체르는 정부와 국회의원들 그

---

3) 파리 근교의 도시. 프랑스의 자동차 회사 르노의 본부가 있다.
4) 프랑스의 정치가. 프랑수아 미테랑 대통령의 수석비서를 지내고 재무성 예산 담당관, 사회당정부의 공업연구장관 등을 지낸 후 37세의 젊은 나이로 프랑스 최연소 총리가 되기도 했다.

리고 노동조합의 비위를 맞추려 애썼던 인물이다.

다시 카를로스 곤으로 돌아가 보자. 취임과 함께 그는 회사의 이윤을 중진시키고 유럽의 최고가 되는 데 총력을 쏟겠다고 선언했다. 노동조합과 정치인들의 의견은 상관치 않겠다는 말이다. '노동자들의 요새' 한가운데 선 르노 사장의 경제적, 사회적, 문화적 혁명 선언은 획기적인 사건이다! 이렇게 해서 국영기업 르노는 소비에트식 경영에서 벗어나게 되었다. 1973년 사르트르는 비앙쿠르에 있는 르노 본사 앞에서 드럼통 위에 올라 혁명을 호소했다. 사르트르조차도 (그는 역사의 변화를 읽어내지 못했다) "비앙쿠르를 실망시킬 수 없어" 스탈린을 비난하지 못했었다.

그러나 역사의 아이러니라고 할까…… 그로부터 고작 30여 년이 지난 지금 르노는 사르트르의 혁명과는 반대되는 자유주의 혁명의 선봉에 섰다. "오래되고 값비싼 나라"(샤를 드골이 한 표현), 프랑스로선 그리 나쁘지 않은 선택이다.

잠시 필자 자신의 이야기를 해 보겠다. 필자는 이미 1984년 당시 르노의 민영화(당시에는 탈국유화라고 했다)를 주장했었는데 당시 사람들로부터 과격주의자 소리를 들었다. 그리고 이런 사람들 중엔 발레리 지스카르 데스탱도 있었다.

곤 회장과 함께 르노는 진정한 민영화를 이루어냈고 자유주의 혁명을 완성했다. 그 이익은 누구에게 돌아갈까? 프랑스인들은 내 나라의 회사들이 여기저기 외국인들 손에 넘어가고 있다며 걱정한다. 섬유회사의 중국인, 철강회사의 인도인에 이어 이제는 자동차 회사에 여러 국적을 지닌 회장을 맞이하게 되었다. 하지만 프랑스의 몰락을 믿지 않는 사장이라면 누구든 존경받을 수 있다! 이민자들을 환영한다!

활기찬 미국인들

미국이란 나라는 참으로 피곤하다. 시차 때문이 아니다. 뉴욕에선 모든 게 24시간 가동하며 도시는 문을 닫는 법이 없다. 새벽이면 예외 없이 사무실에 불이 켜지고 밤이 깊도록 꺼질 줄 모른다. 미국과 프랑스의 경제 격차는 노동시간의 차이에도 원인이 있지만 무엇보다 일에 대한 열정의 차이 때문이다. 무한경쟁에 해고를 규제하는 법도 없으니 빈둥거리며 적당히 일할 수가 없다. 그렇다고 미국인들이 해고의 불안 속에서 일하는가 하면 그렇지 않다. 미국인들은 일 자체를 즐기며 늘 열정적으로 임한다. 이것이 직업윤리이며 나아가 삶의 활력이기도 하다. 유럽 사람들과 마찬가지로 미국인들도 돈을 벌기 위해 일하지만 일을 통해 자아를 실현하려는 욕구가 더 강하다.

뒤늦게 미국땅에 도착한 사람들은 열악한 환경에서 일을 하면서도 남들보다 열정적이다. 도시가 결코 문을 닫지 않는 것, 새벽 세 시에도 피자가 배달될 수 있는 건 멕시코인과 중국인, 인도인들이 있기 때문이다. 하긴 이곳 뉴욕에는 없는 인종이 없다. 이들 이민자들은 열심히 일하면 시민권을 가질 수 있다는 희망을 가지고 살아간다.

미국 '원주민' 들이 두 손 벌려 이민자들을 환영하는 것은 그들이 어려움 속에서도 열심히 일하기 때문이다. 인종차별이나 원주민과 이민자들 사이의 거리감 같은 건 찾아보기 힘들다. 이민자들은 일하기 위해 미국에 온 것이지 미국을 위협하거나 복지혜택을 바라고 온 게 아니란 걸 미국인들은 알고 있다.

우리 유럽인들이 뉴욕에서 택시를 탔을 때 택시 운전사가 빈 라덴처럼 턱수염을 기르고 있으면 소스라치게 놀랄 것이다. 하지만 미국인들은 행여 전쟁 중이라도 유색인종을 배척하는 법이 없다. 이곳에서 민주주의는 본능이며 외국인 혐오증 따위는 존재하지 않는다.

사회주의적이고 온건한 유럽형 모델을 추종하며, 조지 부시가 자유를 말살한다고 비난하는 '고슈 캐비아gauche caviar5)들은 미국에도 있다. 하지만 배부른 고슈 캐비아들의 말에 귀를 기울이는 사람들은 유럽에나 많지 미국에선 찾아보기 힘들다. 고슈 캐비아들은 종교를 배척하며, 이 때문에 사회 주변으로 점점 밀려나고 있다. 원칙적으로 이곳 사람들 모두가 종교를 가지고 있다. 그게 무엇이든 신앙을 갖는 걸 바람직한 일로 여긴다. 미국인들에게 종교는 응원하는 지역의 야구팀만큼이나 자기 정체성을 이루는 중요한 요소이다.

일, 평등, 신, 이 세 가지가 미국인들에게는 곧 삶이다. 여러 인종들을 섞어 백인이나 유럽인이 아닌, 보다 건강한 미국인을 만드는 것, 이것이 멜팅팟melting pot6) 시민들의 확고한 원칙이다. 행여 그러고 싶어도 우리 유럽은 그들을 닮을 수 없다. 그들은 이미 우리와 다른 세계에 있기 때문이다!

---

5) 철갑상어 알을 즐겨먹는 좌파라는 뜻으로 유복한 가정 출신의 좌파를 이름.

6) 인종, 문화 등 여러 요소가 하나로 융합, 동화되는 현상이나 장소를 말함. 미국의 다민족 문화가 대표적인 예.

세계화의 수혜자는 누구인가?

폴란드의 납, 인도의 철강, 중국의 섬유 그리고 요즘은 이탈리아의 전기에 이르기까지! 프랑스는 지금 무차별 공격을 당하고 있다. 이에 대해 프랑스 정부는 어떻게 대처하고 있을까? 시라크Chirac 대통령은 화재진압에 나선 소방관처럼 미탈의 아르셀로 주식 공개매입을 막기 위해 인도로 달려갔다. 그 사이 미국의 조지 부시 대통령은 프랑스를 따돌리고 인도에 원자력 발전소를 유치하기 위해 뒤축이 닳도록 뛰고 있다.

인도를 방문하고 돌아온 시라크 대통령은 이탈리아의 경쟁사로부터 수에즈[7]의 경영권을 방어하기 위해 뛰고 있다. 하지만 어찌된 일인가? 그 주 언론 보도는 2백만의 프랑스인들이 일자리를 찾아 외국에 나가 있으며 그 중 50만이 신자유주의의 나라 영국에서 일하고 있다고 한다. 이를 어떻게 해석해야 할까? 한마디로 경제에는 이제 국경도 국적도 무의미해졌다는 말이다.

수에즈의 모든 주주들이 프랑스인은 아니며 아르셀로의 모든 노동자들이 프랑스인은 아니다. 일본 기업 소니의 회장은 영국인이고 르노의 회장은 레바논계에 브라질 국적을 가졌다. 그런데도 왜 우리는

---

7) 프랑스의 에너지 기업.

세계화를 두려워하고만 있는 걸까?

사람들이 말하는 애국주의라는 대의명분 뒤엔 늘 지극히 개인적인 이해관계가 숨어 있다. 아르셀로 회장은 자기 자리가 위협받는 것을 두려워한다. 수에즈의 회장 또한 마찬가지다. 그럼 시라크 대통령은? 그는 자신의 영향력과 정치 기반이 줄어드는 걸 두려워한다. 노동자들의 임금에 영향을 미칠까? 주주들이 바뀐다고 해서 일자리가 사라지진 않는다. 일자리의 이동이 있을 뿐이다. 하지만 이런 현상은 별로 새삼스러울 게 없다. 멀지 않은 과거에도 비슷한 상황은 있었다. 지금은 진행속도가 더 빨라졌을 뿐이다. 1960년대를 돌아보자. 당시만 해도 프랑스인의 4분의 1이 농업에 종사하고 있었다. 하지만 지금은 어떤가? 프랑스의 농업인구는 전체 인구의 1%에 불과하다. 그럼에도 우리 모두는 더 부유해졌고 안락한 생활을 누리고 있다.

세계화에는 변화가 따른다. 이제 과거의 탈농촌화보다 훨씬 장대한 광경이 눈앞에 펼쳐질 것이다. 이런 광경 앞에서 낡은 세상을 추억하며 눈물이라도 흘려야 할까? 파리는 그래도 나을 것이다. 그러나 세계화의 바람은 아주 거칠게 불어닥칠 것이다. 자유주의 선언이 그랬던 것처럼! 이 무시무시한 (초강력의 파워를 지닌) 자유주의는 세계의 도시를 침공하고 시장경제와 민주주의를 소리 높여 외치며 진군가를 부를 것이다!

그럼 자유주의적 세계화의 지지자들과 반대자들이 서로 언성을 높이지 않고 조용히 타협할 수는 없을까? 좀더 객관적인 판단 기준을 제시해 보면 어떨까? 이를 위해 필자는 두 가지 기준을 제시해 보려한다.

첫 번째는 마하트마 간디에게서 빌려온 것으로, 그는 인도의 최빈층이 얼마나 잘 살게 되었는가를 발전의 기준으로 삼아야 한다고 했었다.

또 하나는 밀턴 프리드먼Milton Friedman(그는 간디와 멀리 떼어놓을 수 없는 인물이다)의 기준이다. 그는 발전의 기준을 '선택의 자유freedom of choose'에서 찾았다. 각 사회 구성원들이 삶 속에서 보다 많은 선택권을 행사할 수 있다면 이를 발전이라 부를 수 있다는 것이다. (프리드먼은 선택의 자유를 기준으로 행복의 양까지 측정할 수 있다고 했지만 필자는 이에 동의하지 않는다.)

위의 두 가지 해법으로 세계화를 평가할 수 있지 않을까? 물론 개인 한 사람 한 사람의 처지를 기준으로 삼지는 못한다. 하지만 하나의 사회단위를 기준으로 하는 건 가능하다. 자유주의적 세계화가 인도의 최빈층에게 선택의 기회와 삶의 질을 높여 준 건 분명하다. 국제무역을 통한 연 8%의 성장률은 인도의 아주 작은 마을 사람들에게까지 혜택을 주었다. 인도에서 가장 가난한 사람들이라도 전체적인 수명은 늘어났으며 더 이상 아이들이 눈앞에서 죽어가는 걸 바라보지 않아도 되게 되었으며, 부모가 살던 마을에서 평생을 살다가 죽지 않아도 된다.

그렇다면 세계화는 유럽의 도시인들에게도 자유 선택의 폭을 넓혀 주었을까? 혹 한 곳에 정착하지 못하고 실제 또는 가상의 세계를 떠돌게 만듦으로써 우리의 자유를 오히려 제약하고 있진 않은가? 여기서 우린 아주 중요한 사실을 발견할 수 있는데, 유목민들은 자유주의를 사랑하고 정착민들은 민족주의를 선호한다는 것이다. 하지만 이미 주사위는 던져졌다. 우리는 우리의 문명을 바꿨으며 그 중심에 세계화가 있다. 이에 저항할 수는 있어도 피해 갈 수는 없다. 그리고 이 사실이 우리를 골치 아프게 한다.

미국-인도 동맹

닉슨이 중국을 방문한 지 30년이 지난 지금 조지 부시는 인도를 방문하고 있다. 중대성에서 볼 때 두 사건은 역사적으로도 비견될 만하다. 닉슨의 방문은 마오쩌뚱이 주도하던 중국의 고립정책에 종지부를 찍어주었다. 또 한국에 이어 베트남에서 터질 뻔했던 중-미간의 핵전쟁도 저지해주었다. 이와 함께 중국인들은 서구의 세력 팽창에 대한 의심의 눈초리를 거두고 문호를 개방했다. 닉슨이 중국을 방문하고 7년 뒤인 1979년 덩샤오핑은 경제개혁을 단행했고 마침내 중국을 미국에 가장 많은 수출을 하는 나라 중 하나로 만들었다.

미국과 중국의 이런 관계는 중국 입장에서는 엄청난 경제발전을 가져다주었지만 미국이나 다른 나라에게는 골칫거리를 하나 안겨주었을 뿐이다. 사람들은 중국이 발전하면 공산당의 태도가 더 온건해질거라 믿었다. 하지만 결과는 전혀 그렇지 않았다. 중국 공산당은 아직도 굳건히 독재체제를 유지하고 있다. 더 위험한 것은 앞으로 중국의 행보가 예측 불가능하다는 것이다.

중국이 수출로 미국에서 벌어들이는 외화의 상당부분은 타이완, 일본, 한국 등 서방에 우호적인 나라들을 겨냥한 군비 확대에 충당되고 있다. 이런 이유들 때문에 우리는 중국을 걱정하지 않을 수 없는 것이다. 아니, 더 정확히 표현하자면 우릴 걱정하게 만드는 것은 중국이라는 나라가 아니라 중국 공산당이다.

인도를 둘러보자. 독립 후 인도는 자신들을 식민통치하지 않은 서방세계들에게까지 오랫동안 등을 돌렸다. 그 대신 인도 정부는 소련과 그 동맹국들 편에 섰다. 그리고 소비에트식 경제를 모델로 삼은 결과 40년 동안 0%의 경제성장률을 기록했다. 그러나 소련이 붕괴되고 뉴델리에 새 정권이 들어서면서 인도는 세계화를 선택했다. 이후 성장률만 볼 때 세계화 결과는 중국에 훨씬 못미친다. 그러나 연 8~9%의 성장률, 정보산업과 약학 분야에서의 뚜렷한 성공, 사회 전체에 고르게 미치는 경제성장의 혜택 등을 볼 때 발전이 없었다고 할 사람은 없을 것이다. 중산층이 권력의 측근들이나 당원들로만 구성된 중국과 달리 인도의 중산층은 상인 기업가 등 다양한 계층으로 구성되어 있기 때문에 중국보다 훨씬 안정적이고 바람직하다. 한마디로 말하면 인도는 진정한 민주주의 국가이다. 영어를 능통하게 구사하기 때문에 인도 사람들은 미국에 대한 반감도 없다. 굳이 여론조사를 해볼 필요도 없이 미국 입국 심사를 위해 매일 아침 미국 대사관 앞에 줄서는 사람들만 보면 알 수 있다.

부시 대통령이 인도를 방문했다. 인도를 핵 보유국가로 인정하고 상호 핵 기술 정보를 공유하는 새로운 동맹이 맺어졌다. 미국이나 서방국가들이, 진정한 민주주의를 이루고 있으며 언론의 자유가 보장되고 영어를 공용어로 쓰는 인도와 친구가 되는 건 너무나 당연한 일이라 하겠다. 중국보다는 말이다.

그렇다고 인도가 중국의 자리를 위협하는 것은 아니다. 미국은 중국과도 유익한 교역 관계를 계속 이어나갈 것이다. 하지만 중국 공산당이 중국 사회에 대한 지배의 고삐를 늦추지 않는 한 양국의 신뢰는 오래 가지 못할 것이다. 그런데도 중국 공산당 내부에선 개혁은 고사하고 민주화를 위한 일말의 노력마저 보이지 않고 있다.

다양한 종교들이 공존하는 것도 인도의 장점이다. 이런 특징은 미국을 안심시킨다. 인도에서도 이슬람교가 사회적으로 문제가 되고 있지만 힌두교도들과의 극단적인 충돌은 없다. 폭력소요 사태, 왕래 제한, 지역 갈등 등이 계속되지만 양측이 극단적으로 대립하지는 않는다.

그런데 왜 프랑스를 비롯한 유럽인들은 이런 동맹관계의 변화를 예상하지 못하는 걸까? 유럽 국가들 간 외교정책은 제각각이다. 유럽의 기업들과 각국 외교부는 인도 내에서 경쟁관계에 있다. 유럽 국가들(특히 프랑스)은 인도와 가깝다는 인상을 줌으로써 중국 정부의 눈 밖에 날까 두려워한다. 그래서 프랑스인을 포함한 인도의 유럽인들은 늘 좌불안석이다. 민주국가인 인도를 독재체제 중국만큼도 인정해주지 않는 데 대해 인도 사람들은 매우 서운하게 생각하고 있다. 하지만 부시는 이런 외교적 실수를 범하지 않았다. 민주주의의 '수출국'인 미국으로선 인도를 높이 사고 다른 국가들의 모델로 삼기를 원하기 때문이다.

과연 미국-인도 간 세기의 동맹은 계속 이어질 수 있을까? 분명 그럴 것 같다. 아니 보다 정확히 말하자면 지금은 인도와 중국 간의 대결구도다. 민주국가 인도와 독재국가 중국 중 누가 더 빨리, 더 바람직한 성장을 이룰까? 그 결과는 충분히 예상할 만하다.

인도/중국, 세기의 대결

　(흔하지 않은) 자본을 끌어와 (넘쳐나는) 인력에 결합시키는 것이 경제성공의 원리이다. 따라서 가난한 나라들의 운명은 얼마나 빨리 세계화되는가에 좌우된다. 1960년대의 남한이나 싱가포르 같은 나라들은 이를 받아들였지만 중국과 인도는 이런 자명한 시장의 원리를 깨닫기까지 한 세대나 허비했다. 인도인들은 네루가 받아들인 소비에트 모델로 고통을 겪어야 했다. 중국인들은 (아직까지도 빈부격차에 시달리고 있지만) 오랫동안 마오주의 아래 신음해야 했다. 이들 문명권을 '제로성장률'에 묶어두었던 주범은 다름 아닌 이데올로기였다. 이데올로기가 두 나라의 발전을 막아왔었다. 거의 같은 시기, 두 나라는 이데올로기의 허울에서 벗어나 경제에 눈을 떴다. 그 주역은 각각 인도의 라지브 간디와 중국의 덩샤오핑이었다. 하지만 이미 20년을 허송세월로 보내고 난 뒤였다.

　인도도 중국과 마찬가지로 고속성장을 이루긴 했지만 중국의 성장이 더 빨랐다. 출발은 같았지만 현재 중국의 1인당 국민소득은 인도의 배에 이른다. 그렇다면 앞으로도 중국이 더 앞서 나갈까? 사람들은 그렇게 말한다. 하지만 그것은 단정할 수 없다. 중국의 빠른 성장을 보장해 주었던 요인들이 오히려 중국의 발목을 잡게 될지도 모르며, 반대로 인도를 지체하게 했던 요인들이 인도의 안정된 성장을 보장해 줄 수도 있기 때문이다.

중국의 성장 엔진은 이륜구동 모터에 비유할 수 있는데, 바로 독재 정치와 외국자본이다. 인도의 12배에 이르는 중국의 외자유치는 필연적으로 성장률의 차이를 불러왔다. 중국은 어떻게 그토록 많은 외자유치를 했을까? 냉정한 국제자본들은 일당독재에 의한 권력집중이 공장과 인력과 중개인들을 쉽게 확보해 줄 거라 판단했을 것이다. 하지만 그 결과 중국 내에선 20%의 인민들만이 경제발전의 혜택을 누리고 있으며 나머지 80%의 사람들은 체념과 폭동 사이의 갈등 속에 하루하루를 살고 있다. 자본을 투자한 외국인들은 별 걱정을 안 하지만 중국은 이렇게 부패와 폭정이라는 내부의 시한폭탄을 안고 있다.

인도는 중국보다 훨씬 복잡한 사회다. 그 이유는 인도인들이 중국인들보다 많은 권리를 누리기 때문이다. 그들은 투표를 하고 조합을 결성하고 자신들의 이익을 주장할 권리를 가진다. 반면 이 때문에 뭔가를 결정하고 추진하는 시간은 느릴 수밖에 없다. 게다가 인도의 지방자치제도는 인도에서 사업을 하는 데 큰 방해요소가 된다. 중국과 달리 인도의 엔진은 사륜구동이라 할 수 있는데, 그것은 바로 논쟁, 결정, 투표, 시행이다. 인도가 세계화에서 더 유리한 것은 그들의 결정이 다수의 동의를 거친, 되돌릴 수 없는 민주적 선택이기 때문이다. 인도인들이 많은 권리를 누린다는 게 무슨 의미겠는가? 이는 외국의 기업들도 인도인들과 마찬가지로 법과 재판, 그리고 자유로운 언론의 보호를 받을 수 있다는 뜻이다. 정보산업에서 이미 드러났듯이 인도의 이런 자유는 기술 혁신을 가능케 해준다. 그리고 이런 기술 혁신은 중국에선 좀처럼 찾아보기 힘든 것 중 하나다.

소프트웨어처럼 창조적 산업분야와 민주주의와의 관계를 예로 들어 보자. 전체주의 체제(법도 토론도 없는) 아래선 소프트웨어를 복제할 수는 있어도 개발하진 못한다. '발전'이란 것이 정확히 무슨 의

미인지를 생각해보자. 성장률과 1인당 국민소득만으로 진정 인도와 중국의 차이를 말할 수 있는가? 여기엔 다른 기준들, 인권이라든지, 삶에 대한 희망, 학교 교육 같은 기준들도 포함되어야 한다. 따라서 중국이 인도를 앞섰다고 단언하는 것은 설득력이 없다. 또 한 가지, 중국의 지도자들이 인도의 지도자들과 같은 목표를 추구하지 않는다는 사실도 염두에 두어야 한다. 중국 공산당은 무엇보다 자기 당원들의 권력을 유지하고 이를 국제사회로부터 인정받는 데만 관심이 있다. 국민들이 선출하지 않았음에도 이들은 자신들이 중국을 대표한다고 여긴다. 그리고 나머지 10억의 중국 농민들에게 돌아오는 것은 고통뿐이다.

지난 20년간 중국이 인도보다 더 빠르게 세계화를 이루어냈다지만 지금 세계에서 가장 가난한 사람들은 어디에 몰려 있는가? 인도에 있는가? 아니면 중국에 있는가? 1인당 평균소득은 두 나라의 지역 격차나 사회적 격차를 반영하지 못한다. 그런데 이런 격차는 인도보다 중국이 훨씬 심각하다. 1인당 국민소득은 형이상학적이고도 현실적인 가치들, 이를테면 정치나 종교의 자유, 정보 습득의 권리, 자녀를 가질 권리 등을 포함하지 않는다. 하지만 인도에선 중국에 없는 이런 권리들이 보장된다. 인도에서는 발전이 이런 권리를 더 많이 보장해주는 데 기여하지만 중국에서는 당이 앞장서 자유가 확대되는 걸 가로막고 있다.

자 이제 앞날을 점쳐 보자. 비록 시동은 늦게 걸렸지만 인도의 성장 엔진은 결코 꺼지지 않을 것이다. 더불어 꾸준한 성장과 함께 부의 재분배도 이루어질 것이다. 하지만 중국의 엔진은 언제 꺼질지 모른다. 국민들의 의견은 반영되지 않고, 당도 세계화 세력과 시골 세력으로 나뉘어져 있다. 또 외부엔 잘 알려지지 않았지만 중국에서 끊이지 않고 있는 소요사태들은 혁명으로 이어질 가능성이 높다.

그래서 나는 중국의 외국인 투자가들에게 충고하고 싶다. "중국에선 돈을 빨리 벌 수 있지만 인도에서는 꾸준히 벌 수 있다"는 것을.

우리 프랑스인들은 어떻게 해야 할까? 인도인들과 마찬가지로 중국인들도 번영을 이루길 바란다. 왜냐하면 우리 모두는 세계화 시대를 함께 겪고 있는 동지들이기 때문이다. 세계화 덕분에 우리는 보다 싼 값에 물건을 사고 새로운 고객도 만들어낼 수 있었다. 그래서 우린 중국이 민주적으로도 한층 발전하길 바란다. 인도는 우리에게 위협이 될 만한 게 별로 없지만 중국에는 위험 요소들이 너무나 많다. 이 모두는 되돌릴 수 없는 인류의 진화 앞에서 중국 공산당이 모호한 태도를 보이고 있기 때문이다.

잔 다르크는 나타나지 않는다

프랑스의 경기침체에 대해 이야기해 보려 한다. 프랑스가 저성장과 만성적인 실업에 휘청거린 지도 어언 30년이 되어간다. 발전의 흐름에서 나타나곤 하는 쇠퇴 사이클 문제도 아니며 정권의 교체가 원인도 아니다. 어느 당이든 모두 책임은 있다. 하지만 이런 침체는 결코 필연이 아니며 그 원인들은 아주 분명하고, 분석 가능하며, 치료 가능하다.

첫 번째 원인은 경기침체 때마다 되풀이된 공공지출의 증가에 있다. 1975년 이후 프랑스 국가예산은 늘 적자를 면치 못했다. 이 부채를 충당하기 위해 돈을 계속 빌려 쓰면서 재정적자는 더욱 악화되었다. 2005년에서 2006년까지 프랑스 국민들의 조세 부담률은 계속 증가해 43.5%에서 44.3%까지 늘어났다. 상황이 이러니 가계소비와 개인투자에 필요한 가용자금이 모자랄 수밖에 없다. 세계 어디에서든 공공부문의 적자는 반드시 경기침체로 이어졌다. 프랑스도 예외는 아니어서 정권이 바뀔 때마다 실업자들의 수는 늘어 갔다.

누구나 알 수 있는 경기침체의 또 다른 원인은 창업이 힘들다는 점이다. 앞서 말한 빈약한 재정적 뒷받침, 공공부문의 독점, 경쟁 호피, 강력한 시장 통제, 까다로운 행정절차, 노동에 대한 규제 등이 창업을 어렵게 만들고 있다. 그래서 프랑스에서 창업 스토리는 하나의 영웅

담처럼 이야기된다.

실업과 경기침제의 세 번째 요인은 젊은이들의 의욕 상실이다. 심각한 취업난에 젊은이들은 아예 일자리를 찾을 생각을 하지 않는다. 젊은이들은 차라리 주변인으로 살면서 국가보조금을 받거나, 합법적이거나 비합법적인 비정규직 일자리로 생활을 꾸려나간다. 지난 30년간의 관용정책과 늘어나는 불법시장은 청년들이 공식적인 일자리보다 대체 일자리에 의존하도록 부추겼다.

현실을 정확하게 설명해주는 이런 도식을 어떤 경제 전문가도 부인하는 사람은 없다.

그런데 이런 명확한 사실들이 왜 지금껏 잘 알려지지 않았을까? 그것은 프랑스인의 4분의 1을 고용하고 있는 공공직 종사자들 그리고 한통속인 정치인들이 자신들에게 이득이 될 게 없는 사실을 숨기려 했기 때문이다. 지난 30년간 국가는 거꾸로 된 경제학을 가르쳤다. 좌파 정부는 프랑스인들이 너무 많은 일을 하고 있다며 떠들었고, 우파 정부는 프랑스인들이 세계화의 희생양이라고 자처했다.

그러면 이런 악순환을 어떻게 벗어나야 할까? 왕정 시대 프랑스에서는 이런 위기의 순간 자신들을 구해줄 영웅을 기다렸다. 하지만 지금은 그런 시대가 아니다. 터무니없는 기대는 오히려 국가를 파멸로 몰아갈 수도 있다. 그보다는 독일과의 교감을 통해 해답을 찾아보는 게 현명할지 모르겠다. 사실을 인정하고 현실을 직시할 수 있는 양국의 지식인들이 지혜를 모으면 해결책이 나올 수 있을 것이다. 현실 속의 원칙을 찾아내자는 말이 어찌 보면 뜬구름 잡는 얘기로 들릴지 모르겠다. 하지만 잔 다르크가 나타나길 기다리는 것보다는 이것이 훨씬 현명한 방법 아니겠는가!

청년층의 일자리 문제

청년층의 일자리를 늘리기 위한 (고용기간이 보장되지 않는) 정부의 CPE[8] 계획이 발표되자마자 파리의 거리 곳곳은 시위의 물결이다. 그런데 이상하게도 시위에 참여한 대부분의 사람들은 이 계획과 직접 관련이 없는 공무원이나 공공분야 근로자들, 학생들 또는 26세 이상의 사람들이다. CPE 계획에 해당하는 이들은 대부분 학위를 제대로 받지 못했거나 기술자격증이 없는 청년 실업자들인데 막상 이들은 이 역사 현장에서 빠져 있다. 하긴 프랑스에선 이런 현상이 새삼스러운 일도 아니지만……

지난 30년간 프랑스의 경제 · 사회 정책은 정규직 종사자나 쉽게 정규직을 얻을 수 있는 사람들을 보호해왔다. 노동법은 그 이외의 사람들을 계속 시장 밖으로 내모는 수단에 불과했다.

직업을 가진 사람들은 직업을 갖지 못한 사람들을 달래기 위해 RMI(극빈층 생활지원금)나 각종 보조금 등의 빵부스러기와 함께 그럴싸한 위로의 말을 건네는 것으로 자기 위안을 삼았다. 그러면 정부

---

8) 최초고용계약le contrat de premiere embauche의 약자. 고용인이 26세 이하의 피고용인을 채용한 뒤 2년간의 수습기간 동안은 정당한 사유가 없어도 해고할 수 있다는 내용을 담고 있다. 프랑스의 심각한 청년실업난 해소를 위해 발의되었으나 대규모 반대시위로 폐기되었다.

는 왜 이에 대해 대책 없이 수수방관하는 걸까? 답은 간단하다. 제도권 안의 '인사이더' 들이 '아웃사이더' 들보다 투표에 적극적이기 때문이다. '아웃사이더' 들은 의견을 잘 표현하지 않을 뿐더러 '실업자당' 같은 조직이나 조합도 없다. 예전 '프랑스 공산당' 이 그들의 소리를 반영하기도 했지만 구체적이고 진지한 정책은 하나도 내놓지 못했다. 한마디로 프랑스에는 고용과 성장을 높여줄 CPE 같은 지침에 호의적인 정치세력이 없는 것이다. 실업률의 증가로 인사이더들이 위협을 느껴야만 이 평형상태는 깨지게 될 것이다.

그러면 인사이더들의 고용 위기가 더 심각해지기만을 기다려야 할까? 그렇게 되지도 않겠지만 그러기를 바라서는 안 될 일이다. 하지만 1979년 당시 영국의 마가렛 대처와 1980년 당시 미국의 로널드 레이건은 지금 프랑스의 경기침체보다 훨씬 심각한 상황 앞에 있었다는 걸 상기해 보자. 덧붙여 공공이익과 혁명을 이상화하는 프랑스만의 특성도 고려해 보아야 한다. 프랑스 사람들은 거리 시위에 참가하는 걸 역사의 현장에 자신의 족적을 남기는 영광스럽고도 고귀한 행동으로 안다. 한마디로 혁명을 민주주의보다 더 정당한 행동으로 여기는 것이다.

이렇게 현실적이고도 절망적인 상황들이 첩첩이 쌓여 있지만 그래도 우리는 유토피아의 미래를 준비해야 한다. 그 출발점으로 나는 의원내각제를 제안한다. 현 대통령제보다 의원내각제가 개혁에 대한 합의를 도출해내는 데 훨씬 효과적이다. 이밖에 국가예산이 균형을 이루도록 헌법에 명기해야 하며, 학교에서는 경제교육을 강화하여 프랑스 국민들이 현실을 똑바로 볼 수 있도록 해야 한다. 이러한 정신과 제도들이 갖춰진 뒤라야 노동법과 경제규약들이 제대로 시행될 수 있을 것이다. 너무 시간이 오래 걸릴 거라고는 얘기하지 말자. 지난 30년간 실업 문제는 하나도 나아진 게 없으니 말이다. 실업자들은 벼랑에 몰리고 있으며 점점 절망적이고 폭력적이 되고 있다. 아직도 어디선가 '나폴레옹'이 나타나 우릴 구원해주길 기도하고 있다면 돌아올 것은 절망밖에 없을 것이다.

뉴욕의 시위대

시위는 프랑스에서만 일어나는 게 아니다. 오늘 내가 머물고 있는 뉴욕을 비롯해 텍사스, 애리조나, 캘리포니아 등에서도 수백만의 시위대가 공공장소를 점령하고 가두집회와 시위행진을 벌였다. 그러나 시위는 전혀 과격하지 않았으며 경찰과의 충돌도 없었다. 뉴욕에서는 맑은 날씨 속에 시위대가 차도로 진입했지만 교통 흐름에는 아무 지장도 주지 않았다. 깃발이나 피켓에는 "우리는 선한 미국인들이다, 우리는 미국을 사랑한다, 우리는 일을 해서 정당한 세금을 내고 있다"라는 구호가 적혀 있었고 구호도 한결같이 '미국적 가치'를 찬양하는 내용들이었다.

알다시피 이번 시위는 이라크 주둔 미군의 철수나 조지 부시의 사임을 요구하는 것이 아니었으며 파업은 더더욱 아니었다. 시위를 한 사람들은 미국에서 '언도큐먼티드undocumented'라 불리는 불법체류 이민자들로, 자신들을 합법화해줄 것을 요구하고 있었다. 미국에 있는 천백만 명의 불법체류자들 중엔 멕시코인들이 가장 많고 중국인들도 적지 않은 비율을 차지한다. 이 시위엔 인권보호단체와 종교 대표자들 그리고 그들의 고용주들도 함께했다.

10~20년 전만 해도 미국에 입국한 이민자들은 대부분 합법적인 신분으로 일할 수 있었다. 불법이민자들을 고용하면 고용주들이 고용

승인을 받지 못했기 때문이다.

미국 불법체류 이민자들의 실업률은 거의 제로에 가깝다. 이들이 없다면 미국의 대형 농장이나 식당, 공장, 병원들은 문을 닫게 될 것이다. 실제 이들이 시위에 참가하면서 몇몇 식당들과 공장들이 돌아가지 않아 어려움을 겪었다고 한다.

로널드 레이건이 그랬듯이 조지 부시도 이민자들에게 호의적이어서 불법체류자들의 합법화 안을 국회에 요구하기도 했다. 하지만 거리 시위로 법안을 지지했음에도 국회의 승인을 얻어내진 못했다. 거리에 나오지 않은 다른 세력들이 반대했기 때문이다.

일반적으로 국경 주변의 주들이나, 애리조나, 캘리포니아, 텍사스 등의 주민들은 이민자들, 특히 불법이민자들에 대해 적대적인 편이다. 그들은 자기 지역의 학교나 병원들이 영어도 못하고 풍속도 다른 이민자들의 '습격'으로 점령당한 데에 분노하고 있다. 또한 노동조합이나 이들과 연계되어 있는 좌파들마저도 이민자들에게 적대적인 게 사실이다. 이들은 불법체류자들이 '진짜' 미국인들의 일자리를 빼앗고 있으며 이로 인해 임금수준이 낮아진다고 주장한다. 하지만 이런 주장은 사실과 전혀 다르다. 2006년 현재 미국의 실업은 거의 제로 상태이며 노동자들의 평균임금도 오르고 있다. 이들 불법체류자들의 유일한 경쟁 상대는 바로 먼저 건너온 합법 이민자들이다. 하지만 이들 사이의 갈등도 조만간 해결될 것이다. 왜냐하면 이들 모두는 함께 계층의 사다리를 올라가고 있으며 미국 경제는 전체적으로 인력 부족 상태에 있기 때문이다. 합법이든 아니든 라틴아메리카나 중국 출신 이민자들은 계속 늘어나는 추세여서 미국은 점점 다민족 국가의 특성이 강해지고 있다.

미국과 비교해 프랑스는 어떤가? 전혀 상황이 다르기 때문에 두 나라는 비교가 불가능하다. 프랑스가 고용시장에 대해 더 진지하게 고

민하지 않는다면 합법이든 불법이든 우리의 이민자들은 지속적인 실업과 사회 불만에서 헤어나지 못할 것이다. 그리고 박탈감에 빠진 아랍계 이민자 청년들을 과격 이슬람주의자로 만들 것이다.

　다가오는 메이데이, 미국의 이민자 노동자들은 다시 한 번 거리에 모여 성조기를 흔들며 행진을 벌일 것이다.

아직도 생생한 9·11 테러

　유럽에선 2001년 9월 11일의 테러가 역사 속으로 사라진 지 오래다. 하지만 여기 미국에선 아직까지 기억이 생생하다.

　이 악몽은 지금 버지니아 주에서 열리고 있는 자카리아스 무사위 Zacarias Moussaoui(그는 프랑스 국적을 가지고 있다)에 대한 재판으로 다시 살아나고 있다. '20번째 납치범'이란 별칭을 얻은 무사위는 당시 또 하나의 테러를 감행하기 위해 다른 여객기에 탑승할 예정이었으나 범행을 며칠 앞두고 캐나다 국경에서 체포되었다. 9·11 테러 여객기에 탑승하지 않았지만 그는 준비과정에 가담했었다고 한다. 결국 그는 테러 준비 사실을 알리지 않았다는 죄로 기소되었고 모든 사실을 순순히 시인했다. 아마 그에게 내려질 수 있는 판결은 무기징역이나 사형밖에 없을 것이다. 그가 사형선고를 받게 하기 위해 검찰은 계속 희생자 가족들의 증언을 요청했다. 그리고 당시 백악관으로 향하려던 비행기 안에서 벌어졌던 긴박한 순간을 담은 블랙박스도 공개했다. 블랙박스에서는 추락 직전 백악관으로 방향을 바꿔 돌진하던 여객기 승객들의 공포가 생생하게 재현되고 있었다. 이 여객기 승객들의 영웅적 모습을 담은 TV영화도 만들어질 것이라고 한다. 그 사건을 잊고 싶어도 절대 잊지 못하도록……

　재판에서 가장 많은 말을 한 사람은 무사위였다. 그는 희생자들(그의 변호사까지)을 모욕하고 더 많은 미국인들을 죽이지 못해 분하다는 말까지 했다. 반성은 고사하고 자신의 행위에 대해 뚜렷한 해명조차 없었다. 그에게 남아 있는 건 맹목적인 증오뿐이었다. 그리고 이 증오는 이 인물과 이 사건의 가장 핵심적인 요소다.

9·11 테러 직후 테러에 대한 논리적 설명과 분석들이 넘쳐났던 걸 기억할 것이다. 하지만 이런 행위에 대체 무슨 논리가 있다는 걸까? 세계 최악의 빈곤에 처해 있는 사람들에겐 미국의 제국주의에 항거할 충분한 명분이 있다고? 그들처럼 가난하지 않아도 이슬람과 동양적 가치관을 지닌 사람들이라면 패권주의와 자본주의로 무장한 미국과 서방세계의 야만적인 세계화에 반감을 가질 수도 있다고? 많은 미국의 분석가들(노먼 메일러Norman Mailer나 노암 촘스키Noam Chomsky 같은)과 프랑스의 보드리야르Baudrillard 같은 이들이 근엄한 목소리로 서구인들의 자성을 촉구하기도 한다. 하지만 이런 분석들은 하나같이 자기만족적인 수사에 불과하다. 무사위만 보아도 그렇다. 그는 자기 행위에 대해 정당성을 주장하지도 않고 이유를 설명하지도 않는다. 그에겐 그저 세상이 증오스러울 뿐이다. 폭력이나 거대한 범죄의 원인 중 하나가 니힐리즘(허무주의)이라는 사실을 우리는 알아야 한다. 폭력을 위한 폭력이 있을 뿐이다. 우리는 테러리즘을 분석하려고만 하고 그 본질에 대해선 알려 하지 않는다. 테러리즘은 이데올로기도 프로젝트도 세계관도 아니다. 그것은 삶 자체를 부정하는 행위일 뿐이다.

중동을 짓누르는 니힐리즘의 분위기에서 헤어나오려면 그들을 민주화, 자유화시켜야 된다는 의견에 나는 적극 동의한다. 하지만 그 이후에도 니힐리즘은 여전히 존재할 것이다. 그래서 민주주의나 경제 발전 따위엔 무관심한 무사위 같은 인물들을 다시 폭력으로 이끌 것이다.

　민주주의, 자유주의, 그리고 진보주의 등의 사고만 가지고는 무사위 같은 이들을 이해하는 것이 어렵다. 무사위나 그와 비슷한 생각을 가진 사람은 지역적 상황이 만들어내는 게 아니다. 이는 인간 본성의 한 단면일 뿐이다. 그의 음울하고 억제되지 못한 야수 같은 표정은 결국 인간 자체의 얼굴인 것이다. 그래서 이런 본성과 싸운다는 것은 역사적 사건에 맞서는 것보다 더 어려울 스도 있다. 무사위 같은 테러범 앞에서 뭔가를 설명하려 노력하는 것은 결국 그들에게 설복당하는 걸 의미하기 때문이다.

국가원수 모독

미국 헌법의 첫 조항은 모든 미국인들이 자신의 생각을 표현할 권리가 있다고 밝히고 있다. 표현의 자유는 어떤 제한도 받을 수 없는 권리 중 하나이다. 그 중 이런 권리에 가장 적극적인 사람은 다름 아닌 언론인들이다. 미국을 방문한 중국의 후진타오 주석에 대해 예의상 호의를 보이면서도 각종 신문이나 TV 매체는 그를 파시스트, 골수 공산주의자, 공안독재자라 비난하고 있다.

후진타오는, 조지 부시를 '백악관의 바보'라며 비웃던 CNN이나 코미디 덴트럴Comedy Dentral(미국의 코미디 채널) 뉴스를 보며 위안을 삼아야 할지도 모르겠다.

좀더 신중한 언론은 이번 방문으로 중국 공산당이 군사적 호전성을 드러내고 아시아를 위협하지나 않을까 우려하고 있다. 일본, 한국, 타이완 같은 나라들은 예측이 불가능한 중국의 위협 앞에 직접적으로 노출되어 있다. 첨예한 현안들을 챙기려는 후진타오의 노력에도 불구하고 미국과 중국 간의 무역 불균형 문제(이 때문에 미국 소비자들의 구매력이 살아나고 있긴 하지만)는 중대 협의안에서 빠져 버렸다. 후진타오는 예일대의 강연에서 "규율 속의 민주주의"에 대해 얘기했다. 학생들은 실소를 금치 못했고 기자들은 웃음을 터뜨렸다.

유럽의 이슬람

세계화와 블로고스피어blogosphere[9]는 이따금 우리를 혼란스럽게도 하고 어지럽게도 한다. 독일의 언론기업 악셀 스프링어Axel Springer사가 폴란드에 《제니크Dziennik(매일신문)》란 타이틀의 신문을 창간했는데 이 신문사가 필자에게 이슬람에 대한 원고를 청탁해 왔다. 아마 필자가 2년 전 이 주제에 대한 책을 냈기 때문인 것 같다. 필자는 현재 뉴욕에 머물고 있지만 문제될 건 없다. 그 원고를 스위스 신문 《렙도L' Hebdo》에서 만들어준 내 블로그에 올려놓았기 때문이다. 여기에는 폴란드판의 원고를 싣는다.

코란을 읽었거나 대예언자 무함마드나 칼리프 시대의 이슬람 문화를 공부했다 해도 오늘날의, 특히 유럽의 무슬림들을 이해하는 데는 아무 도움이 안 될 것이다. 지금의 유럽 이슬람은 이민과 실향과 경제와 세계화가 만들어낸 현대적 변형이라 할 수 있기 때문이다. 최근까지만 해도 유럽에선 무슬림들을 그가 어떤 종교를 가졌나가 아니라 그의 출신국이나 민족 또는 고유문화 등에 따라 구분했었다. 그들 자신도 서로를 '모로코인', '아랍인', '마그레브인', '쿠르드인' 등으로 불렀다. 이슬람교도인지 아닌지는 부수적인 문제였으며 중요하지

---

9) 커뮤니티나 사회 네트워크 역할을 하는 모든 블로그들의 집합을 말함.

도 않았다.

그런데 언제부턴가 무슬림이란 신분은 유럽의 이슬람 이민자 자신들뿐만 아니라 다른 이들에게도 중요한 판별 기준이 되었다. 이런 사실은 중요한 의미를 가진다. 예를 들어 한 모로코인이 스스로나 부모의 고향에 대한 소속감을 가진다면 그는 상실감을 느끼지도 않을 것이고 사회적 냉대에 대해 실망하지도 않을 것이기 때문이다. 예전엔 같은 이슬람 이민자들이라도 민족이나 가족, 신앙적 전통에 따라 다양성이 있었다. 그러나 이제 이민자들의 다양성들은 역사 속으로 사라져 버렸다. 그들은 예전의 마을도 관습도 예배당도 모두 잊어버린 지 오래다. 대신 그들에겐 국경 없는 새로운 정체성이 하나 자리를 잡게 되었다. 바로 과거나 지역과는 단절되어 버린 새로 정제된 이슬람교다. 이슬람은 이렇게 전통풍습과는 단절된 채 세계에 흩어진 종교가 되었다. 이런 현상은 이 종교를 믿는 사람들이 이미 뿌리를 잃어버렸기 때문이다.

따라서 지금 유럽의 이민자들이 믿고 있는 종교는 정제되고 단순해진 새로운 버전의 이슬람교이다. 지금 우리는 눈앞에서 막 탄생한 미지의 새 종교를 접하고 있는 셈이다. 이 새로운 이슬람에 대한 우리의 지식은 얕고도 단편적이어서 대충밖엔 알 길이 없다.

그러면 유럽의 무슬림 이민자들 중 누가 이 새로운 이슬람을 이끌고 있는가? 유럽의 무슬림들 중 정기적으로 예배당에 가서 예배를 드리고 라마단 기간을 엄수하며 금식을 행하고 있는 사람은 10% 정도밖에 안 된다. 이민생활에 적응하면서 유럽의 무슬림들은 점차 세속화되고 있는 것이다. 기독교인들이 어릴 적 추억에서나 신앙을 기억하듯 그들 또한 이름만 무슬림으로 남아 있다. 하지만 중요한 건 나머지 90%의 충실치 못한 무슬림들도 이슬람 공동체가 공격을 받을 때엔 언제든 강한 결속력을 발휘한다는 것이다.

이렇게 충실히 종교생활을 하는 무슬림은 적지만 젊은층 무슬림들의 숫자는 점점 늘어나고 있다. 그들이 새로운 믿음을 필요로 해서일까? 정체성에 대한 갈망, 인종차별에 대한 반감 또는 교조주의에 대한 열광 때문일까? 분명 이런 여러 이유들이 섞여 있을 것이다. 그러면 이슬람의 어떤 면이 광신과 열광을 부추기는 것일까? 부모들이 믿던 옛날식 이슬람이나 예배당에 대한 츠억 때문은 물론 아닐 것이다. 이들 새로운 무슬림들을 열광시키고 대료시키는 것은 바로 새 이슬람의 단순성과 고지식함 그리고 급진성에 있다. 물론 여기서 급진성이 꼭 폭력을 의미하는 건 아니다.

예를 하나 들어보자. 유럽에서 활동하고 있는 타리크 라마단Tarik Ramadan이라는 이슬람 사상가가 있다. 그는 젊고 열성적인 제자들을 모아 지식을 나누고 있다. 라마단은 제자들에게 그들의 미래는 유럽에 있으므로 고향으로 돌아가려 하지 말고 이곳 유럽에서 이슬람 공동체를 이루고 살라고 설교한다. 유럽에 동화하라는 이야기인가? 그렇기도 하고 아니기도 하다. 유럽에서 소수 공동체를 만들라고 호소하는 것은 다시 말해 스스로를 유럽의 기독교와 분리해야 한다는 말과도 같다. 하지만 짚고 넘어가야 할 것은 아직도 유럽이 기독교 사회인가 하는 것이다. 라마단은 설교를 하며 유럽 젊은 무슬림들의 모든 의문에 대한 답이 코란 속에 있다고 말한다. 모든 길은 코란으로 통한다는 얘기다. 하지만 이런 근본주의적 자구 해석으로 무슬림들을 유럽에 동화시킬 수 있을까 의문이다. 라마단은 그럴 수 있다고 말한다. 하지만 유럽 문명은 경전의 해석이 아닌 경전에 대한 비판과 분석 위에 세워진 것이다. 따라서 그의 말은 타당해 보이지 않는다. 경전에 대한 맹목적인 수용이 아니라 비판적 분석이 유럽 문명인 것이다! 그렇다면 라마단의 설교는 독단적일까 비판적일까? 그는 "코란은 한 가지 질문에 여러 해결책을 준비하고 있다"고 제자들에게 설교한다고 한다. 이렇게 해서 스스로 깊은 성찰에 이를 수 있게 도와준다는 것이다. 예를 들어 무슬림 여인들이 쓰는 베일에 대해 설교할 때 라마단은 코란이 여인들의 베일을 권장함과 동시에 여성들의 교육도 강조하고 있다는 걸 함께 설명한다. 그래서 베일 때문에 교육을 받지 못하는 것보다는 베일을 벗더라도 교육을 받는 게 더 가치 있다는 걸 강조한다는 것이다. 다 좋다. 하지만 라마단은 왜 제자들에게 코란 외의 다른 책은 권하지 않는 것일까?

라마단의 이야기를 길게 인용한 것은 그가 유럽에서 열성적으로 이슬람을 포교하면서도 비폭력을 강조하고 있기 때문이다. 다른 이슬람 사상가들은 초보적이고 빈약한 교리만을 가르치며 정신적으로 허약한 사람들을 현혹하곤 한다. 이런 초보적인 이슬람 신앙은 결국 테러리즘으로 연결된다. 이슬람 테러리즘은 매우 간단한 조합으로 완성된다. 유럽의 소외계층들을 방치하고 문을 걸어 잠금으로써 이슬람 선동가들이 그들을 이용하게 만드는 것이다. 그러면 그 중 자연스럽게 폭탄 설치 지원자도 나올 것이고, 이런 단원 12명만으로도(이는 프랑스의 반테러 치안판사 브뤼기에르가 추정한 숫자다) 충분히 유럽 전체를 뒤흔들 수 있을 것이다.

코란에서 '모든 것'을 얻을 수 있다는 라마단의 생각과 코란 외에는 '아무것도 없다'는 이슬람 근본주의자들의 생각이 양립할 수는 없는 것일까? 다시 말해, 전통 무슬림과 유럽의 계몽주의가 결합한 진정한 유럽식 이슬람은 불가능할까? 가능하다. 계몽주의적 이슬람은 역사 속에 존재했기 때문이다. 이슬람은 넓은 지역에서 오랜 세월을 거치며 여러 가능한 방식들을 실험해 보였다. 거기엔 엄격한 원리주의 이슬람도 있었고 수피교의 신비주의도 있었다. 스페인과 인도, 아프리카 등지에선 종교적 관용을 실천하기도 했었다. 19세기에는 이집트 이슬람과 프랑스 철학의 영향을 받은 사상가 리파 알-타흐타위Rifaa al-Tahtawi가 진정한 의미의 아랍 르네상스를 일궈내기도 했다.(필자는 이집트인들에게조차 점점 잊혀지는 리파 알-타흐타위에 대한 책을 쓴 바 있다.) 이슬람엔 이렇게 모든 가능성들이 열려 있다. 지금은 칼리프[10]가 존재하지 않으니 중앙집권화도 필요가 없으며 시대나 장소에 따라 얼마든지 종교적 실천을 달리할 수 있다.

그러면 유럽 문화와 결합한 이슬람의 탄생엔 어떤 조건들이 필요할까? 무엇보다 사기꾼 아닌 진정한 무슬림들이 많아져야 하고 선동꾼 아닌 설교자들이 많아져야 한다. 무슬림들은 자기 역사와 종교에 대한 잘못된 관념 때문에 늘 피해를 입어 왔다. 유럽의 신학교들도 이젠 보다 많은 이슬람 박사들을 배출하여 깨어 있는 이슬람의 대변자들을 만들어내야 한다.

깨어 있는 학자들은 폭력을 선동하는 설교자들에게 가장 좋은 적수가 될 것이다. 이슬람 자체는 절대 폭력적이지 않다. 이슬람에 대한 비뚤어지고 잘못된 가르침이 폭력을 만들어낼 뿐이다. 물론 이러한 성찰은 이슬람뿐 아니라 모든 종교에 해당된다.

진정한 무슬림 설교자들을 많이 양성한다면 유럽이 무슬림들의 이민이나 귀화를 받아들이고, 그들을 변두리로 내모는 대신 포용하는 정책을 펴는 데도 큰 도움이 될 것이다.

---

10) 이슬람 공동체의 통치자.

수단, 누가 누구를 죽이는가?

빈 라덴의 새로운 성명이 TV를 통해 방영되었다. 그는 "이슬람교도들은 다르푸르[11]에서 서방 기독교도들과 유대인들, 미국인들 그리고 중국인들의 십자군에 맞서 싸워야 한다"고 말했다. 하지만 지금 수단에선 누가 누구를 죽이고 있는가? 이라크에서와 마찬가지로 무슬림들이 무슬림들을 학살하고 있다. 늘 그랬던 것처럼 말이다. 오늘날 일어나는 전쟁은 대부분 무슬림과 무슬림 간의 싸움이다. 종파 문제(이라크)나, 정치 문제(알제리, 이집트의 경우), 민족 문제(다르푸르) 등이 그 이유다. 그리고 이런 전쟁에 대해 서방세계는 거의 수수방관하는 입장이다. 수단의 경우만 유엔안전보장이사회가 무슬림들을 다른 무슬림들의 공격에서 보호하려 노력하고 있을 뿐이다.

이런 현실은 감춘 채 빈 라덴은 공공의 적을 만들어 무슬림들을 결집시키려 하고 있다. 그리고 그 공공의 적은 바로 서방세계이다. 근래 무슬림의 역사를 살펴보면 서방세계는 무슬림과의 문명적 충돌을 피해 왔다. 서로 죽고 죽인 건 '그들 자신'들이었던 것이다. 그러면 계속 그들의 전쟁에 관심을 끊고 복수가 되풀이되도록 내버려두어야 할까? 물론 그럴 수 없다. 석유 문제나 이스라엘과의 동맹관계, 기독

---

11) 수단 공화국의 서쪽 끝 지역.

교적 관용정신이나 인도주의 정신 그리고 서구인들의 인격은 그것이
비록 우리들의 전쟁이 아닐지라도 이 전쟁을 수수방관할 수 없게 만
든다.

온난화 이데올로기

지금 이곳 미국에선 엘 고어가 순회강연을 벌이고 있다. 미국의 전부통령이었던 그가 연사로 변신했다. 뉴욕을 방문한 고어는 환경주의자들과 귀부인들 앞에서 강연을 가졌다. 각본대로 진행된 쇼에서 그는 조크로 강연의 말문을 열었다. "저는 한때 미국의 대통령이 될 뻔했던 사람입니다." 그러나 많은 민주당 지지자들로 채워진 이날의 강연장은 웃음보다는 탄식으로 넘쳐났다. 참석자 중엔 2000년 선거 당시 엘 고어에게 패배를 안겨준 조지 부시도 있었다. 이어 최근 미국을 휩쓸었던 사이클론과 토네이도, 태풍 등의 모습들이 담긴 재난 다큐멘터리가 상영되었다. 엘 고어는 미국인들이 석유 소비를 줄이지 않는 한 재난들은 앞으로 더 자주 일어날 거라 경고했다. 이 말에 강연장엔 박수가 울려 퍼졌고 한 귀부인은 '아멘' 하고 소리치기까지 했다. 이어서 엘 고어가 우리들이 사륜구동 차와 에어컨의 사용을 포기해야 한다고 덧붙이자 아멘을 외쳤던 귀부인의 반응은 조금 약해졌다. 고어는 이 주장들이 과학적 '합의'에 근거한 것이라 주장한다. 지구의 온도가 점점 높아지고 있으며, 그 주요 원인이 이산화탄소 때문이고, 따라서 우리의 라이프스타일을 바꾸지 않으면 안 된다는 것이다. 누구나 고개를 끄덕일 수밖에 없는 얘기이다.

그러나 같은 날 아침, 미국의 저명한 기후학자 리처드 린젠Richard

Lindzen 교수의 글이 《월스트리트 저널》에 실렸다. 지구온난화에 부정적인 의견에 대한 지식 테러가 연구단체들 사이에 만연해 있다는 비난의 글이었다. 사실 지구가 정말 더워지고 있는지, 어떤 이유인지, 이에 어떻게 대처해야 하는지에 대해선 정확히 밝혀진 바가 없다.

사실 엘 고어는 정확한 과학적 근거보다는 자신이 쓴 할리우드식 재난영화 시나리오를 바탕으로 의견을 펼쳤다. 특히 미국인들에게 익숙한 그의 말투, 설득력, 인기는 "지구의 종말을 준비하시오!"라고 외치는 부흥회 목사의 설교와도 같았다. 그가 미국의 대통령이 되지 못한 걸 안타까워해야만 하는 걸까? 그가 대통령이 되었다면 부시와 달랐을까? 별로 그럴 것 같지는 않다. 엘 고어도 부시도 모두 복음주의 전도사이긴 마찬가지이다.

엘 고어와 짧은 대화를 나눠 보았다. 필자는 최근 여론조사에서 미국인들 대부분이 지구온난화에 무관심한 것으로 나타났다고 얘기해 주었다. 고어도 그 사실을 알고 있었다. "우리 국민의 인식을 바꿀 더 충격적인 영상을 찾아봐야겠군요." 그의 대답이었다. 그의 동지들은 이제 얼음이 녹아내려 물에 빠진 채 허우적대는 곰들의 모습을 찾아 나설 것이다…… 지구의 종말은 그때가 돼 봐야 알게 될 것이다.

군화 신은 미국 우파들

"미국인들은 아주 오랫동안 이라크에 머물 것이고, 안전하고 민주적인 정부가 들어서서 평화와 발전을 되찾을 때까지 철수하지 않을 것이다." 곤돌리자 라이스의 외교정책 보좌관이며 미 행정부의 브레인인 로버트 조엘릭이 한 말이다. 그는 조지 부시의 국방외교를 설명하고 홍보하는 임무를 맡고 있다. 하지만 그의 말이 부시 행정부에만 해당되는 것은 아니다. 2년 후면 다른 미국 대통령이 당선되겠지만 누가 미국의 대통령이 되더라도 평화만 부르짖을 수는 없게 되었기 때문이다.

조엘릭에 따르면 서방세계들은 지금 두 개의 거대한 도전에 위협받고 있다. 그 하나는 속을 알 수 없는 중국의 힘이 점점 커지는 것이며, 다른 하나는 점점 정치적으로 변해가는 이슬람 세력들이다. 조엘릭은 중국에 대한 미국 정부의 입장을 이야기했는데, 그것은 중국이 세계 질서유지에 지분을 지닌 '주주'로 행동해주길 원한다는 것이었다. 과연 중국이 그렇게 행동할 수 있을까? 지금으로선 이란이나 다르푸르가 시금석이 될 것이다. 다르푸르(수단)의 평화문제나 이란 제재조치에 적극 참여할까 아니면 서방세계의 뜻과는 달리 제국주의적 야심을 드러낼까? 중국 공산당은 둘 중 하나를 택하게 될 것이다.

그 다음은 이슬람 정치세력화 문제이다. 조엘릭에 따르면 이슬람의 테러리즘이 확대되어 이제는 이슬람 세력들 사이의 패권을 놓고 벌이는 싸움이 되어버렸다. 그러면 누가 패권을 차지할 것인가? 이슬람 정파들이 세력을 장악하게 될 것이 확실하다. 비종교 정파나, 이집트의 나세르 같은 사회주의 정파, 서방세계의 지원을 받는 독재자들 또는 무바라크Mubarak[12]식 모델 등이 통하던 시대는 이제 끝났다고 조엘릭은 말한다. 앞으로는 이슬람 정파들 중 터키처럼 민주적이고 자유주의적인 온건파 이슬람 세력이냐 아니면 하마스나 '이슬람 형제들' 같은 교권파 세력이냐 중에서 선택될 것이라고 예견한다.

미국을 포함한 서방세계는 이제 예전처럼 왕정체제의 국가들을 지원할 수 없게 되었다. 미국은 대신 이라크나 시리아, 이란, 사우디아라비아에서처럼 온건 이슬람주의와 협력하여 그들을 민주화시키는 데 힘을 쏟아야 할 것이다.

조엘릭에게 온건한 무슬림들(스스로를 그렇게 부르는 사람들은 별로 없지만)에 대해 얼마나 알고 있느냐 물어보았다. 그는 내게 조지 부시 대통령이 매일 아침 백악관에서 그들을 맞이하고 있다고 말해주었다. 이슬람 온건주의에 관해 쓴 『리파의 아이들Les Enfants de Rifaa』이란 책을 읽고 있다는 것이다. 그들이 내가 쓴 책을 알고 있는 게 기쁘긴 하지만 파리가 아닌 워싱턴에서 이 책이 읽혀지고 있다는 게 아쉬웠다.

조엘릭은 코란의 온건함을 설명할 수 있는 사람들이 지식인들 사이에만 있고 정책을 만드는 사람들 중엔 없는 것이 온건주의 이슬람의 약점이라고 말한다. 다만 터키만은 예외에 속한다. 터키인들은 이슬람에 대한 자신들 고유의 해석을 가지고 있다. 그들은 권력을 위한 싸움에 경전을 개입시키지 않는다는 원칙을 가지고 있다. 이렇게 되기

---

12) 군인 출신의 이집트 정치가. 1987년부터 현재까지 이집트 대통령.

까지는 틀림없이 미국의 노력이 작용했을 것이다. 이는 워싱턴과 연계된 많은 민주주의 지원 단체들의 임무이기도 하다. 유럽에서 민주주의적 이슬람이란 비전은 역사의 종말이나 테러리즘의 근절처럼 난처한 문제란 걸 조엘릭도 알고 있었다. 이슬람에 대한 유럽인들의 이해는 이처럼 관념적이기기보단 냉소적이기 때문이다.

유럽 사회에선 미국처럼 민주주의를 보편의 가치로 여기고 전파하려는 열정을 찾기 어렵다. 조엘릭은 이런 열정이 신념이 아니라 경험의 문제라고 말한다. 유럽인들은 1970~80년대 동유럽이나 한국, 타이완, 인도네시아 등이 지금처럼 민주화되리라 상상도 못했지만 미국인들은 확신을 갖고 힘써 도왔다. 부시의 후임자들도 미국의 이런 정책을 이어갈 것이며 신중한 후보라면 다른 분석을 내놓거나 이라크에서 철수하자고 주장하진 않을 것이라고 조엘릭은 말한다. 하지만 미국의 여론이 이런 의견에 계속 동조할는지는 의문이다.

상황은 점점 미묘해지고 있다. 미국인들은 대부분 이라크 전쟁에 반대하면서도 전쟁에서 승리하길 바란다. 미국의 병사들이 매일같이 이라크와 아프가니스탄에서 죽어가고 있지만 그렇다고 특별한 저항 운동이나 심각한 시위는 없다. 오히려, 어제(4월 30일) 워싱턴에서는 엘리 위셀Elie Wiesel[13]이나 흑인 지도자들이 앞장서서 미국이 다르푸르에 개입할 것을 촉구하는 시위를 벌였다. 조엘릭은 미국은 항상 반대에 부딪힌다고 말한다. 이라크에 개입하는 것도 다르푸르에 개입하지 않는 것도……

미군은 과연 지구의 헌병대일까? 이것이 끔찍한가? 하지만 경찰이 아예 없는 건 더 끔찍하지 않은가? 그 헌병이 미국이 아니라면 더 최악이 되지 않을까?

---

13) 루마니아 출신의 미국 작가. 1986년 노벨 평화상 수상.

조엘릭은 지금 조심 조심 길을 가고 있다. 유럽도 미국도 그에게 다
른 선택을 강요하진 못할 것이다.

프랑스-미국, 이제 함께 가자!

프랑스인들을 상대로 한 여론조사에서 이라크 전쟁에 대한 찬성률이 전쟁 초기 미국보다 낮은 30%에 머물다가 이젠 60%까지 높아졌다고 한다. 그러나 전쟁이 일어나기 전의 75%엔 아직 조금 못 미치는 수치다. 하지만 프랑스가 미국을 배신할지도 모른다는 의심이 완전히 사라지지는 않은 듯하다. 폭스뉴스 등 보수언론이 선동하던 반프랑스 운동이나 보르도산 포도주 불매운동은 이제 잠잠해졌다.

주미 프랑스 대사인 장-다비드 레비트는 레바논에서 시리아를 몰아내는 일이나 유엔안전보장이사회에서 이란을 견제하는 일에 프랑스와 미국이 공조하고 있으며, 스파이 행위에 대한 수사협조도 잘 이루어지고 있다며 두 나라의 관계회복을 강조한다. 또 "우리의 우방 미국이 이라크 사회에 안정과 민주주의를 성공적으로 정착시킬 것이라고 믿는다"며 이라크에서 미군의 실패는 재앙을 불러올 것이라고 말한다.

하지만 미국인들의 반프랑스 감정과 프랑스의 반미 감정은 그 성질부터가 다르다. 미국인들이 프랑스인들을 비판하는 것은 '프랑스인들의 행동'에 관해서지만 프랑스인들이 미국을 비판하는 것은 '그것이 미국이기 때문'이다. 장 프랑수와 르벨은 그의 마지막 책에서 반미 감정에 관해 언급하면서, 프랑스 지식인들의 눈엔 미국인들이 어떤 행동을 하든 그른 것으로 보인다고 했다. 즉 프랑스 지식인들에겐 미국이란 나라 자체가 참을 수 없는 존재인 것이다.

이런 감정은 이미 1794년 무렵에도 있었던 모양이다. 탈레랑 Talleyrand[14]은 망명 중 필라델피아에서 파리로 보낸 편지에 이렇게 쓰고 있다. "이곳 미국인들은 미개하오. 그들은 요리라는 것도 변변히 없어서 고작 로스비프에 감자를 곁들인 게 전부인 데다 종교도 200여 개가 넘는다오." 로스비프 대신에 햄버거를 대입해보면 오늘날 우리들의 미국에 대한 편견과 다르지 않을 것이다. 탈레랑은 또 다른 편지에서 "우리가 이 '공화국'의 독립을 도운 것은 애초부터 잘못인 것 같소. 왜냐하면 이들도 결국 영국인들과 다를 게 없기 때문이오."라고 쓰고 있다. 영국인 대신 '앵글로색슨'이란 말로 바꾸어 읽어보면 드골의 말을 듣고 있는 듯한 느낌이 들 것이다. 이라크 전쟁을 향한 프랑스의 비난은 미국 행정부가 어떤 일을 하든 늘 있었던 프랑스인들의 반미 감정과 반미 이데올로기를 확인시켜 준다.

프랑스 내 외교관들은 프랑스인들의 반미 감정을 어떻게 누그러뜨려야 할지 필자에게 묻곤 했다. "방법은 없습니다. 설령 사라진다 해도 다시 생겨날 겁니다." 이것이 나의 대답이었다.

반미주의는 프랑스인들의 자기정체성을 위해 꼭 필요한 것 같다. 프랑스의 지식인이나 언론인, 노조지도자, 영화감독들은 '반미'가 있기에 존재한다. 프랑스 사회주의 정권에서 장관을 지냈던 분이 뉴욕에 들렀다. 필자는 그에게 2007년 선거에서 좌파는 어떤 식으로 외교 정책을 펼칠 거냐고 물어보았다. 그의 대답은 이랬다. "우리가 극심한 분열을 겪을 때도 반미 감정은 언제나 우리를 뭉치게 했습니다."

---

14) 나폴레옹 시대, 왕정복고 시대, 루이 필립 시대에 이르기까지 고위 관직을 지낸 프랑스의 외교관이자 정치가.

굴복하지 않는 피델 카스트로

상파울로의 기업 총수들과 대학 총장들이 모인 자리에서 필자는 브라질(그리고 다른 라틴아메리카 나라들)의 좌파 정부(룰라 정부 같은)가 보수 우파나 가짜 자유주의로 회귀하지 않았으면 좋겠다고 이야기했다. 그런 식으로 정적을 속일 필요도 없거니와 진짜 위험한 것은 룰라나 칠레의 바첼렛Bachelet 같은 좌파 정부가 아니라 포퓰리즘이기 때문이다. 베네수엘라의 차베스Chavez나 볼리비아의 모랄레스Morales, 아르헨티나의 키르츠네르Kirchner는 우파도 좌파도 아닌 위험한 포퓰리스트들이다.

라틴아메리카의 포퓰리스트들 사이에는 이상한 결합관계가 형성되어 있다. 피델 카스트로Fidel Castro는 아이디어는 있지만 돈이 없고, 차베스는 돈은 있지만 아이디어가 없으며, 모랄레스는 안데스인 특유의 잘생긴 얼굴로 대중을 빨아들이는 흡인력이 있다.

키르츠네르는 어떨까? 그는 대중들로부터 표를 얻는 방법을 안다. 또 에보 모랄레스는 다니엘 미테랑[15]과 자크 시라크의 총애를 동시에 받고 있다. 카리스마 있는 영웅을 필요로 하던(치아파스에서 사라져버린 부사령관 마르코스[16]처럼) 다니엘 미테랑이 그녀의 구미에 맞는 인물을 찾아낸 것이다.

모랄레스는 페트로브라스Petrobras[17]와 토탈Total[18]이 진출해서 만든 가스와 석유 회사들을 몰수해 버린 인물이다.

"에보, 당신은 5년 전에 실추되었던 당신 조국의 위엄을 되찾게 했습니다." 시라크 대통령이 그에게 한 말이다. 이런 격려를 받은 모랄레스는 내친 김에 상수도까지 국유화해 버렸다.

시라크가 그렇게 말한 것은 어떤 면에선 옳을 수도 있다. 과거 라틴아메리카에서 스페인이 펼친 폭정은 인디오들과 노예들에게 큰 고통을 주었고 이후 실시된 민주주의가 후손들의 복수로 이어졌기 때문이다. 그러면 국유화가 과연 가난한 국민들에게 혜택을 줄까? 볼리비아는 이미 1950년대 기업들을 국유화했다가 1980년대 다시 민영화로 되돌린 경험이 있다. 그러나 두 경우 모두 코카coca를 경작하며 살아가는 인디오들에겐 아무 혜택도 주지 못했다.

이 나라들의 진짜 분쟁은 우파, 좌파 간의 싸움이 아니라 자유진영 내부의 싸움이다. 자유주의 우파(라틴아메리카 전반에 퍼져 있지만 특히 브라질에 많다)들은 오직 밀턴 프리드먼Milton Friedman과 시장만을 숭배한다. 이렇게만 하던 평화가 보장되고 번영은 예약된 거나 다름없다고 생각하는 것이다! 1990년에서 2000년 사이 아르헨티나의 메넴Menem, 페루의 톨레도Toledo가 5년 동안 이런 정책을 펼쳤었다. 약속된 경제성장은 이루었지만 그 혜택은 전체 인구의 20%에게만 돌아갔다. 가난하거나 교육을 받지 못한 사람들, 유색인종들은 어떤 혜택도 맛보지 못한 것이다. 결국 아르헨티나의 메넴 정부는 국민들에 의해 쫓겨났지만 페루의 톨레도는 인플레이션 없이 5%씩의 경

---

15) 프랑스 대통령을 지낸 프랑수아 미테랑의 아내. 프랑스 자유재단 회장. 공식적으로 모랄레스의 지지를 선언한 바 있다.
16) 멕시코 농민운동을 이끌고 있는 게릴라 지도자. 민족해방군 부사령관을 맡아 농민군을 이끌고 밀림으로 들어가 반정부 투쟁을 이끌고 있다.
17) 브라질 국영 에너지회사.
18) 프랑스 석유, 가스, 화학 전문회사.

제성장을 이루어냈으며 게릴라 전쟁을 막아내며 인기가 없는 가운데서도 임기를 모두 마쳤다. 그런데 왜 이런 결과가 나온 것인가? 상파울로에서 필자도 설명했지만, 그것은 역사적으로 심각한 불평등을 겪은 나라의 국민들이 성장과 재분배를 동시에 바라기 때문이다.

어떻게 하면 성장을 멈추지 않고도 재분배를 성공적으로 이루어낼 수 있을까? 필자는 강연을 듣기 위해 모인 브라질의 청중들에게 (그들이 좌파이든 우파이든) 자유주의적인 방식으로 부를 재분배해야 한다고 주장했다. 예를 들어 새로 창업하는 영세업자들을 위한 마이크로크레딧(공금융이 아닌 사금융)의 활용 같은 방법이 그것이다. 페루의 경제학자 에르난도 데 소토Hernando de Soto는 예전부터 이 제도를 주장했지만 그의 조국은 이 주장을 받아들이지 않았다.

하지만 '그라민 은행' 같은 경우 방글라데시에서 여성들에게 돈을 빌려주며 큰 성공을 거두었다. 마이크로크레딧 제도는 국가나 독재자들의 감시로부터 자유로운 새로운 독립 기업인 계층을 양산해낼 것이다. 이런 식의 제도는 자본주의에 소외된 사람들에게도 매우 유용하며 포퓰리즘 문제에 대한 훌륭한 경제 사회적 해답이 되어줄 것이다.

상파울로에서 내가 청중들을 제대로 설득시켰는지는 잘 모르겠다. 브라질 기업인들은 룰라 대통령을 몰아내고 우파 대통령을 앉히고 싶어한다. 그러나 룰라 대통령은 유능한 사람이다. 그는 사회주의적 정책들을 내세워 대통령에 당선되었지만 그 정책들을 그대로 실행하지 않았다. 대신, 자유주의적인 규율을 따라 화폐 안정에 주력하고 공공지출의 낭비를 막으면서, 전임자인 페르난도 엔리크 카르도소의 경제정책을 이어가고 있다(이에 대한 보상인지 몰라도 그의 좌파성향 당원들이 저지른 비리 사건도 조용해졌다).

결론적으로 필자는 유럽이나 라틴아메리카의 언론들이 떠드는 '자유주의의 위기'는 없다고 단언한다. 사실상 자유주의는 좌파적 민주주의나 우파적 민주주의 정당 모두에게 공통의 정책이 되어 버렸다. 그들은 차베스나 모랄레스, 카스트로의 포퓰리즘이 라틴아메리카 대륙에서 가장 많은 인구를 차지하는 극빈층들을 선동하기 전에 신중히 판단하고 협력해야 할 것이다.

"아랍인들은 왜 가난한가요?"

"아랍인들은 왜 가난한가요?" 강의실 깊숙한 곳에서 이런 질문이 새어나왔다. 필자가 인도와 중국의 발전 전략을 비교하는 강연을 막 끝냈을 때였다.

토론회가 자주 열리는 리야드의 '파드Fahd 왕립도서관'에서 경제 발전과 민주주의의 관계라는 주제로 막 발표를 마쳤을 때였다. 중국의 성장은 빠르지만 불확실하고, 인도의 성장은 중국보다 다소 느리지만 예측 가능하다는 내용이었다. 사우디아라비아의 수도 한복판에서 아랍 이슬람 세계의 상황에 대해선 언급하고 싶지 않았다. 사우디아라비아 왕국은 놀랄 만한 부를 지니고 있다. 그리고 이곳의 단체나 언론 등은 이집트나 시리아 등의 나라들보다 더 자유롭고 직접적으로 자기 의사를 표현할 수 있다. 이곳에선 이슬람을 부인하거나 사우디의 왕정을 비난하지만 않으면 어떤 발언도 할 수 있다. 여성차별에 대해서도 물론 토론할 수 있다. 사우디 사람들은 차도르에 대해 자유롭게 의견을 말하며 여성의 특정 직업 금지나 여성의 운전 금지에 대해서도 의견을 표현한다. 필자가 들은 바로는 사우디아라비아에선 55%의 여성이 대학 졸업장을 가지고 있지만 5%의 여성들만 직업을 가지고 있다. 이번 주 한 지역신문은 여성들이 여성용 속옷 매장에서 판매원으로 일할 수 있도록 노동부가 허가해야 한다는 기사를 다루었다. 종교 최고 권위자인 무피는 이에 반대했다. 그의 논리는 남자들이 일하는 상권 중심에 가게들이 있기 때문에 남녀가 함께 있는 걸 금지하는 이슬람 율법에 위배된다는 것이었다. 이에 대해 이 신문의 논설위원은 무피가 율법을 편협하게 해석하고 있다고 비난했다. 사우디 여성들은 이 논쟁이 어서 결론이 나길 기다리며 필리핀이나 인도 여성들이 판매원으로 있는 가게에서 속옷을 사고 있다.

다시 가난에 대한 질문으로 돌아가 보자.

아랍세계는 주변 아시아권 나라들이 부상하는 것을 지켜보고 있다. 그 중에는 말레이시아나 인도 일부 지역 등 이슬람 나라들도 포함되어 있다. 사우디아라비아와 걸프만 주변 국가들은 제로성장을 기록하고 있음에도 풍부한 석유매장량과 유가 인상 때문에 이런 사실이 가려지고 있다. 하지만 진실이 언제까지나 감춰질 수는 없다. 사람들이 더 이상 석유를 사지 않게 되면 이 지역은 다시 황량한 사막으로 되돌아갈 것이다. 꾸준하고 지속적이며 다양한 방식으로 국가를 발전시키는 것은 산유국이든 아니든 모로코에서 사우디까지 모든 아랍인들의 문제다.

이삼십 년 전이었다면 이런 질문에 서방의 제국주의에 가난의 근원이 있다고 말하는 이도 있었을 것이다. 하지만 지금은 아랍인들조차 이런 마르크스적 분석을 믿지 않는다. 이곳에선 (이슬람주의자들까지도) 거의 만장일치로 시장경제와 세계화에 우호적이다. 시장경제와 세계화 모두 장사와 유목생활에 익숙한 아랍 문화에 잘 어울린다. 그런데 장사에 능하고 돌아다니기를 좋아하는 전통이 현대로 오면서 제대로 계승되지 못한 (두바이는 예외지만) 이유는 뭘까? 이슬람교에 그 원인이 있을까? 나는 그렇게 생각하지는 않는다. 코란을 읽어봐도 가난이나 과격 이슬람주의자들의 폭력의 원인은 찾아볼 수 없다. 청중들의 기분을 상하게 하지 않을까 우려해서 이런 얘기까진 하지 않았지만 어쨌든 지금의 현실은 이렇다.

아랍 세계가 발전을 하지 못한 것은 7세기가 아니라 20세기와 관계가 있다. 그들이 민족주의와 소비에트 사회주의로 회귀하면서였다. 이 두 개의 서구 이데올로기가 아랍의 경제도약을 망쳤다. 1950년대만 해도 이집트와 시리아, 이라크는 당시 떠오르던 신흥 경제국들과 어깨를 나란히 할 정도였다. 이집트와 시리아에는 문화생활을 즐기는 사람들로 넘쳐났으며 자유스러운 도시의 분위기 속에서 언론과 대학들이 세계와 소통하고 있었다. 그러나 이집트의 나세르 그리고 시리아와 이라크의 바스Baas당이 내건 민족주의와 사회주의를 뒤섞은 이데올로기는 일부 이슬람 세계에 치명적인 타격을 주었다. 국가의 위엄을 되찾는다는 명분으로, 소련으로부터 배운 효율성이란 이름으로 그들은 기업가와 지식인, 외국인들을 추방하고 국가주의 경제로 전환했다. 이후의 결과는 우리가 아는 바와 같다.

이런 폐허 위에서 재건은 쉬운 일이 아니다. 아랍세계에서 오래 지속되었던 전제정치는 (미국이 개입한 곳을 제외하곤) 지금도 세습되고 있다. 법치국가의 건립은 계속 미뤄지고 있다. 경제는 아주 조금씩 느리게 민영화되고 있지만 그것도 투자를 끌어내기 위한 것이 아니라 횡령에 재주가 있는 독재자 측근들의 이익을 위해서다.

아랍 세계의 가난을 이슬람 때문이라고 말한다면 원인과 결과를 뒤집어 말하는 것이다. 내셔널리즘과 사회주의가 이 사회들을 망쳤고 그 때문에 국민들은 다른 해결책, 즉 이슬람의 정치 세력화를 대안으로 찾아낸 것이다. 상황이 더 악화되려 했는지, 호스니 무바라크 Hosni Mubarak 같은 몇몇 독재자들이 시장경제를 내세우며 자신들의 이권을 위해 기업들을 민영화하는 바람에 자유주의의 명성마저

망치고 말았다.

자유주의 진영에 가까운 사우디 청중들은 오늘 내 주장에 공감했을까? 이 자리에 참석했거나 어디선가 나의 강연을 들었을 이슬람주의자들 누구도 내 의견을 공개적으로 반박하진 않았다.

리가, 새 유럽을 말하다

유럽연합에 싫증이 난 사람이나 유럽연합이 왜 필요하냐는 사람, 또는 너무 위험이 없어서 싫은 사람은 발트해 연안에서 '완전히 새로워진 유럽'을 발견해보기 바란다.

라트비아의 수도 리가에는 라트비아인들이 1940년부터 겪었던 압제와 학살의 역사가 고스란히 담겨 있는 '점령시대 박물관'이 있다. 라트비아는 1991년 독립할 때까지 소련과 나치 그리고 다시 소련에 차례로 점령당했다. 점령기에 그들은 수탈과 약탈을 겪었고 많은 망명자와 정치범들이 생겨났다. 미국과 유럽 그리고 이스라엘에 있는 홀로코스트 박물관처럼 이 박물관은 이런 역사를 보여주고 있다. 내가 알기에 히틀러와 스탈린의 초상화가 나란히 걸려 있는 곳은 이 박물관밖에 없다. 히틀러와 스탈린은 이곳 발트해 연안 국가들을 나눠 가지려 손을 잡았다가 다시 이곳을 차지하기 위해 싸움을 벌였고 그 과정에서 이곳 사람들을 학살했다. 독립 라트비아에 아직 살고 있는 러시아인들도 나란히 걸린 두 독재자의 사진을 보고 닮은 모습에 깜짝 놀란다고 한다. 정말 그럴까? 하긴 솔제니친은 러시아인들이야말로 스탈린의 최대 희생자들이라고 말했었다.

60여 년의 긴 점령기를 거친 뒤 발트해 사람들은 자신들의 원래 위치인 유럽으로 복귀하길 바랐다. 하지만 소련의 비위를 건드릴까 두려워한 유럽인들은 이 열망을 외면했다. 모스크바 정권이 흔들리기 시작했을 때 소비에트 국가들 중 처음으로 저항운동을 일으켜 독립을 쟁취한 곳이 바로 발트해 사람들이란 걸 기억해야 한다. 그것도 아주 평화적인 방법으로.

발트해 국가들은 이제 유럽연합에 둥지를 틀고 자신들의 역사적 역할을 잘 수행하고 있다. 이곳 사람들은 이미 5세기부터 어디로 튈지 모를 러시아와 서방세계 사이에서 완충지대 역할을 해왔었다. 이곳 리가 사람들에게 유럽연합은 국가의 정체성과 안전을 보장해 주는 존재가 되었다. 사람들은 유럽 여권을 가지고 아무 데나 자유롭게 다닐 수 있다. 발트해 사람들에게 오랫동안 금지되었던 해외 여행도 이젠 자유로워졌다. 많은 수의 라트비아 사람들이 스웨덴이나 아일랜드에서 일하고 있다. 이 때문에 라트비아 본국의 인력이 부족해지긴 했지만……

유럽연합은 이들에게 교역의 자유를 가져다주었으며 서유럽의 기업들이 동유럽의 산업을 일으켜 줄 거라는 작은 희망을 안겨 주었다. 하지만 아직은 많은 시간이 필요할 것이다. 왜냐하면 경제는 천천히 한걸음씩 나아가는 것이기 때문이다.

발트해의 교훈을 통해 우리는, 장 모네Jean Monnet[19]가 '구체적 연대'를 모토로 설립한 유럽연합이 무엇보다 우리 사이에 그리고 국경 사이에 평화가 깃들게 하려는 데 목적이 있었다는 걸 깨달을 수 있다. 그 첫 단추는 자유무역을 통해 꿰어졌다. 나머지 분야(행정이나 경제적 사회적 질서)들은 평화를 위한 장치에 불과할 것이다.

발트해 국가들은 지엽적인 문제들로 삐걱거리던 유럽연합이 본질적인 문제에 집중하도록 만들어주었다. 1930~40년대 하얼빈과 만주

____

19) 프랑스 경제학자. 유럽공동체 설립에 공헌하였고 유럽공동체 의장을 지냄.

에서 살았던 라트비아의 한 대학교수가 내게 자기가 살던 도시가 일
본과 소비에트 그리고 중국 공산당에 연속으로 점령당했던 이야기를
해주었다. 일본군이 그나마 가장 규율이 있었고 소련군이 가장 악독
했다고 한다. 그럼 중국인들은? 흑색이건, 황색이건, 적색이건, 파시
즘을 비교하는 것은 의미가 없으며 오직 벗어나고 싶다는 생각뿐이
었다고 그는 대답했다.

스웨덴 모델, 지속되거나 사라지거나

프랑스가 이렇게 침체에 빠져 있을 따 다른 데서 위안을 찾아보는 건 어떨까? 자유주의의 나라 미국이나 반反자유주의의 나라 스칸디나비아 국가 같은 데서 말이다. 1970년대 프랑스의 조르주 퐁피두 대통령은 프랑스가 '햇볕 가득한 스웨덴식 모델'을 따라야 한다고 주장했다. 장 자크 세르방-슈레베르Jean Jacques Servan-Schreiber[20]가 1971년 발표한 〈급진당 선언〉도 스웨덴 모델에서 많은 영향을 받았다. 당시 스웨덴인들은 사회민주주의 정부 아래 서로 화합하는 국민, 선택된 국민, 번영과 연대를 누리는 국민들로 불렸다. 가난한 사람도 없었고 지나치게 부유한 국민도 없었다. 당시 스웨덴의 일인당 국민소득이 세계 3위를 달리고 있었기어 균형은 완벽해 보였다. 사기업들 중 50여 개의 다국적 기업들은 놀랄 만한 효율성을 보여주며 스웨덴의 부를 이끌었다. 국가는 교육, 의료, 퇴직 등에 이르기까지 이른바 '요람에서 무덤까지' 국민의 모든 것을 관리했다. 노동조합들은 전체 피고용인들의 85%를 규합하며 (아직까지도 그렇다) 사회적 조정을 책임졌다. 1930년대부터 조합들은 계급투쟁의 종식을 선언했다. 사회주의의 정의가 공공 소유가 아닌 공공 조정에 있다고 말한 젊

---

20) 프랑스의 정치인, 언론인. 프랑스 시사 주간지 《렉스프레스》의 공동 창립자이자 프랑스 급진당의 당수를 지냈다.

은 활자공 닐스 카를레비Nils Karleby의 공이 컸다. 루터파 교회도 이런 사회 분위기에 한몫을 했다. 폭력은 찾아볼 수 없었고 도둑도 사라졌으며 부정부패는 상상할 수도 없었다. 사람들은 간혹 사회 불만을 표시하는 사람을 신기하게 바라볼 정도였다. 1970~80년대 영화감독 잉그마르 베르히만Ingmar Bergman은 세계에서 제일 높은 소득세를 피하기 위해 스웨덴을 떠났고 작가 얀 뮈르달Jan Myrdal은 스웨덴이 거의 전체주의 사회나 다름없으며 사람들은 감시와 순응에 길들여져 있다고 비판하기도 했다.

그런데 이런 스웨덴 모델은 1991년 단숨에 무너진다. 당시 국가의 수장이던 올로프 팔메Olof Palme 총리는 1980년대부터 이 모델을 극단적으로 밀고 나갔다. 세금은 더 올랐고 재정적자는 견딜 수 없을 정도로 심해졌다. 공장들은 가동을 멈추고 기업가들은 경영을 포기했지만 공공분야만큼은 여전히 철밥통이었다. 결국 1991년부터 1994년까지 자유당 정부가 들어서면서 스웨덴식 모델은 머리끝부터 발끝까지 재검토되어야 했다. 스웨덴은 다시 출발했다. 성장률이 오르고 실업률도 낮아졌으며 사회 연대감과 기업의 효율성도 되살아났다. 스톡홀름에는 남쪽에서 온 견학 사절단들로 붐볐다. 그런데 아직 이 나라에 스웨덴 모델이 남아 있다고 할 수 있을까?

외견상으론 사유경제, 높은 세금에 의한 공공서비스, 노조협상, 최소정부 등 스웨덴 사회민주당의 큰 원칙들은 지켜지고 있는 듯 보인다. 하지만 사회민주주의라는 외관(1994년부터 다시 사회민주당이 정권을 잡았다)과 달리 국가경영 방식은 완전히 바뀌었다. 프랑스의 시각에서 볼 때는 자유주의를 넘어 초자유주의의 성격으로! 공공기관의 위상은 거의 떨어지고 대신 권리를 지닌 개인들의 집단합의가 자리를 대신했다. 지방의회가 지역 단위로 관리하던 공공의료서비스도 사기업들의 경쟁에 맡겨졌다. 더 놀라운 것은 스웨덴이 세계에서

유일하게 밀턴 프리드먼이 주장한 교육수표 제도를 적용한 나라라는
점이다. 교육수표를 원하는 각 가정은 지방정부가 지급한 수표를 가
지고 무료로 아이들을 사립학교에 보낼 수 있다. 약 10%의 스웨덴 사
람들이 이 제도를 이용하고 있으며 이로 인해 몇몇 공립학교는 문을
닫았고 교사들은 일자리를 잃었다.

스웨덴 모델은 원칙이란 각도에서 보느냐, 국가경영 방식이란 각도
에서 보느냐에 따라 사회민주주의적이기도 하고 자유주의적이기도
하다. 그렇다면 이를 굳이 하나의 모델로 볼 필요가 없을 것이다.

노동조합들의 실용주의 노선과 전반적인 이데올로기의 퇴조 덕분
에 스웨덴은 저항 없이 모델 쇄신을 이룰 수 있었다. 혁신을 수용하는
국민적 기질(국가경영 시스템에서만도 수천 가지 예를 들 수 있다.
특히 시민들에 가까이 가기 위한 인터넷 서비스의 활용에서 잘 드러
난다)과 효율적으로 합의를 이끌어내는 그들의 능력은 탁월하다. 하
지만 이런 것들은 그들의 특이하고도 모방할 수 없는 국민 문화에 닻
을 내렸다. 따라서 이 스웨덴식 혁신 모델이 국민들의 혁신 능력만큼
의 성과를 이루어냈는가에 대해선 고거가 갸우뚱해진다.

OECD 국가들 중 3위였던 스웨덴의 일인당 국민소득은 30년 만에
13위로 내려앉았다. 현재 스웨덴의 성장률은 미국과 영국, 덴마크보
다 낮다. 스웨덴을 이끌고 있는 50개의 국제적 대기업들도 이미 이 스
웨덴식 모델이 만들어지기 전, 세금이 이렇게 높아지기 전, 공공서비
스 분야의 독점이 이루어지기 전, 그리고 해고가 거의 불가능한 법이
만들어지기 전 설립되었던 회사들이다. 이케아Ikea가 예외적이긴 하
지만 이 회사의 창립자는 기업 본부를 네덜란드로 옮긴 뒤 스위스에
서 살고 있다. 중소기업들은 여전히 기업의 성장을 저해하는 세금 때
문에 늘 소규모에 머물러 있다. 부유한 스웨덴 엘리트들은 그 수도 적

을 뿐더러 그나마도 '스웨덴 모델' 이전에 재산을 상속받은 사람들이다. 실업은 어떤가? 사경제에서는 거의 일자리를 창출하지 못하고 오직 공공서비스 분야에서만 사람을 뽑고 있다. 자발적 실업은 차치하고라도 사회보장 수급자, 희망퇴직자들에 대한 부담으로 스웨덴의 노동시장은 프랑스만큼이나 빈사상태에 허덕이고 있다. 일할 수 있는 청년층의 실업률은 프랑스와 마찬가지로 20%에 이른다.

공공서비스는 어떤가? 사회주의 국가에서처럼 환자들은 병원 앞에서 줄을 서야 한다. 사회적 결속력은 어떤가? 백만 이민자들과 정치 망명자들은 이곳 다민족 사회에 초대되긴 했지만 제대로 동화되지 못하고 있다. 앞으로도 스웨덴이 이웃 덴마크와 네덜란드에 만연한 외국인 혐오주의의 피난처로 계속 남을 수 있을까 의문이다. 모든 나라에 적용되는 진리의 법칙이 하나 있다. 그것은 높은 세금을 통한 부의 재분배는 문화적 동질성을 지닌 사회에서만 가능하다는 것이다.

자유주의 사상의 선구자인 조니 뭉크함마르Johnny Munkhammar(팀브로 재단)는 스웨덴식 모델이 자포자기와 무지에 근거한 거라고 맹비난한다. 국민들은 자신들이 상대적으로 가난해지고 있다는 걸 깨닫지 못하며 미국과 아일랜드, 영국, 아이슬란드 등 앵글로 색슨이나 핀란드, 에스토니아 모델의 장점에 대해서도 관심을 가지지 않는다. 사회민주주의 체제는 국민들을 국가의 도움 없이는 살 수 없도록 만들어 버린다. 세금으로 몰수된 재산은 피통치자이자 선거권자들인 국민이 자신들을 맹종한다고 확신하는 관료들을 통해 재분배되고 있다. 이렇듯 스웨덴식 모델은 비효율적이며 부도덕하지만 자포자기에 빠진 국민들은 거기서 빠져나오길 두려워하고 있다. 스웨덴의 자유당은 국가가 완전히 파산하기 직전에나 재집권하게 될 것이다. 1979년의 영국이나 1980년의 미국, 1986년의 프랑스, 그리고 1991년의 스웨덴(2007년 재현될 수도 있다)이 그랬던 것처럼.

미 주둔군

7월 5일 아침 북한이 동해를 향해 3발의 실험 미사일을 발사했다. 한 지방 신문을 제외하고 서울에서는 아무도 낌새를 알아차리지 못했다. 서울의 시내 교통은 평소처럼 꽉 막혔고, 시민들은 아침 일찍 출근하여 저녁 늦게까지 사무실에서 일을 하며 보냈다. 매년 5%의 경제 성장률은 한국인들의 이런 한결같은 근면함과 의지 덕분에 가능했다.

내가 아는 남한의 교수나 언론인들은 걱정보다는 북한의 지도자가 무슨 의도로 이런 일을 벌였는지를 더 궁금해했다. 김정일은 누구를 향해 메시지를 보낸 것일까? 북한의 미사일은 구식 러시아 모델로 북한의 기술이 매우 낙후되어 있음을 보여줄 뿐이었다. 북한 공산당의 의기양양한 행동에 두려움을 느끼는 남한 사람은 거의 없는 것 같았다. 그렇다면 이번 도발은 평양을 방문 중인 이란 외교사절단에게 무기를 팔기 위해 벌인 짓일까? 세계, 특히 미국을 향해 자신들이 여전히 로켓과 핵무기, 화학무기로 무장한 위협적인 존재라는 걸 과시하고 싶었던 걸까? 북한 공산당은 이런 무기들을 자신들의 생존과 국민에 대한 절대권력을 보장해주는 도구로 이용하고 있다. 서울에서는 대부분의 사람들이 북한 독재자가 오래 전 이성을 잃었다고 생각한다. 그렇다고 미사일이 위험하지 않은 건 아닐 것이다.

다음날 도쿄는 서울보다 오히려 긴장되고 격앙된 분위기였다. 미사일이 남한이 아닌 일본을 겨냥하고 있었던 것이다. 일본인들은 과거 자신들의 식민지였던 한국 국민들이 일본에 보복을 가하지 않을까 두려워한다. 언젠가 두 한국이 통일이 되면 일본은 국경 최전선에서 새로운 세력의 거대한 도전에 직면하게 될 것이다.

남한과 일본은 서로 자신들의 영토라 주장하는 하나의 바위섬을 놓고 싸우고 있다. 상징적인 싸움이긴 하지만 두 나라가 협상으로 해법을 이끌어내지 못하면 분쟁은 격화될 수도 있다. 일본 여당인 자민당 내 극우파들은 핵무기를 제외한 모든 군비를 갖추고 있음에도 일본이 재무장되어야 한다고 주장하고 있다.

일본과 한국의 불확실한 관계 이외에 중국 공산당의 잠재적인 위협도 큰 문제다. 중국과 일본은 중국해에 있는 몇 개의 섬들에 대한 영토권 때문에 감정이 악화되어 있다. 중국 공산당이 아시아에 대해 품고 있는 야망의 실체는 과연 무얼까? 이곳 극동아시아에서 제국주의에 대해 이야기한다면 막연하고 이론적으로만 알려진 미국보다는 중국을 더 두려워해야 할 것이다.

한국과 일본, 중국 세 나라 모두 세계 경제의 큰 동력을 이루고 있다. 일본에서 아이디어를 내면 한국에서 기술을 더하고 중국에서 조립하여 유럽과 미국 시장에서 성공을 거두는 식이다. 그런데 이들 세 나라가 유럽연합처럼 실질적이고 평화적 연대를 이루어낼 수는 없는 걸까? 이에 대해선 확신할 수 없다. 이곳 동북아시아는 세계에서 가장 역동적인 곳이지만 동시에 가장 위험한(타이완의 독립에 대한 중국 공산주의의 위협을 보라) 지역이기도 하다. 어쩌면 국지적인 분쟁이 자주 일어나는 중동보다 더 위험할 수도 있다.

이러한 분쟁과 위협 속에서도 마음 편히 살며 많은 국제교역을 성사시킬 수 있는 건 미군이 헌병 역할을 하며 지켜주고 있기 때문이다.

남한과 일본 그리고 중국해에 주둔해 있는 미군들은 그 존재만으로
도 국경간의 분쟁을 예방해줄 수 있다. 그들로 인해 통상로는 안전할
수 있고 해양 에너지 자원의 안전도 보장될 수 있다. 세계시장이 존재
하고 그것이 평화롭게 유지되고 있는 것은 다 미국이 지켜주고 있기
때문이다. 미국의 이해는 우리들의 이해와 일치한다. 만약 중국해에
서 미 해군을 철수시킨다면 중동에서 사온 석유를 무사히 동북아 항
구까지 운반해올 수 있을까? 또 물건을 가득 실은 중국의 컨테이너가
무사히 캘리포니아까지 도착할 수 있을까? 교통경찰로, 평화지킴이
로 밤낮으로 보초를 서는 미군은 세계 질서를 위해 보이지 않는 용병
역할을 하고 있는 것이다. 이들은 미 국민들의 세금으로 보수를 받고
있다. 그리고 이로 인해 그들을 비난하는 사람들까지 포함해 세계의
모든 이들을 위험으로부터 지켜준다.

진짜 중국, 타이완에서

타이베이의 작가들과 대학 교수들, 기자들(내 책 『Made in USA』의 출판기념회를 위해 이곳에 왔다. 이 책은 처음에는 많은 오역과 함께 북경에서 먼저 출간되었고 이후 타이완에서 완전하게 번역되었다)은 중국 공산당에 대한 프랑스 엘리트들의 애정공세를 이해하지 못한다. 작년 프랑스에서 중국의 해로 지정되었던 때에 파리를 방문했던 많은 타이완 사람들이 도시 전체에 중국 공산당의 붉은 기가 펄럭이고 에펠탑이 붉게 덮인 걸 보고 큰 충격을 받았다.

중국과의 무역 교류가 필요하다는 걸 타이완 사람들도 부인하진 않는다. 대륙에 맨 처음 자본을 투자한 이들도 타이완 사람들이었고 지금도 2백만의 타이완 사람들이 대륙에서 기업을 운영하고 있다. 그곳에서 벌어들이는 수익을 떠나 그들의 희망은 대륙의 공산주의가 자본주의에 점차 자리를 내주는 것이다. 하지만 아직까지 별 성과는 보이지 않는다. 타이완 사람들은 중국 공산당이 시장경제 속에 침몰하기는커녕 오히려 강건해지고 대륙 인민에 대한 통제도 심해지는 데 망연자실하고 있다. 중국 공산당은 여전히 위험한 존재로 남아 한국과 베트남 그리고 타이완 영토에 야망을 품고 이 지역들을 위협하고 있는 것이다.

타이완 사람들은 유럽인들이 자신들을 침략에서 보호해 주리라 기대하지 않는다. 그들은 방위를 자국 군대와 미국 그리고 일본 동맹군에 의지하고 있다. 일본은 무엇보다 타이완의 방어벽 역할을 하고 있다. 만약 중국이 타이완을 공격한다면 미국에서는 평화위협에 대한 경고 단계를 올리고 구호대책을 강구할 것이지만 일본은 이런 행위를 아시아 질서에 대한 직접적인 공격으로 받아들일 것이다.

그런데 유럽인들, 특히 프랑스인들은 어째서 타이완을 무시하고 중국 베이징의 독재정권에 고개를 숙이려 하는 걸까? 그것은 아마 타이완 사람들이 국제관계에 서툰 반면 중국은 자신들의 '중화' 사상을 잘 포장해 서방서계에 보여주기 때문일 것이다. 하지만 규모는 중국이 클지 몰라도 진정한 중국문화는 타이완에 더 잘 보존되어 있다. 공산주의와 1960년대 문화혁명을 제외한 진짜 중국을 원한다면 풍습과 창조적 문화, 박물관, 전통음식, 불교, 도교 같은 전통종교 등 고유하면서도 현대적인 모든 것을 타이완에서 볼 수 있다.

타이완의 번영, 예술적 창의성, 정치와 언론의 자유 등은 중국 공산당이 사라졌을 때 중국 대륙이 간직할 미래의 모습이다. 타이완이야말로 바람직하고 상상해볼 수 있는 진짜 중국이다. 중국 대륙이 타이베이처럼 민주화만 된다면 모든 두려움들은 사라질 것이다. 중국 자체가 두려운 것이 아니라 예측이 불가능한 중국 공산당이 두 개의 중국과 여타 세계에 위험한 존재이기 때문이다.

자신들이 사라지길 바라는 적대국들에 둘러싸인 타이완 사람들은 스스로를 또 하나의 이스라엘이라 생각한다. 이스라엘이 민주국가이기 때문에 자유진영들이 연대감을 갖듯이 타이완도 민주국가이기 때문에 우리는 그들과 연대해야 한다. 유럽인들 중엔 단지 더 '이익이 된다' 는 이유 때문에 민주주의가 아닌 독재를 지지하는 사람들이 있다. 파리의 사업가나 정치인들의 모임 중엔 이런 이유 때문에 타이완이 아닌 베이징 정권을 지지하는 사람들이 많다. 타이완을 배격하고 베이징을 지지하는 것이 더 '이익' 일 수는 있다. 하지만 이는 타이완 뿐 아니라 본토의 중국인들까지 모욕하는 것이며 우리의 원칙과 그 원칙들을 지키려는 사람들에 대한 명백한 배신행위다.

우리의 보트 피플

아프리카 사람들이 바다를 건너 망명을 시도하다 배가 뒤집히고 물에 빠져 죽는 일이 매일같이 일어나고 있다. 무수히 많은 사람들이 가난과 사회불안을 피해 유럽으로 도망치고 있다. 그들이 유럽으로 오는 여정은 마치 한 편의 대서사시와도 같다. 죽음을 무릅쓰고 모험을 감행하는 이들은 누구보다도 용기 있고 대담한 사람들이다. 몇 년 후면 프랑스나 이탈리아, 스페인 정부는 이들 이주민들의 지위 합법화 문제를 논의해야 할 것이다. 우파에서는 지나치다, 좌파에서는 부족하다 설전을 벌여 가면서……

우리는 이민자들에 대해 무엇을 알고 있는가? 거의 아는 것이 없다. 이들이 누구이며, 누가 이들의 탈출을 기획했으며 또 누가 이들을 받아주는가? 원칙적으로 공식 서류 없이는 일자리를 찾을 수 없는데도 무슨 돈으로 유럽에서 살아갈 수 있는가? 10%의 실업률을 기록하고 있는 유럽에 대체 무슨 일자리가 있단 말인가? 실제로 우리의 일손은 부족한가 아니면 넘쳐나는 것인가? 이렇듯 아는 바가 별로 없기에 이민에 대한 논쟁은 찬성이나 반대라는 표피적인 의견에 머물 수밖에 없다. 이주노동자 문제는 어쩌면 지금의 탈출 러시가 진정된 후에나 제대로 다루어질 수 있을 것 같다.

유럽의 문제임에도 유럽에선 이에 대한 지식도 대책도 없다. 한 예로 알제리 사람들은 그리스 비자를 얻으면 보다 쉽게 프랑스에 입국할 수 있다는 걸 알고 있다. 세네갈 사람들은 스페인을, 에트리아[21] 사람들은 이탈리아를 통해 유럽으로 쉽게 들어올 수 있다. 이처럼 이들은 유럽 지도를 훤히 꿰뚫고 있지만 유럽인들은 이에 대해 생각조차 안 한다. 뿐만 아니다. 이민자들은 유럽 시민들보다 유럽의 노동시장을 더 훤히 알고 있다. 유럽 시민들은 노동법에 저촉을 받지만 이주 노동자나 고용주들은 이를 피하는 법을 안다. 실제로 말리와 모로코의 도시엔 유럽의 노동법을 잘 피해가는 방법을 조언해줄 법률 전문가들이 널려 있다.

유럽의회 의원인 다니엘 콘-방디Daniel Cohn-Bendit는 스위스(노동계약에 따라 짧은 체류기간을 허용하는 방식)나 미국(귀화 목적의 완전한 이민을 허용하는 방식)의 모델을 바탕으로 한 이민 쿼터제를 유럽의회에 제안했다. 이 문제에서 콘-방디의 제안은 매우 합리적이었지만 아무도 그의 의견을 들어주지 않았다. 좌우를 막론하고 정치 집단들은 마음속으로 이민 논쟁이 형식에 머무르길 바라는지도 모른다. 주제를 확실히 알아야 우리는 누구 또는 무엇에 대해 제대로 이야기할 수 있다.

---

21) 아프리카 북동부에 있는 나라. 제2차 세계대전 후 강화조약에 의해 이탈리아령에서 벗어났다. 1952년 에티오피아 연방에 귀속되었으나 30년간의 분리독립운동 끝에 1993년 주민투표에 의해 독립을 결정하였다.

2006년 7월 30일

이스라엘의 이미지

이미지 전쟁만을 놓고 볼 때 이스라엘은 레바논에서 헤즈볼라와 벌인 교전에서 패배했다. 일주일의 교전이 끝났을 때 사람들은 헤즈볼라가 두 명의 이스라엘 병사를 납치하여 전쟁의 빌미를 제공한 사실을 이미 잊고 있었다. 두 병사의 얼굴은 공개되지 않았기에 모습을 알 수 없었다. 대신 우리들 머릿속에 남아 있는 것은 이스라엘의 장갑차들과 대포, 이스라엘 군인들뿐이었다. 그 중 레바논인 희생자들, 특히 어린아이들의 모습은 너무나 생생했다. 그것은 꾸며내지 않은 끔찍한 현실 그 자체였다. 하지만 그것은 현실의 여러 면 중 하나에 불과하다. 비록 수는 적지만 이스라엘 희생자들도 엄연한 희생자들인데 그들은 가려지거나 아예 보이지 않았다. 이스라엘 희생자들이 덜 무고하기 때문인가? 그렇진 않을 것이다.

이미지가 주는 충격 뒤에는 문화의 차이도 있다. 아랍인들은 자신들의 죽음을 드러내지만(헤즈볼라와 하마스는 죽은 시체들을 늘어놓는다) 유대인들은 자신들의 죽음을 감춘다("죽은 사람은 죽음으로 묻어두어라").

이라크의 미군과 마찬가지로 이스라엘의 전략 중 하나는 자신들의 피해상황을 최대한 드러내지 않는 것이다. 무적 이스라엘군의 이미지를 위해서? 고향을 떠나려는 이스라엘 사람들의 사기를 저하시키지 않기 위해서? 아니면 적군이 만족해하는 꼴을 보기 싫어서?

그러면 헤즈볼라는 정확하게 어떤 사람들인가? 우리는 이스라엘의 지도자들이나 레바논의 지도자들 모습은 볼 수 있어도 헤즈볼라 지도자들과 구성원들, 병사들 모습은 볼 수 없다. 그들은 집단으로 시위하는 군중의 모습으로만 존재할 뿐 개개인의 모습은 가려져 있다.

보이는 이미지와 그의 해석 뒤에는 말해지지 않은 진실이 숨어 있다. 중동 지방을 다니며 그곳 사람들 이야기를 통해 알게 된 하나의 진실은 나에게 충격이었다. 그것은 언젠가 그들에게 휴전 아닌 평화가 찾아올 거란 기대마저 불가능하게 만들었다. 그것은 바로 아랍인들이 이스라엘의 존재 자체를 인정하지 않는다는 것이었다. 존재 자체를! 평범한 아랍인들뿐만 아니라 온건하고 자유주의적인 아랍의 지도자들이나 지식인들조차 이스라엘은 잠시 존재할 뿐이라고 생각한다. 유럽에선 결코 바라지 않겠지만, 이스라엘이 사라지게 될 거라는(이스라엘이 '사라져야 한다'가 하니라) 믿음은 아랍에선 불변의 진리이다. 온건파 아랍인들은 지금의 이스라엘을 옛날 유럽의 식민지였던 예루살렘 왕국[22]과 비교하곤 한다. 한두 세기 동안 지속되었던 이 '식민지' 왕국을 아랍 사람들은 역사 속에 잠시 스쳐 지나간 사건으로 생각한다.

카이로, 암만, 리야드, 람알라 등지에서 만난 점잖은 아랍 지식인들조차 이스라엘이 옛 유럽의 식민지 왕국처럼 곧 사라질 거라 믿고 있다. 그리고 그들은 말한다. 그렇다고 이스라엘이 하루아침에 사라지길 바라진 않는다고, 자신들은 폭력은 싫어한다고……

이스라엘이 사라진다는 것은 그들에게 당연하고 자연스러운 일이

---

[22] 12세기 말 제1차 십자군의 서유럽 그리스도인들이 팔레스타인을 점령하고 세운 십자군의 왕국. 레반트 지역에서 약 200년간 기독교 왕국으로 존재했다.

다. 나와 대화를 나눈 이들 가운데 온건하고 자유주의적 사고를 가진 수많은 아랍인들은 전쟁에 지친 이스라엘인들이 제풀에 자기 나라를 떠나 유럽이나 미국 등 다른 곳에 정착하길 바라고 있다. 또는 옛 오스만 제국처럼(가장 이상적으로는 안달루시아처럼) 독실한 유대인 핵심세력들만 남아 국가가 아닌 종교공동체를 유지하기 바란다. 대부분의 아랍인들이 이런 생각을 가지고 있다.

아랍 사람들의 말하지 않는 속내를 다른 사람들은 알 수도 없고 상상할 수도 없다. 그러니 이스라엘은 이미지 전쟁에서 패할 수밖에 없는 것이다. 이스라엘이 이미지 전쟁에서 패할 수밖에 없는 또 다른 이유가 있다. 그것은 조금 더 잘 알려져 있지만, 은밀히 세계인들 사이에 유포되고 있는 '반反시온주의' 라는 이름의 협약이다.

 * 노트 : 이 원고가 내 블로그에 올려진 후 많은 사람들이 댓글을 올렸다. 대부분의 사람들은 내 분석에 대한 의견은 말하지 않고 이스라엘에 반대한다는 내용의 글들만 올렸다. 그것은 그들의 권한이니 어쩔 수 없다. 모두들 이스라엘에 대해서는 할 말이 많았지만 헤즈볼라에 대해서는 의견이 없었다! 이런 불균형을 어찌 설명해야 할까? 굳이 내 입장을 밝히자면, 나는 시온주의자도 반시온주의자도 아닌 무시온주의자a-sioniste다. 시온주의에 대한 역사나 신비주의에서 벗어나 보다 보편적 입장을 견지해야 한다고 나는 생각한다.

이스라엘에 대한 부정

이 글은 시온주의자냐 반시온주의자냐 아니면 아랍을 지지하는 쪽이냐에 대한 얘기가 아니다. 역사에 '좋은 편'이라는 게 있는지 모르겠지만, 중동 역사에서 '좋은 편'을 골라내 입장을 합리화하려는 건 더욱 아니다.

레바논 남부에서 벌어진 몇 주간의 전쟁 이후, 완전히 객관적이진 (이것은 인간 사회에서는 도달할 수 없는 영역이다) 않더라도 부인하기 힘든 사실들을 알아낸 것만으로도 나는 만족할 수 있다.

부인할 수 없는 첫 번째 사실은 아랍의 시각에서 이스라엘은 자체가 참을 수 없는 존재라는 것이다. 외교 서류나 조약에서 이스라엘은 엄연히 존재를 인정받고 있다. 하지만 이는 어쩔 수 없이 강압에 의해 얻어진 것이므로 차후 불가피성이 약해지거나 강제성이 없어지면 사라질 수도 있다는 것이다.("인정은 하지만 받아들일 수는 없다.")

그럼 우리도 아랍의 시각으로 세계를 한번 바라보자. 그들이 이스라엘을 거부하는 이유는 쉽게 설명할 수 있다. 이스라엘은 외압에 의해 태어난 유럽 식민주의의 잔재란 것이다. 하지만 이스라엘만의 특수한 상황이 있지 않은가? 아랍인들로선 이것도 인정할 수 없다. 홀로코스트는 자기들 땅에서 일어난 사건이 아니기 때문이다. 그러면 이스라엘의 소명[23]은? 하지만 아랍인들에겐 소명이란 말조차 이상할 수밖에 없다. 그들의 정신 속에선 오직 이슬람만이 진실이다. 유대인의 형이상학적인 소망은 그들이 볼 때 완전한 오류다. 아랍인들에게 유대인은 역사적으로 잘못된 존재이며 진정한 신의 계시를 모르고 살아가는 사람들이다. 아랍의 시각에서 이스라엘은 강한 군사력이 아니라면 존재의 권리조차 없는, 어쩔 수 없는 현실일 뿐이다.

1949년 무렵 아랍이 이스라엘을 없애는 데 실패한 뒤, 이스라엘에 대한 존재부정은 이어진 전쟁들을 통해 점점 심해졌다. 이런 악순환 속에서 이스라엘은 힘으로 버텨 왔지만 바로 그 힘 때문에 부정당하고 있다. 이 전쟁에서 정당성이 더 부족한 건 이스라엘 쪽이지만 그렇다고 아랍 쪽이 정당하다고 말할 수도 없다. 근래의 전쟁을 통해 이스라엘과 아랍의 관계는 아무것도 변한 게 없다. 개인들의 선한 의지와는 관계없이 냉혹한 상황논리만이 지배하는 것이다.

두 번째 부인할 수 없는 사실은, 1949년 이후로 아랍 국가들이 이스라엘을 제거하겠다는 의지를 한 번도 포기하지 않았다는 점이다. 단지 게릴라전이냐 전면전이냐의 방법만 바뀌었을 뿐이다. 헤즈볼라는 진화를 거듭해 왔으며 이제 팔레스타인 난민 같은 게릴라 집단이 아니다. 헤즈볼라는 레바논 남부의 광활한 무인지대에 거점을 두고 현대식 군비로 무장하고 있다. 지도자를 맹목적으로 따르며 이란의 무기원조를 받는 이들 시아파 무장세력의 목표는 단 하나, 이스라엘을 무너뜨리는 것이다. 헤즈볼라 스스로도 이렇게 말하고 있고 이들을 지원하는 이란의 마무드 아마디네자드Mahmoud Ahmadinejad 대통령도 같은 말을 한다. 하지만 우리는 그들이 이스라엘을 몰아내는 걸 넘어 더 큰 야심을 가지고 있음을 느낄 수 있다. 그것은 레바논을 조

---

23) 유대인들은 고대 예루살렘 중심부의 시온이라는 약속된 땅, 오늘날의 팔레스타인 땅으로 돌아가 하느님의 나라를 세우는 것을 자신들의 소명이라 생각한다.

종하여 레바논, 시리아, 이라크, 바레인, 이란, 사우디아라비아 동부 그리고 파키스탄까지 이르는 시아파 국가 연합을 이루는 것이다. 우리는 살아 있는 동안 시아파가 엄청난 정치, 종교 혁명을 이루어내는 걸 목도하게 될지도 모른다. 그리고 이는 13세기 이후 배척당하고 억눌렸던 자들이, 적들과 배교자들 그리고 수니파들에 행하는 회심의 복수극으로 이어질 것이다.

이 논의에서 빼놓을 수 없는 세 번째 사실은 바로 미국의 역할이다. '팍스 아메리카나' 24)가 없었다면 이스라엘은 1973년 이후 벌써 지도에서 사라졌을 것이다. 이스라엘은 미국의 옹호와 외교적 지원 덕분에 유지될 수 있었다. 아랍의 국가들도 미국의 분노가 무서워 극단적인 행동을 취할 수 없었다. 헤즈볼라가 이스라엘을 쉽게 공격하지 못하는 것은 미국이 시리아나 이란의 지원세력들을 보복 폭격할 수도 있음을 잘 알기 때문이다.

네 번째 우리가 알아야 할 사실은 아랍, 더 넓게는 무슬림 세계에 포위된 작은 '악마의 나라' 이스라엘이 지난 60년 동안 아랍과 무슬림 세계의 증오를 결집시키는 역할을 해왔다는 것이다. 모로코의 왕 하산 2세는 "반시온주의는 아랍 세계로선 최음제와도 같다"는 자조 섞인 이야기를 했다. 이렇듯 이스라엘은 아랍 국가들의 폭정과 경제적 어려움으로부터 국민들의 관심을 돌려놓는 구실이다. 이스라엘은 아랍의 민중들이 대중시위를 벌이는 유일한 구실이며 갈가리 찢어진 종파와 민족들을 이어주는 유일한 끈이 된다. "타도 이스라엘!" 이란 구호는 이들을 결집시킨다. 이스라엘을 악마로 만들지 않고 어떻게 아랍의 정권들이 국민에게 가하는 폭정과 그들의 빈곤을 정당화할 수 있겠는가?

---

24) 미국 주도하의 세계 평화. 미국의 정치, 경제의 영향력 아래 세계 평화를 이루다는 것.

다섯 번째 사실은 마르크스 레닌주의 경제이론들이 이스라엘과 아랍의 갈등에 아무런 설명도 해주지 못한다는 것이다. 석유가 전쟁을 결정한다는 이들의 이론은 한 세기나 뒤처진 경제관일 뿐이다(하지만 여전히 이렇게 주장하는 사람들이 있다). 이스라엘은 석유도 없고 인적 자원 외에는 아무것도 없는 나라다. 그러므로 이스라엘을 정복해서 아랍인들이 얻는 이득이란 상징적인 것밖엔 없다. 이스라엘과 국경을 접한 다른 나라들도 자원이 없기는 마찬가지다. 다시 말해 이 지역은 세계시장에 별로 결정적인 역할을 하지 못한다. 석유는 다르다고? 석유는 아프리카에서 캐나다에 이르기까지 다른 나라에서도 얼마든지 구할 수 있다. '다국적' 이익은 유전을 소유하는 것보다 그것을 상업화하는 데서 더 많이 얻을 수 있다. 그리고 앞으로 석유가 너무 비싸지면 다른 에너지원으로 대체될 것이다.

우리가 알아야 할 여섯 번째 사실! 이스라엘은 이슬람 세계 안에서 서방 세계의 문명을 따르고 있다. 따라서 이를 소위 문명의 전쟁이라고 해석할 수도 있다. 하지만 이는 이슬람주의자들이 퍼뜨리고 싶어하는 가설에 불과하다. 서방 세계와 이슬람 세계 사이의 갈등이라고 주장하는 건 더 큰 갈등을 가리기 위한 위장에 지나지 않는다. 보다 심각한 갈등은 아랍 무슬림 세계 안에서 벌어지는 개화된 이슬람 세력과 근본주의자들의 갈등이다. 따라서 헤즈볼라와 이스라엘의 전쟁이 이슬람 세계의 운명이나 서방 세계와의 관계를 결정해줄 것이란 얘기는 말이 되지 않는다. 이 전쟁은 평화가 아닌 휴전으로 끝을 맺을 것 같다. 그러니 이제 다른 쪽으로 눈을 돌려보자. 최근 이라크와 바레인, 쿠웨이트에서는 그들의 미래를 좌칠 자유선거가 치러졌다.

중국 인민들의 소리

오늘 베이징에서는 칭칭에 대한 첫 재판이 열렸다. 변호사도 없이 비공개로 치러진 공판이었다. 칭칭은 싱가포르에 주재하던 영국 국적의 기자로 캔턴에서 체포되었다. 그의 재판은 중국 체제, 즉 공산당 일당 독재의 본질에 대해 다시 생각하게 만든다. 타이완을 위해 스파이 활동을 했다는 혐의로 체포된 칭칭은 전 중국 공산당 총리였다가 1989년 숙청된 자오쯔양의 선언문(그의 회고록은 2009년 출간되었다)을 소지하고 있었다.

당시 천안문 광장에 모인 50만 명의 학생들은 표현의 자유를 요구하고 있었다. 고르바초프를 보며 많은 영향을 받았던 자오쯔양은 시위 학생들과의 대화에 적극적인 태도를 보였다. 하지만 덩샤오핑이 이끄는 중국 공산당 중앙위원회는 학생들과의 대화를 거부하고 1989년 7월 3일 밤 군대를 보내 3천 명의 시위대를 학살했다. 모든 중국인들은 이 일을 기억하고 있지만 아무도 사과하지 않았을 뿐더러 언급하는 것조차 용인되지 않았다. 이 날의 희생자 어머니 딩지린 여사는 그날 사라진 사람들을 위해 장례라도 치러주겠다며 15년간 줄곧 희생자 목록을 만들어 왔다. 하지만 딩지린 여사의 노력은 성과를 거두지 못했고 그녀는 비밀경찰에 체포당하고 감시당하는 등 괴로움만 겪어야 했다. 천안문에서 국민을 학살했던 자들과 그들의 직속 후계자들이 여전히 권력을 잡고 있는 게 현재 중국의 엄연한 현실이다. 이 권력자들의 계획은 국민들의 기억을 지우고 새 세대의 국민들이 중국의 과거와 공산당의 뿌리를 도두 잊도록 만드는 것이다.

널리 퍼져 있는 이런 무감각은 중국 공산당이 택한 경제 모델과도 관계가 있다. 값싸고 유순한 인력들을 양산해 그들을 수출 전선으로 내모는 것이다. 중국의 국가적 건망증과 우민화에는 국민들이 스스로의 처지에 대해 깊이 생각하지 못하도록 만들려는 경제적 계산이 깔려 있다. 중국의 경제성장은 인민들에게 아편이 되고 있다. 아니 정확히 말하면 수입도 없고 교육도 치료도 받을 수 없는 절대빈곤 속에 살아가고 있는, 인구 4분의 3에 이르는 중국인들에겐 경제성장의 희망 자체가 바로 아편이다.

우리는 또 한 사람의 기자인 시타오의 앞날에 대해서도 생각해 보아야 한다. 그는 한 웹사이트에 중국의 긴주주의를 촉구하는 글을 올렸다가 감옥에 가 있다. 국가기밀 누설죄로 체포되었는데 그를 밀고한 것이 다름 아닌 '야후' 였다. 지금의 중국 독재체제는 서방세계의 정치, 경제적 지원 때문에 유지되고 있다고 봐야 한다. 왜냐하면 서방세계가 중국의 물건을 사고 기술을 제공해 주고 있기 때문이다.

서방세계의 이런 선택이 비도덕적이지만 현실적이라며 정당화할 수 있을까? 하지만 진정한 현실은 중국이란 감옥의 간수들이 아닌 중국 인민들의 소리를 들어주는 것이라고 나는 생각한다.

2006년 8월 18일

귄터 그라스

귄터 그라스Gunter Grass가 회고록에서 자신이 나치의 친위대원이 었다고 고백했다. 17살 때, 어쩔 수 없이 나치 친위대원이 되었다는 건 이해할 수 있다. 아마 다른 선택의 여지가 없었을 것이다. 하지만 놀라운 것은 귄터 그라스는 60년 동안 그 사실을 숨긴 채 독일인들에 게 도덕성을 설교했을 뿐만 아니라 네오나치나 나치 전력이 의심되는 사람들을 강하게 비판해 왔다는 것이다. 더 놀라운 것은 귄터 그라스가 나치 전력을 고백했을 뿐 그 동안의 침묵에 대해선 아무런 설명도 하지 않고 있다는 것이다. 그의 60년 동안의 거짓말은 우리에게 위대한 예술과 위대한 부도덕이 동시에 존재할 수도 있다는 걸 보여준다. 도덕성과 기본 상식을 벗어난 채 정신적 혼란 없이도 문학과 미술과 음악의 거장으로 살아갈 수 있는 게 인간인가 보다.

독일의 저명한 예술가들(레니 리펜스탈, 아르노 브렉커, 푸르트뱅글러)이 나치에 부역했던 사실만 봐도 이를 알 수 있다. 프랑스만 하더라도 장 폴 사르트르가 제2차 세계대전 내내 나치즘과 반유대주의에 적극적으로 항거하지 않았다는 사실을 우리는 기억하고 있다. 귄터 그라스도 이제 사르트르와 같은 이중성의 전통에 합류한 것이다. 아니 그도 사르트르처럼 예술가였기에 모든 도덕성을 초월할 수 있었는지도 모르겠다.

하지만 독일의 예술가들에게서 보았듯이, 예술가에게 죄를 물어야한다면 마찬가지로 그의 독자들과 그를 추앙하던 언론에게도 죄를물어야 한다. 그라스는 그의 소설들(매우 스펙터클하지만 때로 읽기힘든 것들도 있다) 외에도 대중들의 인기를 등에 업고 늘 자신의 정치적 입장을 고수해 왔다. '좌파적 인물', 아니 완벽한 좌파인 그는 자기 세대에 벌어졌던 불행한 사건들을 지지했었고 쿠바에서 중국에이르기까지 유혈혁명에 찬성하는 입장을 보여 왔다. 그리고 조지 부시에서 로널드 레이건에 이르기까지 미국의 '파시스트' 들(사실 그들을 공격하는 것은 별 부담이 없다)을 향해 늘 공격의 칼날을 겨누어왔다. 그가 한번이라도 마오쩌뚱이나 이슬람주의자들의 파시즘을 비난하는 걸 본 적이 있는가?

권터 그라스는 자신이 필요할 때만 평화주의자가 되었다. 특히1980년대 같은 때 말이다. 프랑수아 미테랑은 권터 그라스 같은 이들을 염두에 두고 평화주의자들은 모두 서독에 있고 무기들은 모두 동독에 있다고 갈파하기도 했다. 독일 통일이 임박해 오자 권터 그라스는 RDA(독일민주공화국-동독)의 사회주의적 전통을 보존해야 한다며 통일을 반대했다. 어떤 이는 그의 나치 친위대 경력이 그를 동독Stasi(동독의 비밀경찰)의 꼭두각시로 만들었다고 말하기도 한다. 그들이 정치적 선택을 강요했으리란 것이다. 하지만 이에 대해선 확언할 수 없다. 권터 그라스는 1988년 인도 지방정부의 초대로 캘커타에머물면서 『조롱』이라는 책을 썼다. 이 책은 인도인들을 그야말로 조롱하는 책으로, 그들을 아주 열등한 종족으로 묘사하고 있다. 하지만권터 그라스 자신이 직접 그린 삽화는 너무도 훌륭해서 재능과 도덕성 사이의 불일치를 보여주기도 한다.

굳이 그의 이중적인 삶을 들춰내지 않더라도 권터 그라스를 도덕의화신이나 독자적인 정신의 소유자로 보는 것은 완전한 잘못이다. 좌파가 아닌 한 사람으로서 다행스런 것은 그를 숭배하는데 참여하지 않았다는 사실이다. 그가 비난받아 마땅한 것은 스스로 좌파를 자처했기 때문이 아니라 우리 시대의 현실에 역행하는 잘못된 일들을 저질렀기 때문이다. 비록 그가 노벨문학상을 수상했다 하지만 모든 유럽 사람들이 그를 숭배했던 건 아니다. 아니, 그랬다 하더라도 그가 정통성이 의심스러운 노벨상이란 걸 받았기 때문이었을 것이다.

이번 귄터 그라스 사건이 독일만의 문제일까? 유럽, 특히 프랑스 사람들은 너무나 비도덕적인 속내를 지니고도 언제나 도덕적인 포즈만 취하는 이 시대의 자칭 좌파 지성인들을 문제 삼지 않는 걸까? 어제는 스탈린(1953년 루이 아라공은 스탈린을 두고 '완벽한 천재'라 칭송했다. 루이 아라공은 시인으로서는 훌륭했지만 소설가로서는 그렇지 못했다)과 마오쩌뚱(라캉과 바르트, 솔레르의 추앙을 받았다)을 추앙하고 오늘은 카스트로(자크 랑이 대표적이다)를 위해 눈물 흘리는 사람들은 왜 문제 삼지 않는 걸까? 왜 이슬람주의(푸코, 가로디)에서 서방세계가 속죄할 명분을 찾으려는 사람들을 문제 삼지 않는 걸까? 그들은 끊임없이 우리를 잘못된 미래로 이끌고 있는데 말이다.

귄터 그라스의 명예실추로 세상에 경종을 울렸으니 그것으로 충분다고 해야 할까? 그렇지 않다. 사람들이 그의 경우 하나만 가지고 예술가들 모두를 의심하진 않을 것이기 때문이다. 위대한 작가나 스타들이 자기 재능을 이용하여 정치적 의도(도덕이라는 가면을 썼지만 분명 정치적인)를 드러낼 때도 사람들은 별 의심 없이 받아들이곤 한다. 또한 언론 보도에 대해서도 사람들은 그것이 확실한 지식인지, 자기도취인지, 유행인지, 스캔들을 만들려는 건지, 물질적 이익 때문인지 깊이 생각하지 않고 받아들인다.

우리는 특히 정치적 성향을 지닌 인물들에 대해선 늘 경계를 늦추지 말아야 한다. 그들은 공공연하게 앞장서기 때문이다. 특히 우리는

예술가들의 재능 뒤에 가려진 진실을 의심해야 한다. 그의 재능이 클
수록 더 그렇다. 특히 귄터 그라스 같은 마술사들에 대해선 의심의 눈
초리를 거두어선 안 된다.

시라크 왕

레바논 사태에 대해 프랑스의 지도자인 시라크 대통령이 고민 끝에 파병을 결정했다. 처음엔 보내지 않기로 했다가 아마 다시 의견을 바꾼 모양이다. 시라크 대통령과 군 참모부 사이에도 대화가 오갔으리라 짐작한다. 하지만 국방부는 물론 대통령도 이에 대해 입을 굳게 다물고 있다. 외교를 담당하는 두 실세인 대통령과 군 참모부가 모두 꿀먹은 벙어리가 된 것이다. 언론은 멀찍이 떨어져 이런 모습을 지켜보고만 있다. 완전히 '검은 내각' 이다. 국회의원들은 무엇을 하고 있는 건지 관심들이 없다. 단체로 휴가라도 떠난 모양이다.

자크 시라크 대통령이 하는 일들은 잘될 수도 잘못될 수도 있다. 그건 아무도 모른다. 그렇다고 해서 우리 모두가 궁금증을 억누르고 있어야만 할까? 필시 우파 진영은 국가원수에 대해 변함없는 신뢰를 보낼 것이다. 하지만 민주주의는 신뢰로만 이루어지는 게 아니다. 시라크가 실수할 경우엔 어떻게 할 것인가? 야당이 있지만 그들은 정신이 완전히 다른 데에 쏠려 있다. 상황이 이런데도 임시국회를 요구하는 목소리 하나 없다. 전투가 끝나고 나야 이 일에 대해 왈가왈부 논쟁을 시작할 모양이다. 언론은 또 어떤가? 설명을 요구하는 언론이 하나도 없었다. 독일이나 영국, 미국에서라면 기본적으로 열었을 기자간담회조차 없다.

민주주의 국가에서 국회의원과 언론인, 야당은 권력에게 귀찮은 존재들이다. 하지만 프랑스는 그렇지 않은 것 같다. 권력이 제멋대로 하지 못하도록 하기 위해선 권력을 귀찮게 하는 것이 가장 효과적인 방법이라는 걸 우린 그동안 경험으로 배웠다. 좋은 권력, 좋은 왕, 좋은 대통령은 세상에 존재하지 않는다. 가장 이상적인 권력, 가장 덜 나쁜 권력은 그 권력을 제한하는 데서 나온다. 몽테스키외의 권력분립 이론을 여기서 되풀이할 생각은 없다. 몽테스키외는 외국에서만 잘 알려졌을 뿐 프랑스에선 가장 이해받지 못하는 사상가다.

다음 대통령 선거도 마찬가지로 무의미한 선거가 될 것이다. 한 명의 절대자가 다른 절대자의 뒤를 이어 권좌에 오를 것이기 때문이다. '프랑스적 병'(알랭 페르피트Alain Peyrefitte의 표현이다)은 좌파도 우파도 아닌 바로 '선거 군주제'에 있다. 프랑스에서는 모든 문제들이 해결되지 않은 채 그대로 묻혀진다. 논쟁이 없기 때문이다. 아니 레바논 사태, 고용문제, 이민문제 등 합의를 필요로 하는 사항들은 너무나 많은데 논쟁의 기회조차 없다. 합의는 바나나공화국25)이 아닌 의회민주주의에서나 가능한 것인데 말이다.

그런 뜻에서 "프랑스의 대통령제의 가장 놀라운 점은 국가원수가 주요 국가기관의 많은 관료들을 아무 제한 없이 임명할 수 있다는 것이다"라고 말한 시몬 베유에 나는 전적으로 공감한다.

미국에서는 모든 관료는 상원에서, 그것도 아주 진지한 검토 끝에 임명되는데 프랑스에는 그런 게 없다!

---

25) 바나나 등의 일차상품의 수출에 절대적으로 의지하며, 주로 미국 등의 외국 자본의 통제를 받으며, 부패한 득재자와 그 수하들이 정권을 장악하고 있는 정치적으로 불안한 작은 나라를 경멸적으로 일컫는 말.

2006년 9월 5일

마오쩌뚱을 사랑했던 사람들

마오쩌뚱 사망 30주년이 되었다. 프랑스-독일 합작 채널 '아르테 Arte'에서는 중국 공산당과의 공식 합의 하에 그를 찬양하는 다큐멘터리를 방송했다. 하지만 유럽에서 마오 신봉자가 된다는 것, 그리고 마오 신봉자로 계속 남아 있는 것은 얼마나 끔찍한 일인가?

마오쩌뚱이 얼마나 많은 사람을 죽였던가? 시민전쟁을 시작으로 계속된 굶주림, 숙청, 그리고 문화혁명에 이르기까지, 4천만 명 아니 6천만 명은 족히 될 것이다. 이런 사실을 몰랐다는 건 말도 안 된다. 1971년 무렵 벨기에의 작가 시몽 레이스Simon Leys가 쓰고 르네 피에네Rene Vienet(그는 컬트무비 〈중국은 아직도 혁명 중〉이란 영화의 작가이기도 하다)가 출판한 『마오 주석의 새 옷』이라는 책은 중국 문화혁명 때 벌어진 학살을 서방세계에 고발하고 있다. 하지만 이해할 수 없는 일은 같은 해 로마는 물론 파리에서도 인정받던 이탈리아 철학자 마리아 안토니에타 마치오치Maria-Antonietta Macciochi는 마오를 찬양하는 책을 발간했다는 것이다. 『중국에서』라는 제목의 이 책에서 그는 "문화혁명은 천 년의 행복을 보장해줄 것이다"라고 썼다. 마치오치는 마오를 '천재적'이라며 극찬했다. 정말 천재적이다! 1953년 루이 아라공은 스탈린을 두고도 '천재적 인물'이라 표현했다. 아무것도 보지 못했는지 아니면 보고도 못 본 체한 건지…… 지식인들 중엔 고비 때마다 같은 잘못을 되풀이하며 우리를 잘못된 미래로 인도하는 사람들이 있다. 1974년 프랑스의 위대한 인문학자 롤랑 바르트가 중국을 방문한다. 돌아올 때 역시나 그는 마오의 열성 지지자가 되어 있었다. 그리고 그의 곁에는 두 명의 위대한 문인 필리프 솔레르와 쥘리아 크리스테바도 있었다. 그들 또한 열성 신도가 되었고 베이징에서 돌아온 솔레르는 "진정한 반부르주아 혁명"을 보았다고 고백하기도 했다. 자기 눈으로 직접 보았다고! 크리스테바는 「중국 여인들」이란 기행문에서 "마오는 여성들을 해방시켰다", "영원한 문제이던 성에 대한 해답을 찾았다"고 썼다. 그러면 폭력에 대한 언급은 없었을까? 그녀는 "어떠한 폭력도 발견할 수 없었다"고 했다. 이를 증명이라도 하려는 듯 1974년 중국 광저우의 나뭇가지에 걸려 있던 시체들은 치워졌지만 탄압정치 아래 라오가이(노동개조)26)의 실상은 만천하에 알려졌다.

6천만 명의 희생은 '영구 미제사건'으로 완벽하게 묻혀버렸다. 언론이 만들어낸 '신세대 철학자' 크리스티앙 장베Christian Jambet와 기 라르드로Guy Lardreau도 빠질 수 없다. 1972년 이들은 마오를 '예수의 부활'이라며 찬양했고 마오쩌둥의 '붉은 소책자'를 가리켜 '새로운 복음서'라고 했다.

1976년 마오쩌둥이 사망했다. 그러자 사르트르 사단(당시 마오주의 잡지 《인민의 대의》의 집필진들을 포함)은 굳이 중국까지 갈 필요도 없이 파리의 기념물들에 검은 천으로 된 마오의 초상을 씌웠다. 사르트르나 바르트, 크리스테바 같은 뛰어난 지성들이나 당시의 비중 있던 인사들이 어떻게 아무것도 몰랐으며 중국 인민들의 희생을 외

---

26) 노동을 통해 인간을 개조한다는 중국의 독특한 형벌 방식. 강제수용소에서의 노동을 통해 정신을 개조하는 것을 말함.

면할 수 있었을까? 어떻게 그리고 왜, 그들은 학살자인 마오쩌뚱과 손잡으려 했고 그것이 가능하다고 믿었을까? 정말 알 수 없는 일이다. 완벽한 도덕불감증이 그들을 지배하고 있었다.

스탈린이나 마오, 카스트로 같은 폭군들과 손을 잡았던 그들이 정말 자유, 정의, 민주주의 같은 걸 추구했을까? 자유니 정의니 민주주의니 하는 것들은 결국 어수룩한 대중들을 마음대로 다루기 위한 명분이 아니었을까? 그들은 자유, 정의 등의 가치들 뒤에 숨어 혁명이 주는 폭력의 미학을 즐기고 있었던 게 아닐까? 사르트르나 바르트와 그 추종자들이 원했던 것은 혁명 자체보다는 혁명이 연출하는 광대한 스펙터클이 아니었을까? '금지된 도시' 자금성의 붉은색과 회색의 장대한 스펙터클…… 마치오치는 "마오는 관료적이지 않은 공산주의를 실현했다"고 말했지만 그녀도 분명 거짓이라는 걸 알고 있었을 것이다. 모두들 필히 시몽 레이스의 책을 읽어보길 바란다. 알랭 페르피트의 책도 잊어선 안 된다. 페르피트는 '대 중국'과 그의 '위대한 지도자'를 깍듯이 숭배했었지만 1973년 『중국이 깨어날 때』라는 책에서 중국 남부의 진주강을 타고 홍콩 쪽으로 시체들이 떠내려가고 있는 광경을 고발했다. 우리의 마오주의자들도 분명 이 사실을 모르고 있진 않았을 것이다.

솔레르, 크리스테바, 바르트, 사르트르는 당시의 '절박한 순간'은 외면한 채 오직 마오가 '부르주아의 가치로부터 휴머니티를 해방시켰다'고 믿고 싶었을 것이다. 《인민의 대의》에서 사르트르는 "스탈린과 달리 마오는 아주 작은 잘못도 저지르지 않았다"고 쓰고 있다. 1962년의 기근에 대해선 뭐라고 설명했을까? 이에 대해 그는 "모스크바의 배신" 때문이었다고 쓰고 있다. 사르트르가 진정 이 일들에 대해 잘 모르고 있었는지 의심스럽다. 적어도 노동개조소나 즐비한 시체들에 대해서는 비난했어야 하지 않을까? 하지만 그에 관한 언급은 한마디도 없었다. 소련의 강제노동 수용소에서 가해진 총격에 대해 서조차 그는 아무 말도 하지 않았다. 우리의 마오주의자들은 이 사실들에 대해 분명히 알고 있었을 것이다. 하지만 그들에게 인권은 최우선의 가치가 아니었던 것이다. 그들은 피가 낭자한 혁명의 스펙터클을 즐겼던 것이다. 그렇다, 그들은 이 모든 걸 즐기고 있었다!

베이징에서 돌아온 바르트는 '중국 여성들의 성性'에 대해서만 깊이 성찰했을 뿐이다. 베이징을 '성지 순례' 하고 돌아온 우리의 순례자들은 장님도 아니고 로맨티스트도 아니었지만 칼 마르크스보다는 사드Sade 후작에게서 더 많은 영향을 받았던 것 같다. 바르트나 솔레르가 정말 마르크시스트이고 중국의 농민해방을 고민했을 거라 상상하는가? 아라공 같은 사람이 러시아 프롤레타리아의 운명에 대해 고민할 거라 보는가? 자신들의 지성을 믿고 그들은 세상을 조롱했을 뿐이다.

타도 부르주아를 외치며 혁명에 목말라하는, 폭력적이고 선정적인 지성인들의 도덕 불감증과 가학적 면모 뒤에는 중국, 아니 중국의 '이데아'가 숨어 있다.

프랑스의 마오주의는 스탈린주의와 다르다. 이것은 중국식 스탈린주의다. 프랑스인들의 중국 사랑과 중국 숭배의 오랜 역사에는 우여곡절이 숨어 있다. 1702년 예수회 선교사들이 베스트셀러『교훈적이고 신비로운 중국에 대한 편지』를 펴낸 이후 프랑스인들에게 중국은 늘 이상향처럼 남아 있었다. 이 예수회 선교사들은 프랑스와 이탈리아 사람들의 가슴 속에 세 가지 허상을 심어주었다. 그 첫째는 중국은 지혜로운 황제가 지배하는 나라라는 것이고, 둘째는 중국인들은 신을 믿지 않고도 도덕적이라는 것이며, 셋째는 중국은 정직한 관료들이 다스리는 나라라는 것이다.

하지만 중국의 현실은 전혀 그렇지 못했다. 폭정을 일삼는 황제와

부패한 관료들 때문에 백성들은 불교나 도교 같은 신앙에 의지한 채 살아야 했다. 아마 외교적인 문제 때문에 예수회 선교사들은 보고도 못 본 체했을 것이다. 하지만 프랑스의 지성인들에게 이미 그런 건 상관없었다. 지혜로운 황제, 신을 믿지 않아도 도덕을 지키는 백성들, 존경받는 권력자, 이 모든 것은 허구였다. 하지만 이런 허구는 볼테르마저도 열광시키기에 충분했다. 그는 철인 전제군주제와 자연신교를 연금술처럼 혼합하여 철학을 빚어냈다. 이렇게 계몽주의[27]는 어느 정도 중국에 대한 환상으로부터 태어난 것이었다.

볼테르에서 폴 클로델, 앙드레 말로, 롤랑 바르트와 오늘날의 마오주의자들에 이르기까지 모두가 중국에 관한 일이라면 상식을 잊어버리고 중국 관광객 같은 태도를 보였다. 중국의 이데아가 그들 머릿속에서 현실의 중국을 밀어내버린 것이다. 예수회 선교사들이 중국에 그리스도와 공자, 철학자, 철인 전제군주를 투사했다면 우리의 '마오' 들은 중국에 완전한 혁명을 투사했다. 그리고 마침내 오늘날 우리의 기업인들은 중국에게서 무한시장이란 환상을 보고 있다.

이런 사람들에게 프랑스 내 마오주의자들의 죄는 사소해 보이는 걸까? 그들이 잘못의 근원지는 아니지만 그렇다고 그들이 저지른 패륜의 죄가 가벼워질 순 없다. 왜냐하면 마오쩌뚱은 문학 속의 가상인물이 아니기 때문이다. 클로델은 중국에서도 시인이었을 뿐이지만 바르트와 사르트르는 커다란 범죄를 보고도 침묵한 공범이었다. 얼마나 많은 사람들이 죽었어야 그들은 입을 열었을까? 4천만, 아니 6천만의 중국인들의 죽음이 그들에겐 가벼워 보였을까? 아니면 희생자들이 중국인들이었기 때문에? 정말 상상도 할 수 없는 일이다.

이 모험의 주동자들은 아직도 사라지지 않았다. 많은 사람들이 아

---

27) 계몽주의를 선도했던 사상가 볼테르는 현명한 철학자 군주가 다스리는 나라를 가장 이상적인 국가로 보았다.

직 왕성하게 글을 쓰고 있다. 그들이 지금은 뭐라 해명이라도 하고 참회의 말이라도 해야 하지 않을까? 솔레르는 진짜 아무것도 보지 못한 걸까? 아니면 보고도 못 본 체한 걸까? 그는 사디스트였던가 아니면 마르크시스트였던가? 그가 심취했던 것은 윤리학이었을까 아니면 미학이었을까? 솔레르라면 바르트에 대해 해명해 줄 수 있지 않을까? 세르주 쥘리라면 자신이 보좌했던 사르트르에 대해 귀띔해줄 수 있지 않을까? 마오쩌뚱 사후 30년이 지난 지금 반성 아니면 회고라도 있어야 하지 않을까? 역사를 위해, 그런 끔찍한 일들이 다시는 일어나지 않도록 하기 위해, 또는 그 희생자들을 위해서라도! 우린 그 세대를 대표하는 정신분석학자 제라르 밀러의 '자기변명'에 만족해야 할까? 2006년 'TV5'의 한 방송에서 밀러는 "오늘날의 프랑스가 1960년대보다 살기 좋아졌다면 그것은 일정 부분 프랑스의 마오주의자들 덕분"이라고 말했다.

프랑스의 마오주의가 마오쩌뚱과는 아무 상관없었다고 말할 수 있으리라! 나아가 중국과도 상관없었다고! 그렇기 때문에 용서를 빌 일도 없노라고! 오히려 프랑스의 '마오'들은 자유주의자들이었을지 모른다. 밀러가 말하는 프랑스의 마오주의는 현실의 마오주의와 아무 공통점도 없었다! 하지만 이런 책임 회피의 결과는 어마어마했다. 누가 감히 페탱Petain[28)]이 이상적인 파시즘을 배신했고 스탈린 스스로 이상적 스탈린주의를 배신했다고 말할 수 있을까?

마오주의는 사라졌다 해도 중국을 숭배하는 사람들은 아직 있다. 북경에 있는 세계 각국 관료들이나 사업가들은 중국 공산당에서 지

---

28) 프랑스의 장군. 제1차 세계대전 때 베르뎅 전투에서 승리하여 국민적 영웅이 되었지만, 제2차 세계대전 중 독일에 점령당했던 프랑스 비시정부의 국가원수직을 맡았다. 독일 나치 정권에 부역한 죄로 종신형을 선고받고 요새 감옥에서 복역하다가 죽었다.

혜로운 전제군주의 모습을 본다고 말한다(그들에게 민주주의를 요구할 생각이 없다는 얘기!). 이들 사절단들은 현 황제인 마오 4세의 발밑에 여섯 번 무릎을 꿇지만 억압받고 있는 중국 인민들에게는 눈길 한번 주지 않는다.

마오쩌뚱의 죽음 앞에서 덩샤오핑은 마오쩌뚱에게는 3분의 1의 과오가 있을 뿐 나머지 3분의 2는 옳았다고 결론을 내렸다. 하지만 6천만 명을 죽음으로 몰아넣은 3분의 1의 책임은 대체 어디에 가서 물어야 할까?

25년 후의 세계는?

스위스의 《렙도》지가 창간 25주년을 닺아 내게 25년 후의 세계에 대한 원고를 부탁해 왔다. 대체 그런 예측이 가능하기나 한 건지 나도 모르겠지만.

지금부터 25년 전인 1981년, 누가 소비에트의 붕괴를, 중국과 인도의 경제 부흥을, 인터넷의 세계화를 예상이나 했을까?

1981년만 해도 소련의 힘은 막강했고 냉전의 종식도 요원하기만 했다. 러시아군의 아프가니스탄 침공에 반발하여 미군은 비밀리에 이슬람 게릴라들을 지원하고 있었으며 당시 이슬람주의자들은 명실공히 서방세계의 동맹세력들이었다!

1981년 서방 경제는 침체에 빠졌다. 그래서 미국의 로널드 레이건과 영국의 마거릿 대처(둘 다 막 당선된 참이었다)가 추진하던 자유주의식 해법은 유럽의 비웃음을 샀다. 프랑스에서는 프랑수아 미테랑의 사회주의적 공산주의 정권이 은행과 보험 그리고 산업체들을 국유화하고 있었다.

이렇게 과거를 회상하다 보니 미래를 예견한다는 게 더 터무니없어 보이기도 한다. 하지만 꼭 그런 것만도 아니다. 1981년에도 자유주의 질서가 반드시 소비에트의 계획경제에 승리할 거라 확신했던 경제학자들이 있었다. 하지만 이러한 선견지명을 가지고 있던 사람들도 그

정확한 일정을 꼭 집어 말하진 못했다. 경향을 예측할 수는 있어도 일정까지 정확히 못박을 수는 없는 것이다. 이것은 과학과 기술 분야에서도 마찬가지다. 지식이 축적되고 연구자의 수가 늘어나면 당연히 어떤 결과물은 나오게 되어 있다. 과학은 실제 이런 식으로 '발전' 한다. 따라서 2031년이 되면 새로운 에너지가 나오고 새로운 암 치료법이 발견되며, 가뭄에 대비한 '백신이 투여된' 유전자 변형작물이 개발되리라는 건 거의 확실하다. 하지만 그게 정확하게 언제냐고 묻는다면 아무도 대답할 수 없다.

그러므로 2031년을 예견하는 것은 정확한 일정을 맞추는 게 아니라 그 경향을 예측하는 일이어야 한다. 또 희망사항과 예측을 혼돈해선 안 된다. 칼 마르크스는 간절히 바랐기에 프롤레타리아 혁명을 예언했고, 1989년 프란시스 후쿠야마는 미국이 이루어낼 거라 믿었기에 자유민주주의의 최종적 승리를 단언했다. 수많은 사람들이 다양한 신앙고백을 통해 자신들의 메시아를 기다린다. 저명한 탈무드 편집자인 레옹 아스케나지Leon Askenazi가 "메시아의 도래가 멀지 않았다. 그것은 바로 지금이다!"라고 말한 것처럼.

2031년에도 많은 사람들이 여전히 메시아(땅에서는 현세의 구원자, 천상에서는 영혼의 구원자가 될)를 기다리고 있을 것이다. 다시 말하면, 종교적 관념이나 믿음, 신앙은 사라지지 않고 그때도 계속되고 있을 것이다. 왜냐하면 그것이 인간 본성이기 때문이다. 오히려 인간의 영적인 추구 경향은 더 강해질 것이다.

먼저 서방세계를 살펴보자. 1960년 이후 미국 신교는 빠르게 세계로 확산되었다. 신교는 미국을 지배하고 개인과 집단에 삶의 지침을 주면서 라틴아메리카, 동유럽, 서아프리카로 세력을 넓히고 있다. 미국적 종교는 이렇게 조금씩 가톨릭과 그리스정교, 그밖의 종교들을 밀어내고 있다.

2031년엔 세계의 넓은 지역이 기독교화될 것이다. 하지만 가톨릭은 별로 큰 비중을 차지하지 못할 것이다. 신교의 확산은 미국의 영향력을 강화시킬 것이며, 다른 두 개의 거대한 종교세력 즉, 이슬람과 중국의 종교에 맞서면서 과격화될 것이다. 중국에서는 공산주의 이데올로기가 쇠퇴하면서 불교나 도교 같은 전통 종교들을 혼합한 새 종교가 자리를 대신할 것이다. 인도의 경우 여전히 힌두교의 나라로 남을 것이다.

2031년, 바티칸은 유럽에서 어쩔 수 없이 쇠락의 길을 걸을 것이고 새로 세력을 뻗을 지역도 찾지 못할 것이다. 그래서 필자는 2021년쯤 인도 케랄라 출신의 자비에 2세 정도 이름을 지닌 교황이 나와 성직자들의 결혼과 여사제의 서품을 허락하는 로마 교회의 칙령을 공표할 거라 상상해 본다. 하지만 그럼에도 성직자의 소명을 받으려는 이들이 줄어드는 심각한 위기를 어쩌진 못할 것이다. 다만 유일하게 폴란드와 케랄라에서는 계속 사제들이 배출될 것이고 이 지역에서 넘쳐나는 사제들은 동부유럽에 퍼져 있는 작은 교구나 라틴아메리카로 보내질 것이다.

또한 우리는 2031년 세계가 지금처럼 민족국가나 문화권이 아닌 거대한 영적 집합들로 구성되리라 예상해 볼 수 있다.

미국은 경제력과 종교 중심지로 계속 주도적 역할을 할 것이다. 자본과 기술이 미국으로 모여드는 지금의 상황이 이런 예측이 매우 신빙성 있음을 말해준다. 물적, 영적으로 브라질, 통일한국, 서아프리카, 남부아프리카 등과 연합한 제국은 더 큰 힘을 얻을 것이다. 영국과 일본도 미국과의 끈끈한 연대를 이어갈 것이며 영국은 유럽을, 일본은 극동아시아를 이끌 것이다.

2031년이 되면 일본은 중국과의 전쟁에서 이미 승리를 거두고 난 후일 것이다. 경기침체와 농민 봉기, 종교의 발흥 등 위기에 직면한

베이징 정부는 타이완과 북한을 정복함으로써 정권의 입지를 세워보려 하지만 일본과 남한의 연합군에 패배하고 만다. 이렇게 붕괴된 중국은 연방국가 형태로 남아 어떤 곳은 민주주의, 어떤 곳은 독재자가 다스리게 될 것이고 연방의 수도는 타이베이가 될 것이다. 티베트는 독립을 쟁취할 것이고 동투르크스탄은 몽고와 연방을 이룰 것이다.

놀랄 만한 일이 또 하나 있는데, 바로 러시아의 경우다. 2031년에는 이미 다른 에너지(수소나 핵연료)들이 석유를 대신하여 러시아는 파산을 맞게 될 것이다. 중국과 마찬가지로 민주적이거나 덜 민주적인 각양각색의 연방으로 구성된 2031년의 러시아는 농업에 미래를 걸게 될 것이다. 그 주요 수출지는 서유럽이 될 것이다. 농업보조금제가 폐지되면서 서유럽에선 아무것도 수확할 수 없게 되었기 때문이다. 2024년쯤 단순한 자유거래지역으로 남으면서 유럽연합은 사라졌고 자연히 농업보조금도 없어졌다. 영국의 경우를 예상해 보자. 2016년부터 세골렌 루아얄Segolene Royal 정권하에 프랑스를 좀먹던 사회주의에 염증을 느껴 영국은 유럽연합을 탈퇴할 것이다. 베네룩스와 독일은 이탈리아와 프랑스의 관리 잘못으로 쓸모없어진 유로화 대신 스위스 프랑을 사용하게 될 것이다.

터키가 새로운 역할을 맡으면서 아랍-이슬람 세계는 모습이 바뀔 것이다. 2012년 유럽연합 가입을 최종 거절당한 후 이슬람주의자들의 테러에 수없이 시달리겠지만 새로운 터키 정부(무슬림 당과 비종교파 당의 연합정부)는 오스만제국의 부흥기를 다시 한 번 누릴 것이다. 터키의 영향력은 레바논, 시리아, 요르단과 북이라크(남이라크는 미군 철수 후 사우디아라비아에 병합될 것이다)에까지 미치게 될 것이다.

2031년에는 UN의 승인 아래 PSA(번영과 안전 구역Prosperity and Security Area)라는 이름의 보호령이 생겨나 정부 형태를 대신하게 될 것이다. 중동 지역은 터키 보호령, 짐바브웨와 잠비아는 남아프리카 공화국 보호령, 볼리비아, 파라과이, 쿠바는 브라질 보호령, 필리핀은 일본 보호령, 파키스탄, 방글라데시, 아프가니스탄은 인도 보호령이 될 것이다. 이렇게 되면 UN 가입국의 수는 40개로 줄어들고 UN은 집행조직의 역할만을 맡게 될 것이다. 아랍인들은 보호령 제도에 불만을 갖지 않을 것인데, 이는 터키가 아랍세계의 질서와 안정을 지켜주며 이스라엘과의 평화를 보장해줄 것이기 때문이다.

이란은 어떻게 될까? 2014년 짧은 핵전쟁을 겪으면서 이스라엘에 의해 붕괴될 이 나라는 친미 성향의 비종교 공화국으로 재탄생할 것이다.

'팍스 아메리카나' 아래 종교단위로 조직화되고 보호령 제도로 안정을 찾을 2031년의 세계는 과연 평화로울까? 확실히 그렇지만은 않을 것이다. 곳곳에서 중심세력과 주변세력들이 충돌하고 질서를 따르는 세력과 무정부 세력들의 충돌이 있을 것이다.

2031년엔 불안이 일상이 될지도 모른다. 아라비아나 동부아프리카, 안데스 지역은 국가도 경제도 없는 무정부상태에 놓여 민병조직이나 천년왕국 종파의 수중으로 넘어갈 것이다.

이미 2006년부터 소말리아에는 이러한 징조가 보이고 있었다. 미국이나 브라질, 일본, 유럽 그리고 남아프리카공화국처럼 질서를 유지하는 나라들은 개입할 엄두를 못 내고, 자포자기에 빠져 있는 사람들 주변으로 방역선을 칠 것이다.

질서세계 사람들은 자신들의 땅으로 넘어오려는 무질서세계의 사람들을 어떻게 막을 것인가? 신원확인 전자칩이 그 해답이다. 질서세계 시민들은 만 10세가 되면 이마 밑에 전자칩을 삽입함으로써 국경에서의 검열이 손쉬워질 것이다. 스캐너만 있으며 몸속에 신분증 없이 다른 세계로 넘어가려는 사람들을 모두 찾아낼 수 있으며 멀리 떨어진 곳에서도 범법자들을 꼼짝 못하게 감시할 수 있을 것이다.

하지만 질서세계에서도 자신들 사회 내부의 폭력은 쉽게 다스리지 못할 것이다. 어떤 나라도 폭력에서 자유롭지는 못할 것이다. 질서세계의 시민들을 공포에 떨게 하는 이 폭력집단은 어디에서 생겨난 것일까? 이에 대해 사회학자들이 끊임없이 토론을 벌일 것이다. '발리우드의 알약'을 남용해서일까? 꿈이 없기 때문일까? 대량실업 때문일까?

고도의 생산력을 지닌 경제체제에서 비숙련 노동인력의 수요는 계속 줄어들 것이다. 일자리가 없어도 국제최저생계비 정책 덕분에 가난하진 않을 것이다. 하지만 이 국제최저생계비가 '발리우드 알약'을 사는 데 쓰이게 되지는 않을까? 이들 중에서 가공할 폭력 집단의 우두머리들이 나올지도 모른다. 폭력은 그들에게 유일한 삶의 동기이기 때문이다. 언론들은 1980년대 유명했던 프랑스 철학자들 중 하나인 자크 데리다를 생각하며 이들을 '파괴자들'이라 부를 것이다. 질서세계 나라의 대도시들은 포위된 요새와 같은 모습을 하게 될 것이다. 2006년의 상파울로와 카라카스가 이미 그 예를 보여주었다. 새로운 세계는 밀집도시들이 연속되며 이루어질 것이기 때문에 그곳에서의 안전은 좀처럼 유지되기 힘들 것이다.

2031년 지구의 인구는 2006년보다 적어질(2020년 무렵 전염성 폐렴의 세계적 유행 이후) 것이지만, 도시의 팽창과 인구집중은 사람들을 숨막히게 만들 것이다. 매우 부유한 몇몇 사람들에게는 달 정복이 희망이 되겠지만 그곳에 인위적으로 공기층을 만들어 내기까진 오랜 시간이 필요할 것이다.

밀집된 도시 안에서 시민들은 바이러스에 대한 공포 때문에 이웃을 멀리하게 될 것이다. 바이러스들은 끊임없이 옮겨 다니며 도시를 휩쓸 정도로 치명적인 인플루엔자를 만들어낼지도 모른다. 의학으로

암은 치료되겠지만 이 인플루엔자 앞에서는 속수무책일 것이다. 사람들은 외출을 꺼리고 재택근무를 하게 될 것이다. 통신망으로 업무를 보고 통신망으로 회의를 하는 게 일상이 될 것이다.

생산 자동화는 저임금을 바탕으로 국가성장을 이룬 중국을 주춤하게 만들 것이다. 반면, 세계적으로 여가산업이 번창하는데 그 중심은 인도의 봄베이가 될 것이다. 여가산업은 개인 위주의 활동으로 후퇴한 사회에 딱 들어맞는 산업이다. 봄베이에서는 피우거나 먹는 '발리우드 알약'이 만들어질 것이다. 이 알약은 담배나 코카콜라와 함께 섭취하면 일주일간 계속 영화와 음악에 취할 수 있도록 만들어줄 것이다.

2031년에는 2006년 현재 예상했던 많은 것들이 빗나갈 수도 있다. 기후 온난화는 생각한 만큼 심각하지 않을 것이다. 인도와 중국의 발전으로 온실가스 배출이 폭증한다 해도 지구의 평균기온은 지금 정도의 수준으로 유지될 것이다. 하지만 2031년의 환경학자들은 여전히 곧 재앙이 곧 닥칠 것이라며 사람들을 설득하고 다닐 것이다.

2031년 유럽이 이슬람화하지는 않을 것이다. 하지만 이민자들이 끝없이 들어오면서 변화를 맞게 될 것이다. 파리와 베를린, 제네바 등의 '토종' 유럽인들은 필리핀인들이나 인도인들, 마그레브인들, 아프리카인들 그리고 러시아인들과 섞이게 될 것이다. 러시아 국내 사정이 어려워지면서 많은 러시아인들이 서쪽으로 이주할 것이며 중동의 터키 번영지역과 남부아프리카 번영지역도 예전 유럽으로 향하던 인구를 끌어들일 것이다.

유럽연합은 힘에 있어 미국의 라이벌이 되지 못할 것이다. 영국을 시작으로 2017년 무렵 아일랜드와 스웨덴과 발트해 연안 국가들이 탈퇴한 이후 유럽연합은 해체되고, 스페인은 라틴아메리카 쪽으로 방향을 돌릴 것이다. 독일은 무엇보다 인구감소 때문에 심각한 어려움을 겪게 될 것이다. 독일의 희망수명이 110세로 높아진 반면 낮은 출생률로(해마다 적어도 10만 명 감소) 노령연금 시스템이 불안해질 것이다.

폴란드의 기업가들은 발칸 국가들에 투자할 것이며 이탈리아는 중동지역을 개발하기 위해 터키와 손을 잡을 것이다.

그러면 프랑스는 어떻게 될까? 프랑스는 유럽을 이끄는 중심 임무를 포기하고 불온한 민족주의에 갇히게 될 것이다. 좌파와 마찬가지로 우파진영도 새로운 세계질서에 반대하고 보호령 제도를 비난하는 것을 외교적 사명으로 여길 것이다. 그러면서 '팍스 아메리카나'에 반대하는 무질서세계와 연합하려 할 것이다.

하지만 매년 5만 명의 프랑스 청년들이 미국이나 일본, 터키 등 외국으로 떠날 것이고 이것이 프랑스의 국가 영향력을 약화시키는 요인이 될 것이다. 다행히도 터키인이나 인도인들이 여행업과 부동산에 투자하고 많은 외국인 은퇴자들이 프랑스에 정착함으로써 프랑스는 겨우 암울함에서 벗어날 수 있을 것이다.

2031년 9월, 트위터TV에서 메흐멧 무쿤단Mehmet Mukundan이란 이름의 기독교 사상가의 인터뷰를 볼 수 있을 것이다. 그는 인간의 과거와 미래에 대해 생각하면서 지금부터 25년 전인 2006년엔 지금의 2031년을 예측하기가 무척이나 어려웠을 것이라 말할 것이다. 그러면서 누가 러시아와 중국의 몰락을, 그리고 가톨릭의 쇠퇴를 예견할 수 있었겠냐고 반문할 것이다. 이 철학자는 덧붙여 2031년에 일어난 일들 중 아무것도 예측 가능한 일은 없지만 복음주의 신교의 발전이나 유럽의 분열은 숨겨져 있었을 뿐 이미 예견할 수 있었던 일이라고 얘기할 것이다.

인터뷰가 진행되면서 무쿤단은 질서세계와 무질서세계의 분열도 이 역시 2006년부터 예견할 수 있었다고 지적할 것이다. 단지 겉만 보고 모든 걸 판단하는 낙관론 때문에 상황이 악화되는 걸 예측할 수 없었던 것이라고……

그럼 그는 2056년을 어떻게 예견할 것인가? 그는 난폭함도 약으로 치료될 수 있다며, "폭력성이나 난폭함을 타고난 본성으로만 치부하지 말고 치유할 수 있는 병리적 현상으로 보아야 한다"고 말할 것이다. 그럼 무질서세계 나라 대중들의 비참함에 대해서는 어떤 생각을 할까? 잠시 망설이다 그는 말할 것이다. "18세기 프랑스와 영국의 철학자들은 이 문제를 깊이 고민한 끝에 해답이 경제에 있다고 말했습니다. 하지만 이 사상가들은 잊혀졌습니다. 이제 2056년에는 인간유전자 조작을 신뢰해야만 할 것입니다."

이슬람주의자들의 함정에 빠진 교황

14세기에 살았던 한 비잔틴 황제의 말을 인용했다가 교황이 곤경에 빠졌다. 이 황제가 어떤 페르시아 학자에게 했던 말로, 이성이 아닌 폭력으로 이슬람을 전파하는 것은 잘못이라는 내용이었다.

베네딕토 16세가 그렇게 말한 것은 기독교인들과 무슬림간의 대화가 가능하다는 사실을 말하기 위해서였을 것이다. 1391년 무렵에도 그랬던 것처럼 말이다.

교황의 말에 이슬람측은 물론 서방세계의 반교권주의자들로부터 엄청난 비난이 쏟아지고 있다. 하지만 교황의 언사에 대한 논쟁 속에 실제 그가 그런 말을 했는지, 그 내용의 진실이 무엇이었는지는 전혀 고려되지 않고 있다. 심지어 이 논쟁 속에 베네딕토 16세는 빠져 있다. 그가 사과를 하든 안 하든 개선되는 것은 아무것도 없을 것이다. 그런데 교황이 무엇을 누구에게 사죄를 해야 하는 걸까? 하지만 현실은 다른 곳, 즉 방대한 인터넷망과 이슬람 원리주의자들이 장악한 아랍 위성 텔레비전들의 국제 송신망 속에 있다. 그들은 순식간에 시위 군중과 전사들을 끌어모으고 광신에 빠진 그들이 대가 없는 희생을 치르도록 만들 만한 힘을 지니고 있다. 우리는 이런 조직력을 한 덴마크 신문의 이슬람 풍자만화에 대한 공격에서 경험했다. 오늘은 교황에 대항하고 내일은 또 다른 희생양과 더 큰 사건을 만들어내면서, 그들은 점점 강고해질 것이다.

이슬람주의자들의 공격을 보도하는 서방세계의 언론들은 그들의 목소리와 행동을 증폭함으로써 우리를 두려움에 떨게 한다. 또 하나 놀라운 일은 정작 유럽에선 교황을 옹호하는 목소리를 찾을 수 없다는 점이다. 언론에 자주 등장해 떠들기 좋아하는 지성인들도 이 일엔 침묵을 지키고 있다. 마치 교황과 이슬람 원리주의자들 사이의 싸움엔 끼어들지 않는 게 상책이라는 듯 철저히 구경꾼의 태도를 취하고 있는 것이다. 이 '소란스러운' 침묵을 우리는 어떻게 해석해야 할까? 좌파 쪽 지식인이라면 교황이 궁지에 몰려 있는 지금의 상황을 즐기고 있을 것이다. 이들 무신론자 지식인들은 무슬림과 기독교 이론가들을 동시에 진흙탕 속으로 밀어넣고 싶을 것이다. 좌파 지식인들 사이에서 라징거Ratzinger라는 본명을 가진 베네딕토 16세는 보수반동적인 인물로 알려져 있었다. 하지만 지위가 사람을 바꾼다고, 막상 교황이 되고 나서 라징거는 좌파 지식인들에게 적잖은 실망을 안겨주었다. 예상 외로 비난받을 만한 행적을 보이지 않았고 교황으로서 도덕적인 허점도 보이지 않았던 것이다.

하지만 교황은 지금 비틀거리고 있다! 라징거의 어제의 적들이 지금의 베네딕토 16세를 도우려 하지 않는 건 어찌 보면 당연한 일인지도 모른다. 이런 인신공격의 상황 외에도 유럽의 지식인들과 정치인들을 무기력하게 만드는 요인이 하나 더 있다. 원하기만 하면 언제 어디서든 적을 향해 공격을 퍼부을 수 있는 위협적인 이슬람주의자들이다. 그래서 그들은 내버려두는 게 상책일지도 모른다. 덴마크 신문의 풍자만화 사건 때도 유럽 전체가 긴장해야만 했으며 이 사건을 통해 우리는 경제적 보이콧에서 최악의 경우 직접 공격까지도 당할 수 있다는 걸 알았다. 1930년대 파시스트 진영에 공격당했을 때 민주진영이 취한 화해정책과 비교해 보면 어떨까? 분명 비슷한 점이 있지만 너무 멀리 갈 필요까진 없다. 이슬람주의와 파시즘을 혼동해선 안 될 테니 말이다. 이 둘의 목표와 야심이 다른 것은 분명하다.

유럽 내 무슬림들이 소수라는 사실을 떠나 어쨌든 유럽은 이슬람주의자들의 목표가 아니다. 따라서 이슬람주의자들의 조직적인 분노에 유럽이 직접적인 희생자가 되지는 않을 것이다. 물론 카슈미르나 소말리아에서는 기독교인들이 공격을 당하기도 했다. 하지만 이슬람주의자들이 서방세계를 정복하려 들진 않을 것이다. 그들은 무엇보다 이슬람세계 국민들을 장악하고, 서방세계가 아닌 자기들 나라 안에 칼리프 체제를 재건하려는 야심을 가지고 있다. 레바논, 카슈미르, 파키스탄, 이란에서 가장 많은 희생을 당한 사람들은 다름 아닌 무슬림들 자신이었다. 원리주의자 무슬림들에게 주된 적은 온건파, 즉 일반 무슬림들이다.

필자가 이슬람 온건파에 대해 지지를 표명하자 장 프랑수와 르벨 Jean-Francois Revel은 “온건파 무슬림들이 있다면 한번 데려와 보라” 며 필자를 비난했었다. (필자는 2003년 『리파의 아이들』이란 책에서 온건파 무슬림에 대해 썼다.) 우리는 온건파 무슬림의 목소리를 잘 들을 수도 없고 보기도 힘들다. 하지만 그들은 ‘배신자’ 로 비난받으면서도 말 한 마디 못하고 두려움과 고통 속에 살아가고 있다. 이들 자유주의적 무슬림들은 자유주자들이 다 그렇듯 뿔뿔이 흩어져 재정적 수단도 없으며 원리주의자들처럼 미디어를 이용해 세력을 과시할 줄도 모른다. 그런데 그들의 소리를 듣기 원한다고? 서방의 언론들이 언제 한번 그들에게 자기들 입장을 대변할 기회를 준 적이 있는가? 얼마 전 미국의 CBS 방송에서 교황을 변호하며 종교 간의 대화가 필요하다고 주장하는 한 온건한 무슬림 여인의 목소리를 듣긴 했다. 캘리포니아에 거주하는 이 멋진 아가씨는 로켓 같은 머리를 하고 자신을 한마디로 페미니스트 무슬림이라 소개했다. (그녀는 교황이 페미니스트가 될 수 없음을 유감스러워했다!) 이 여자는 개처럼 왕왕대는 스리나가르29)의 이맘에 빗대어 이슬람을 풍자했다. 극단주의자들 사이엔 대화 자체가 성립되기 힘들다는 얘기였다.

다수의 무슬림들은 마치 인질처럼 입을 다문 채 살아가고 있다. 오직 민주주의만이 이들에게 자기 목소리를 내도록 만들 수 있다. 너무나 좁게 느껴지지만 결국 문은 열릴 것이다. 반면 그 문턱에 앉아 무조건 중립만을 외치는 유럽의 언론인들과 정치인들은 비난받아 마땅하다. 그들은 원리주의에 적대적이면서도 교황을 도와주지 않는다. 그가 교황이기 때문이다. 또한 원리주의에 반대하면서도 아랍의 민주주의를 지원하는 미국의 정책을 지지하지 않는다. 그것이 미국이기 때문이다. 이렇게 중립적(혹은 수동적) 태도를 취하고 있으면 이슬람주의가 한때의 폭풍처럼 지나가 버리리라 생각하는 모양이다. 하지만 천만에! 이슬람주의는 절대 그냥 비껴가지 않는다!

---

29) 스리나가르Srinagar는 인도 카슈미르 주에 있는 도시. 옛 무굴 제국의 주도로 주민들 대부분 이슬람교도다. 파키스탄의 지원을 받은 이슬람 무장세력들의 힌두교도에 대한 폭동, 테러, 게릴라전이 자주 발생하는 분쟁지역이다.

2006년 10월 3일

거대 유럽에 온 것을 환영합니다

1월이면 불가리아와 루마니아가 유럽연합의 회원국이 된다. 이제 유럽연합 회원국은 27개가 되었다! 기념할 만한 일이다. 하지만 우리 문명권 안에 새 형제국을 맞이하는 마당에 서유럽 국가 어디에서도 기쁨이나 열광 따위는 찾아보기 힘들다. 27개나 되는 회원국 수가 못마땅한 것일까? 벌써 유럽연합에 염증을 느끼거나 너무 당연한 거라 생각하는 걸까? 아니면 유럽연합이 너무 빨리 성공해 어리둥절한 것일까? 천 년 만에 유럽 대륙 전체에 찾아온 최고의 도전이 어떻게 이토록 무관심이나 무지 또는 거부감 속에 묻혀버릴 수 있을까? 제2차 세계대전과 홀로코스트를, 소련에 항거하던 베를린, 프라하, 바르샤바의 함성을 잊었단 말인가? 우리가 집단적으로 늙어버렸거나 건망증에라도 걸린 것인가? 소련군의 동유럽 점령과 아일랜드 내란과 그리스의 독재, 유고슬라비아에서의 인종청소를 모두 잊어버렸단 말인가? 겨우 한 세대 전만 하더라도 우리 모두가 공포 속에 살았으며, 두 세대 전에는 가난과 빈곤에 허덕였었단 사실은 잊혀진 것인가?

이렇게 두 세대 만에 우린 평화와 뚜렷한 번영을 이루어냈다. 우리가 서로 멀리 떨어져 있었다면 이런 성공을 이루어냈을까? 유럽의 어떤 나라도 혼자만의 기적으로 평화와 번영을 이루어내지 못했다. 유럽연합의 존재가, 유럽의 안정과 시장이, 그리고 이런 저런 정책들이 우리를 구원한 것이다. 선례가 없기 때문에 우린 이 점을 제대로 인식하지 못하고 있다. 기준이 없기에 우린 지구 지역과 민족과 국가라는 옛날의 기준으로 오늘을 바라보고 있다. 우리는 유럽이 급진적으로 변하는 걸 원치 않는다. 유럽연합은 하나의 거대국가가 아니며 앞으로도 그렇게 되지 않을 것이다.

각국 정부들의 안보나 외교정책은 방향이 다르고 이들의 국가에 대한 정의도 모두 다르다. 때문에 유럽은 절대로 하나의 거대국가가 될 수 없다. 또 미국 모델처럼 연방국가도 될 수 없다. 최악은 유럽이 전통의 정치적이고 관료적인 국가체제를 답습하는 것이고 최선은 조용한 성장과 자유를 이뤄내면서 주권국가로서 '구체적 연대'[30]를 이어가는 것이다.

'구체적 연대'라는 멋진 생각을 해낸 사람은 유럽연합의 주창자인 장 모네였다. 그는 국가나 외교 같은 것을 믿지 않았다. 지금 유럽연합에 실망감을 느끼고 있는 사람들은 대부분 정치를 필요로 하기보다 정치 자체를 사랑하는 사람들이다. 권력에 익숙한 사람들은 유럽연합이 미국에 대응할 만한 '힘'을 지니지 못할 거라는 생각에 실망한다. 이러한 실망감이 모여 집단적 우울증으로 확산되고 있다. 하지만 돌이켜보면 유럽은 그렇지 못했던 이전보다 함께하면서 더 행복해졌다.

젊은이들은 제약 없이 여행을 하며 새로운 것을 발견하고 배운다. 기업인들은 교역을 하고 기술을 혁신한다. 오랫동안 고립되어 있던 도시들은 다시 창조의 공간으로 바뀌었다. 전엔 전혀 이를 경험하지 못했던 나라를 포함하여 어디를 가나 정신적 자유가 넘쳐난다. 유럽

---

30) 유럽연합(EU)의 창시자인 장 모네가 과거의 전통적 외교 대신 자유무역을 통한 '구체적 연대' 구축이 실제 평화를 가져온다는 생각에서 유럽의 통합을 기획했다고 필자는 말한다.

연합에 가입하겠다는 희망 때문에 독재가 민주주의로 바뀌고(포르투갈과 그리스), 내전이 사라지고(아일랜드), 파시즘(헝가리와 슬로바키아)과 전쟁 도발이 분쇄(루마니아)되고, 비밀경찰이 근절(폴란드)되었다. 유럽연합에 발을 들이면 모든 나라에서 인플레이션이 사라지고 더 나은 삶을 보장받을 수 있다.

유럽 어느 곳에서나 언론, 출판, 종교의 자유가 보장되고 소수자들이 존중받는다. 그러니 단일 유럽이 주는 행복을 우리가 어찌 찬양하지 않을 수 있겠는가? 이런 구체적인 행복 앞에서 절차적 문제(어떻게 결정할 것인가?)나 이데올로기(자유주의적 유럽인가 사회주의적 유럽인가?) 또는 유럽헌법 문제 등은 아무런 고민거리도 되지 못한다. 따라서 국외자의 시선으로 냉정하게 보더라도 유럽연합은 역사적 성공을 거두었으며 축하할 일이다.

여기 덧붙여야 할 질문은 유럽연합의 기구 같은 기능적인 문제가 아니라 유럽이 어디까지 확대될 수 있는가의 문제다. 연대감이 퇴색되지 않으면서도 함께 행복을 나눌 수 있는 범위는 어디까지인가? 그 해답은 유럽연합의 본질, 무엇이 유럽이고 무엇이 유럽이 아닌가에 달렸다. 유럽 혹은 유럽연합은 거대국가도, 군사집단도, 종교집단도 아니다. 유럽은 운명을 함께하고, 자유민주주의와 자유경제 그리고 정교 분리와 같은 투명한 원칙들을 나누는 창의적 공동체이다. 유럽은 공간적 영토의 개념이 아니라 정신적 이상의 개념이며 따라서 이런 이상을 함께 나누고 실천하는 모든 나라가 유럽이 될 수 있다. 이제 슬라브의 나라, 그리스정교의 나라인 불가리아와 오랜 세월 움츠려 있던 루마니아까지 유럽연합국이 되었다. 이제 알바니아나 민족 문제에서 자유로워진 이슬람 국가 보스니아, 가입을 계속 거부당했던 세르비아도 하루빨리 유럽연합국이 되길 바란다. 유럽연합은 종교나 지리적인 조건을 따지는 집단이 아니기에 터키도 또한 가입되길 바란다. 자신들이 준비가 되어 있고 원한다면, 유럽이 되고 싶어하는 터키의 소망을 무슨 명분으로 거부하겠는가?

여기에 시몬 페레스Shimon Peres[31]의 현실주의적인 꿈도 생각해보자. 레바논, 팔레스타인, 이스라엘, 마그레브 국가들이 유럽연합에 들어오면 그들도 평화와 법치의 대열에 합류하게 될 것이다. 이렇게 되면 모든 지중해 국가들 사이에 번영이 찾아올 것이고 난민의 행렬도 멈출 것이다.

동쪽 지역에선 우크라이나, 그루지야, 아르메니아도 참가할 수 있을 것이다. 왜냐하면 이 나라 국민들 또한 우리들과 원칙들을 함께하기 때문이다.

그런데 유럽이 이렇게 거대해지면 통제하기 힘들어지진 않을까? 또다시 이런 기술적 문제를 들고 나오는 것은 유럽연합이 구태의연한 관료정치 조직이 아닌 전혀 새로운 가념이란 걸 이해하지 못하기 때문이다. 프랑스에서 유럽연합이라는 강력한 개념이 처음 발명된 후 행복은 유럽의 새로운 이상으로 떠올랐다. 거대유럽Tres Grande Europe은 이렇게 새로운 이상이 될 수 있을 것이다.

---

31) 이스라엘의 정치가로 이스라엘 노동당을 창당하였고 총리 · 내무장관 · 외무장관 · 재무장관 · 노동당 당수 등을 지냈다. 이스라엘과 팔레스타인이 오슬로협정을 체결하는 데 결정적 역할을 하여 노벨평화상을 수상하였다.

윤리적 자본주의

　노벨 경제학상을 수상한 뉴욕 콜럼비아 대학교 교수 에드먼드 펠프스Edmund Phelps는 유럽 대륙과 미국의 경제 시스템은 다르다고 한다. 그에 따르면 '시장경제'라는 표현은 너무 범위가 넓어 다양한 상품들을 제대로 표현하지 못한다. 미국의 자본주의는 금융 논리를 따르지만 나의 스승 미셸 알베르Michel Albert가 '라인강의 자본주의'라고 칭한 프랑스-독일-이탈리아의 사회민주주의는 사회 논리를 따른다. 미국에선 기업의 존망이 이윤창출에 달려 있지만 유럽에선 기업이 일자리를 만들어내기 위해 이윤과 관계없이 반드시 살아남아야 한다. 성장과 혁신을 이루어내는 데 미국식 자본주의가 훨씬 효율적이라는 데는 누구도 이의를 달지 못할 것이다.

　그럼 둘 중 어느 시스템이 더 도덕적이라 할 수 있을까? 펠프스는 대서양을 사이에 둔 두 대륙에 대한 여론조사를 통해 미국식 금융 자본주의가 더 도덕적이라고 결론을 내렸다. 미국의 노동자들은 자신들의 지위가 불안정한 걸 알지만 유럽의 노동자들보다 일에 만족감을 느낀다. 어째서 이런 역설이 발생할까? 미국인들은 혼자서 또는 집단적으로 모험을 즐긴다는 생각으로 일을 하기 때문이란 게 펠프스의 설명이다. 미국인들은 또 일자리를 잃으면 다른 일자리를 구하면 된다고 생각한다. 같은 현상을 두고 프로이트-마르크스주의자들이라면 미국의 노동자들을 '소외' 되었다고 말할 것이다.

펠프스의 말을 토대로 경제적 자본주의를 대표하는 보잉[32]사와 사회적 자본주의를 대표하는 에어버스[33]사를 비교해 보자. 공공기업으로 탄생한 에어버스사는 이제까지 비행기를 생산하고 일자리를 만들어냈지만 수익은 내지 못했다. 이런 에어버스가 세계화와 혁신이라는 도전 앞에 맞서 나갈 수 있을까? 펠프스의 대답은 '노' 다. 에어버스사는 지금까지 정치, 외교적 논리에 좌우되어 왔다. 외면상으론 주주와 경영진들이 회사를 꾸려왔지만 말이다. 따라서 에어버스사가 살아남으려면 사회 자본주의에서 금융 자본주의로 변화해야 한다. 하지만 대륙을 바꾸지 않고 경제 논리만 바꾸는 게 가능할까?

만약 에어버스가 변신에 성공한다면 펠프스는 그가 받은 노벨상을 반납해야 하리라!

---

32) 미국의 항공기 제조회사.

33) 프랑스 툴루즈Toulouse에 본사를 두고 있는, 세계 최대의 상업용 항공기 제작회사.

중도주의 미국

미국 국회의원 선거가 끝날 때마다 우린 세계 인구에서 얼마 차지하지 않는 미국인들이 세계의 운명을 결정짓고 있음을 깨닫는다. 세계의 지배자인 미국 국민들은 4년마다 세계의 대통령을 지명하고 2년마다 지방 의회와 세계 의회를 동시에 구성하기 때문이다. 이렇게 미국 국민들의 선택은 지구의 운명에 큰 영향을 미친다. 여기서 엉뚱한 질문을 하나 해 보겠다. 미국의 민주적 제국주의에 지구의 운명을 맡기는 게 나을까, 아니면 독재자들이 많이 포진한 잡탕의 UN 총회에 맡기는 게 나을까?

미국의 민주적 제국주의엔 하나의 역설이 존재한다. 미국의 선거권자들(이들 중 반 이상이 선거에 참여한다)은 지구의 운명보다 지역, 국가적 이익에 따라 투표한다는 것이다. 민주당이 승리한 최근의 중간선거는 조지 부시의 이라크 정책이나 테러리즘, 기후문제, 지구 문제 등에 대한 의견을 묻는 투표가 아니었다. 표를 결정하는 데 더 크게 작용한 것은 지방재정 문제나 성직자들의 성별 제한 문제, 동성애자들의 결혼 허용 문제, 멕시코 이민 수용 문제 등이었다. 미국의 모든 정책은 '지역의 문제'로 귀결되며 아이오와나 캔자스의 지역 전문가들은 이에 대한 해법을 마련하기 위해 분야별로 토론을 벌인다. 따라서 미국의 정치상황을 좌파와 우파 간의 대립으로 보는 것은 미국 정치의 본질을 제대로 파악하지 못하는 것이다.

하지만 분할된 '지역'의 합계는 결국 한쪽 진영의 승리로 귀결된다. 이긴 쪽은 국가 전체에서의 승리를 강조하고 진 쪽에서는 지역적 중요성을 강조한다. 승리한 민주당도 이것을 부시에 반대하는 여론이라 말하지 않는다. 대통령에 대한 거부는 생각할 수도 없다. 그들이 승리한 것은 국민들이 갑자기 민주당 지지 쪽으로 돌아섰기 때문이 아니다. 이는 6년 동안 권력을 쥐었던 여당에 대한 부분적 거부의사의 표현일 뿐이다. 미국에선 정권 교체의 시기가 되면 이런 '동거정부' 형태가 자주 나타나곤 한다.

이렇게 되면 정책결정이 지연되지는 않을까? 하지만 미국 헌법은 오히려 이를 장려하고 있다. 독재를 경계하고 권력 독점을 막기 위해 헌법을 제정한 사람들이 권력과 반대권력이 균형을 이루도록 장치해 놓은 것이다. 만약 부시가 지난 6년 동안 두 개(상하원)의 의회와 사법부를 좌지우지할 수 있었다면 그 결과는 끔찍했을 것이다. 그러므로 길고 험난한 협상 과정은 국가가 독재로 기우는 걸 막아주는 민주주의의 정상적인 기능이다.

미국이 중도로 돌아오면서 더 테러 전쟁이나 사회문제에서 강경책을 기대하긴 어렵게 됐다. 공화당과 민주당은 사회문제에 있어선 확연한 의견 차이를 보이는데, 공화당은 기업가들을 위한 감세정책에 비중을 두지만 민주당은 사회보장 기능에 더 비중을 둔다. 하지만 두 당이 극단으로 치닫지 않고 언제나 자본주의 체제 안에서 경쟁한다는 건 누구도 부인할 수 없다. 이런 합의는 미국의 성장을 이끌기도 하고 만성적인 무역적자를 유발하기도 하지만 둘 모두 세계 경제를 이끄는 커다란 동력이다.

대외정책에서는 민주당과 공화당 사이에서 별 차이를 발견하기 힘들다. 민주당에서 가장 평화주의자라는 하워드 딘Howard Dean도 테러리즘에 승리하고 이라크 전쟁에 승리하는 것 외엔 다른 야심이 없다고 밝힌다. 민주당 상원의원인 힐러리 클린턴은 이라크에 더 많은 군인들을 파병하길 원한다. 조 리버만 상원의원은 이라크 전쟁을 열렬히 찬성하고도 재선되었다.

민주당 의원들을 공화당과 구별해주는 건 온건한 말투 정도다. 공화당 의원들이 이라크 전쟁을 "이슬람 파시스트들에 대항하는 세계4차대전"(노먼 포도레츠[34])이라 규정하는 반면 민주당 의원들은 이라크의 민주화보다는 '안정화'에 만족해야 한다고 주장한다.

---

[34] 미국 강경보수파인 네오콘의 기관지라 불리는 《코멘터리》의 주필.

자카르타에서 밝은 이슬람의 미래를 보다

자카르타의 맥도날드는 밤낮으로 붐빈다. 이곳의 햄버거는 일종의 할랄35)이다. 맥도날드에 온 젊은 여성들의 옷차림은 하늘색의 이슬람 복장이다. 어깨까지 내려오는 하얀색 히잡을 쓰고 청바지에 피어싱을 한 여인들도 있다. 반면 같은 무슬림이며 세계화된 어머니 세대들은 보다 검소하지만 대부분 히잡을 쓰지 않았다. 이런 모습을 보면서 인도네시아의 젊은이들이 다시 이슬람화하고 있다고 단정지어 말해야 할까? 맥도날드를 찾는 젊은 여성들에게 이슬람교는 세계 한가운데서 되찾은 자신들의 아이덴티티일 뿐이다. 이렇게 자신들의 고유성을 지키며 그들은 세계화되어가고 있는 것이다.

중국계 인도네시아 사람으로 가톨릭 신자인 주수프 와난디Jusuf Wanandi(인도네시아 인구의 약 10%는 비무슬림이다)는 "인도네시아는 터키와 함께 무슬림이 나아갈 길을 제시해줄 것"이라고 말한다. 이슬람 세계에선 드물게 '성공 스토리'를 써내려가고 있는 인도네시아와 터키는 민주주의와 함께 탄탄한 경제성장을 이뤄가고 있다. 두 나라는 각자의 방식으로 정교분리의 원칙을 지키고 있다. 터키는 정부가 회교사원을 관리하되 정교분리 원칙을 명확히 하고 있다. 인도

---

35) 이슬람 율법이 인정하는 방법으로 잡은 동물의 고기.

네시아에는 '판사실라pansacila' 라고 부르는 5개의 건국이념이 있는데 그 중 첫째 이념에 신이 존재한다고 규정하고 있지만 어떤 신인지는 구체적으로 명시하지 않고 있다. 와난디는 "세계 어느 곳이든 무슬림들은 서양이 아닌 자신들만의 성공모델을 원하고 있다"고 말한다. 한때 말레이시아가 이런 모델을 자처하기도 했지만 말레이시아엔 중국계 인구가 50%에 이른다. 와난디는 "무슬림 세계에 인도네시아와 터키가 필요한 이유는, 이슬람 국가에도 민주주의가 실현될 수 있고, 민주주의 정부가 살라피스트들[36]이 원하는 칼리프 제도나 이집트의 독재정권, 사우디아라비아의 군주제 등보다 훌륭한 제도임을 증명해주기 때문"이라고 말한다. 이슬람 사람들도 이슬람식 경제보다 시장경제가 더 합리적이고 효율적이란 걸 알고 있다. 이슬람식 경제체제는 하나의 유토피아일 뿐 아무도 구체적으로 설명할 수 없는 모호한 것이기 때문이다.

와난디('국제전략연구센터Center for Strategic and International Studies'의 설립자이자 소장이다)의 설명을 들으면서 우리는 이슬람과의 화평을 바라는 서방세계라면 터키와 인도네시아가 정치적 · 경제적 현대화를 계속하도록 도와야 한다는 결론에 이르게 된다.

그런데 터키와 인도네시아에는 또 하나의 공통점이 있다. 두 나라의 이슬람에는 가장 자유주의적인 성향에서 가장 급진적인 성향까지 여러 색깔들이 공존한다는 것이다. 특히 인도네시아는 민주주의 국가이기 때문에 모든 이슬람 계파들이 발언권을 가질 수 있다.

인도네시아의 이슬람이 폭력에 물들고 있는 모습을 확인하고 싶은 이들에게 나는 호세 리잘Jose Rizal이란 사람을 소개하고 싶다. 자카르타의 무료 진료소에서 봉사하던 의사 리잘은 신의 전사들이 벌이

---

36) 이슬람 무장 테러 단체.

는 전쟁에 참여했었다. 이라크와 아프가니스탄에서 '인도주의적 임무' 을 수행하고 돌아온 그는 20세기 이슬람의 불행을 이해하게 됐다고 말한다. "유대인들은 이슬람을 전멸시키려 하고 있습니다." 바그다드에서 그는 적을 교란하기 위해 수니파로 위장한 유대인 병사들을 보았다고 했다. 그에 따르면 부시는 유대인들의 꼭두각시이며 유대인인 곤돌리자 라이스에 의해 조종당하고 있다. 라이스가 유대인라고요? 내가 묻자 그가 대답한다. "그녀는 에티오피아인이에요. 에티오피아인들은 원래 유대인이죠!" 이런 터무니없는 생각을 그 사람만 하고 있는 게 아니다. 인도네시아에서는 이러한 말을 퍼뜨리며 발리와 자카르타에서 호주 관광객들보다 무슬림들을 훨씬 더 많이 죽인 테러를 옹호하는 선교자들이 있다. 나는 호세 리잘에게, 무슬림들이 무슬림들을 학살한 수단의 경우도 유대인들의 책임이냐고 물었다. 그는 이 주제에 대해 의견을 밝히지 않았다. "율법학자들과 울라마(이슬람 법과 신학의 지도자)들이 뚜렷한 입장을 밝히지 않고 있다"는 것이다. '인정에 호소' 하기 위해서는 다르푸르보다 팔레스타인이나 아프가니스탄이 더 유리하다는 걸 그들은 이미 알고 있는 것이다.

그러면 근본주의자들은 인도네시아에서 얼마나 큰 세력을 형성하고 있을까? 참고로 인도네시아에서 샤리아(이슬람법)를 주장하는 정당들이 1% 정도의 지지 득표를 얻고 있다.

인도네시아엔 이와 정반대 색깔의 이슬람도 존재한다. 루프티 아사얀카니Lufthi Assayankanie는 사립대학인 파라마디나 대학에서 철학과 신학을 가르치고 있다. 그는 코란을 서양의 과학과 접목시키려 하고 있으며 여성의 권리를 주장했던 14세기 아랍의 '르네상스' 에 대해 학생들에게 강의한다. 카이로에서 시작한 이 운동은 인도네시아까지 퍼져 1912년에 무하마디야Muhammadiyah가 창설되었다. 무하마디야는 인도네시아 무슬림들의 교육을 위한 민중조직으로 2천만 명의 회원을 두고 있다. 무하마디야는 서양식 교육모델(토론을 토대로 한 비판적 교육)을 바탕으로 수많은 학교, 대학들과 연계하고 있다. 그곳에서 우리는 개인주의적이고 온건한 이슬람의 모습을 볼 수 있다.

"구글에서 '자유주의 이슬람'을 검색해 보세요. 무슬림 세계에 퍼져 있는 수많은 사이트들을 찾을 수 있을 겁니다." 루프티가 내게 한 말이다. 자유주의자들은 웹사이트 덕분에 독재자와 원리주의자들을 피해 '자유주의적이고 개혁적인' 이슬람을 조직해낼 수 있었다.

푸아드 잘라비Fouad Jalabi에게 거북스러운 질문을 하나 던졌다. "인도네시아 무슬림들이 온건파라고 하는데 세계에서 일어나는 사건들에 대해 명확히 입장을 표명한 적이 있었나요?" 푸아드 잘라비는 몬트리올의 맥길McGill 대학에서 학위를 받은 자카르타 공립신학대학의 학장이다. "인도네시아의 이맘들은 살라피즘salafism[37]이나 폭력에 반대하는 설교를 합니다. 하지만 언론들이 온건한 것보다 자극적인 것을 원하기 때문에 세계의 다른 곳엔 이런 사실이 잘 알려지지 않은 것 같습니다." 그는 덧붙여 "미국의 정책이 우리의 이런 임무를 어렵게 만들기도 합니다"라고 했다. 미국이 이슬람 온건파들을 지지하고 있기에 공개적으로 온건한 입장을 밝히는 것이 미국에 동조하는 의미로 받아들여진다는 것이다. 그렇다면 인도네시아 사람들은 TV를 통해 무엇을 보고 있는가? 이스라엘군과 미군의 개입으로 희생당하고 있는 팔레스타인이나 이라크 민중들의 모습을 보고 있다.

"다르푸르라고 하셨나요? 인도네시아 사람들은 수단이 어디에 있는지도 잘 모릅니다. 그들이 자신들 문제로 생각하는 곳은 팔레스타

---

37) 수니파 이슬람 근본주의.

인이에요."

　미국의 잘못된 행동 때문에 앞으로도 온건파 이슬람은 비난받아야 할까? 푸아드 잘라비는 시간이 더 걸릴 거라고 말한다. 이슬람을 어떻게 가르치느냐가 그 열쇠라는 것이다. 그가 있는 대학의 교수들 중 절반이 인도네시아에서 교육을 받았고 4분의 1은 미국과 캐나다에서, 4분의 1은 중동에서 학위를 받았다. 그에 따르면 학교 강의실은 그야말로 전쟁터라고 한다. 중동파 교수들은 권위적인 방법으로 보다 아랍적인 이슬람을 가르치려 하고 나머지 교수들은 코란에 대한 다양한 해석들을 가르치며 학생들과의 토론을 중시한다고 한다. 이슬람의 온건화는 미래의 이맘들을 양성해 내는 데 승패가 달렸다고 본다. "저는 어떻게 하면 아라비아화化와 살라피즘 이슬람에 대항하며 애니미즘, 힌두교, 불교, 기독교와도 오랜 시간 공존했던 우리의 복합문화 전통을 지킬 수 있을지 학생들에게 가르치고 있습니다." 푸아드 잘라비는 말한다.

　자카르타에 가서 카리스마 넘치는 '울라마연합(NU)'의 총수 구스 두르Gus Dur를 만나지 않고 그냥 돌아올 수는 없었다. NU는 4천만 명의 지지자로 구성된 강력한 긴중교육운동이다. (무하마디야 연합이 도시적이라면 NU는 농촌운동에 가깝다.) NU는 수천 개 학교들을 관리하고 있는데 그 학교에선 자바의 민속과 혼합된 이슬람과 다른 학문들을 함께 가르친다. 맹인에 수족이 불편하면서도 노골적이고 외설적인 말도 서슴지 않는 구스 두르는 매일 인도네시아의 여러 섬에서 오는 자신의 지지자들을 맞이한다그 한다. "그들과 일일이 대화할 시간은 없지만 여성들을 대할 때는 손을 한참 잡아 줍니다. 내 나이에도 이런 행동은 자칫 성적인 의미로 받아들여질 수도 있지요. 하지만 이렇게 여성들을 대하는 데는 존중의 의미도 있어요. 그리고 무엇보다 원리주의자들에 대한 드발이라고도 할 수 있지요." 같은 날

자카르타에서, 포르노그래피를 금지하는 법 제정을 주장하던 한 보수주의 무슬림 의원의 애정행각이 담긴 녹화테이프가 그의 정부情夫에 의해 공개되면서 사임했다는 소식이 들려왔다. 구스 두르는 이 스캔들이 반갑다고 했다. "우리의 여성들 앞에서 인도네시아 원리주의자들은 더 이상 미래가 없습니다."

그러면 인도네시아 밖에서는? 독재자 수하르토가 물러난 뒤 1999년에서 2001년까지 잠시 동안 인도네시아 대통령을 지냈던 구스 두르는 그의 나라가 다른 이슬람 세계의 일에 더 발벗고 나서길 원한다고 말한다.

"아랍인들은 현재를 제대로 준비하지 못했어요. 그들은 과거 자신들의 황금기에 대한 향수에 빠져 있습니다. 하지만 우리 인도네시아인들에게 과거란 무지와 가난을 의미할 뿐이지요. 우리의 황금기는 지금 다가오고 있습니다." 만약 구스 두르와 와난디가 손을 잡는다면? 그렇게 되면 앞으로 이슬람의 운명과 서방의 관계는 리야드나 바그다드가 아닌 자카르타와 앙카라가 짊어지게 될 것이다.

지옥에 가게 될 피노체트[38]

　지금 지옥 아니면 최소한 연옥 같은 곳으로 향하고 있을 피노체트를 언젠가 만화가 에르제[39]는 라틴아메리카의 대표적 독재자의 모습으로 풍자해 그린 적이 있었다. 그의 외모는 어쩌면 그 자신에게 많은 장애가 됐을 것이다. 그가 만약 피델 카스트로 같은 풍채를 지녔더라면 카스트로가 쿠바인들을 학살한 만큼 많은 칠레인들을 죽였을지도 모른다. 카스트로와 피노체트의 공통점은 자유주의를 싫어한다는 점이다. 칠레의 자유주의자들은 대부분 교권에 반대했지만 피노체트는 독실한 가톨릭 신자였다. 또한 피노체트가 밀튼 프리드먼[40]의 신봉자가 된 것도 그가 하이퍼인플레이션을 극복하는 법을 설명해주었기 때문은 아니었다.

　미안하지만 내 개인적인 얘기를 하나 덧붙이겠다. 이번 주《샤를리 엡도Charlie Hebdo》[41]는 내가 과거 피노체트의 '아첨꾼'이었다고 나를 비난했다. 이 잡지는 1980년대 피노체트가 대통령일 당시 필자가

---

38) 2006년 12월 10일 피노체트가 사망했다.
39) 인기 만화 '땡땡'을 그린 벨기에 출신의 만화가.
40) 노벨상을 수상한 미국의 경제학자. 그가 가르치던 시카고의 많은 경제학자들이 피노체트 정부에서 경제 자문을 맡았다.
41) 프랑스 정치 풍자 신문.

매년 산티아고를 방문해 가톨릭주교 대학에서 열리는 공개 컨퍼런스를 통해 그의 독재를 비판했던 프랑스의 유일한 앵텔로[42]였던 사실을 모르는 모양이다. 당시 그 대학은 칠레에선 유일하게 자기 의사를 표현할 수 있는 곳이었다. 경찰이 회의장을 포위하긴 했지만 직접 침입해 내 입을 막지는 못했다. 당시 다른 사람들은 산티아고보다 훨씬 가깝고도 안전한 생-제르맹-데-프레[43]에서 피노체트를 비난하는 청원에 사인을 하고 있었다.

과연 피노체트는 칠레의 경제 기적을 만들어낸 장본인이었을까? 확실히 그것은 아니다. 칠레 경제의 성공 요인은 이 나라 특유의 문화에 있었다. 아르헨티나와 달리 땅이 비옥하지 못한 칠레는 소규모 영농에 의존했고 전통적으로 해외수출의 비중이 높았다.

아옌데Allende[44]는 이런 칠레의 경제를 망가뜨릴 뻔했다. 피노체트도 밀턴 프리드먼의 자문을 받기 전까진 국가사회주의를 시도했지만 결국 시장경제 정책으로 선회했다. 피노체트는 시장경제를 '다시 일으킨' 것이지 처음 시작한 건 아니었다. 무엇보다 피노체트는 구리 수출로 얻은 수입의 일정량을 국방비로 썼다. 국방 예산은 국회의 승인을 거치지 않았고 민주화로 선회한 이후에도 이 정책은 여전히 계속되었다.

독재자 피노체트가 선거에 진 뒤 곱게 물러난 것을 그의 '선행'으로 보아야 할까? 아예 선거를 하지 않거나 선거에서 지고도 물러나지 않은 것보단 그래도 다행이라 하겠다. 피노체트는 당연히 자신이 선

---

42) 인텔리겐차의 줄임말.
43) 프랑스 파리 시내의 거리 이름. 사르트르, 보부아르 등의 문학가나 철학가들이 모여 토론을 즐기던 카페 되 마고, 플로르 등이 있는 곳으로, 근대 실존주의 운동의 중심지였다.
44) 칠레의 정치가. 1970년에 대통령에 취임하여 사회주의 개혁 정책을 펼쳤으나 피노체트의 쿠데타에 저항하다 살해당했다.

거에 승리할 거라 믿었을 것이다. 거의 똑같은 시나리오에 의해 세르비아의 최고 권좌에서 물러났던 밀로셰비치처럼 승리를 확신했던 것이다. 그래서 피노체트에 얽힌 스토리는 복잡할 수밖에 없다. 그의 정치를 '파시즘'으로만 몰아붙일 수도 없다. 그의 스토리에는 라틴 아메리카에서는 드물게 민주주의와 사기업의 전통을 가진 나라 칠레라는 복잡한 배경이 얽혀 있다.

권좌에서 물러난 독재자 시리즈 가운데는 제법 좋은 소식도 있다. 에티오피아 법원이 자기 손으로 직접 네구스[45]를 죽이고 국민들을 학살했던 소비에트의 고객 멩기스투Mengistu에게 유죄를 선고한 것이다. 멩기스투는 자신의 절대권력을 위해 국민들을 굶주림에 시달리게 했다는 점에서 스탈린과 마오의 훌륭한 제자라 할 수 있다. 1980년대 U2라는 록그룹은 멩기스투가 아니라 기아에 허덕이는 에티오피아 국민들을 돕기 위해 콘서트를 했었다. 하지만 멩기스투는 지금 짐바브웨에서 편안히 살고 있다. 짐바브웨는 그를 본국으로 돌려보낼 생각이 전혀 없는 것 같다. 누가 그의 죄를 물을 것인가?

---

45) 에티오피아 국왕의 존칭.

싱가포르에서 온 편지, 불안한 말레이계

적도의 날씨 속 야자나무 아래 크리스마스 트리와 장식들이 반짝인다. 기독교인이 거의 없는 이 나라에서 이런 풍경은 조금 당황스럽기까지 하다. 싱가포르가 나를 환영하고 있는 걸까. 길 위의 크리스마스 용품을 파는 가게들과 '쇼핑몰'들은 대목을 맞아 사람들로 넘쳐난다.

싱가포르의 독재자가 소비사회를 조장해 국민들의 정신을 마비시킨 것일까? 사람들은 소비를 할 땐 심각한 생각을 하지 않으니까……

싱가포르에선 모든 것이 허용된다. 한 가지, 통치자 가족에 반항하는 행위만 제외하면. 그 가족이 바로 고문장관(이것의 그의 직책이다) 리콴유와 현 싱가포르 총리인 그의 아들이다.

싱가포르의 경제적 성공(바다 건너 중국의 기업가 정신과 홍콩의 영국법이 조화를 이뤄 만들어낸)은 독재에의 항거를 불러일으키지 않았다. 이 지혜로운 독재자의 나라에서 사람들이 걱정하는 것은 통치자 가족이 사라진 뒤에도 그들 국가가 살아남을 수 있을까 하는 것이다. 또 하나 걱정스러운 것은 이 도시가 이슬람에 포위되어 가고 있다는 것이다. 실제 싱가포르 주변 국가들만 보아도 그렇다. 말레이시아에선 이슬람 원리주의가 점차 성장해 가는 모습이고, 인도네시아는 이슬람 근본주의자들의 테러로 흔들리고 있으며, 태국은 무슬림

의 게릴라전으로 사회 안전이 위협받고 있으며, 브루나이 또한 불안
한 상태다.

싱가포르 역시 인구의 15%가 '말레이계 무슬림' 들이다. 이들은 싱
가포르인들 중 가장 가난한 계층을 이루고 있으며 교육도 많이 받지
못했다. 또한 이들은 폭력과 이혼, 미혼 출산 등에 노출되어 있다. 경
찰은 이들이 위험에 빠지지 않도록 감시하고 있으며 정부는 무슬림
들을 적극으로 '통합' 하려 노력하고 있다. 싱가포르가 무슬림들을
통합하는 방법은 미국의 '적극적 조치affirmative action' 46)나 프랑스
의 '긍정적 차별positive discrimination' 47) 정책과는 차원이 다르다.

싱가포르의 공공주택지구(인구의 대부분이 공공주택에 살며 주택
의 소유권은 개인에게 있다)에서는 각 블록마다 전체 인구 비율에 따
라 민족할당제가 있다. 인구의 15%는 말레이계, 10%는 인도계 나머
지가 중국계다. 싱가포르에서는 민족끼리 게토나 집단 공동체를 형
성하는 것이 불가능하다. 따라서 각 지역의 학교도 '통합적' 으로 운
영된다.

통합정책의 또 다른 예를 들어 보겠다. 말레이계 사람들은 전통적
으로 초등학교부터 코란을 교육하는 '마드라사madrasa' 에 아이들을
입학시킨다. 이 학교들은 '탈레반(학생)' 들에게 경전을 비판 없이 해
석하는 딱딱한 방식으로 엄격한 이슬람 교리를 가르칠 것이다.

이에 싱가포르 정부는 경전 되의 다른 과목을 가르치지 않거나 학
생들의 수준이 싱가포르 중등의무교육 과정에 입학할 정도에 이르지

---

46) 인종, 피부색, 성별 등에서 소수인 사람들에게 고용이나 교육의 영역에서 균
   등한 기회를 제공하기 위한 미국의 정책.
47) 빈곤계층이나 이민자 등 사회적으로 기회가 적다고 평가되는 집단들에게 국
   가가 우선적으로 더 많은 지원을 하는 정책. 사회적 평등을 위한 일종의 고
   의적 역차별 정책이라 할 수 있다.

못하는 '마드라사' 들에겐 2008년부터 정부보조금을 주지 않겠다고
발표했다. 아직 완전한 이슬람교도가 되지 않은 아이들을 위해선 다
행스런 조치가 아닐 수 없다. 이제 아이들은 복잡한 사회와 선진 경제
체제에 한결 쉽게 동화할 수 있을 것이다.

　그러면 이런 싱가포르의 계획경제 체제를 어떻게 평가해야 할까?
싱가포르는 하나의 국가라기보다 '가족기업' 에 가깝고 독재자들도
현명할 수 있다는 걸 보여주는 드문 예에 속한다. 싱가포르의 사례는
분명 인정받을 만한 면도 있지만 그렇다고 다른 나라들이 따라할 모
델은 아니다.

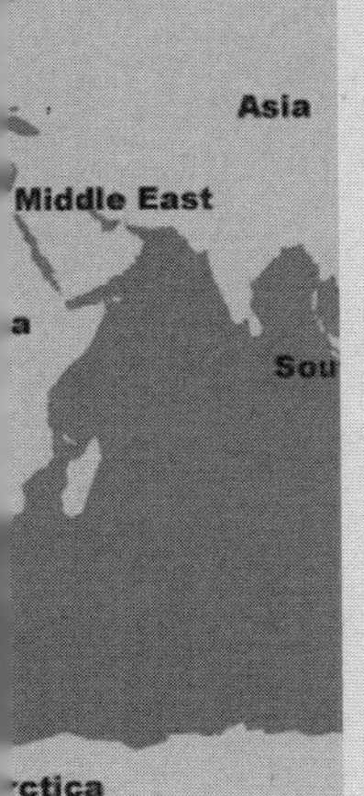

2007

Guy Sorman

변화하는 인도

평화롭고 이국적이던 수도 뉴델리가 바쁘고 에너지 넘치는 국제적 기업도시로 탈바꿈하는 데 앞으로 사오 년이면 충분할 것 같다. 세계화나 빠른 경제성장은 추상적인 관념이나 수치 또는 논문의 주제로만 존재하는 것이 아니다. 이것은 눈으로 직접 확인할 수 있는 구체적인 현실이다.

중앙정부의 힘이 약하다 못해 거의 없다고 할 수 있는 연방국가 인도는 사회기반시설에서 심한 부조화를 이룬다. 이와 정반대의 경우가 중국이라 할 수 있는데, 여기선 사회투자가 공공시설에만 집중되어 투자가 국민들에겐 아무 혜택도 주지 못한다. 하지만 경제가 성장하면서 이곳 뉴델리에도 공항과 도로, 배수관들이 빠르게 보급되고 있다. 식당과 레저 공간은 퓨전스타일로 넘쳐나고 발리우드풍의 디스코 음악이 전통음악의 자리를 빼앗고 있다. 세련되진 않았지만 화려한 젊은이들은 람보르기니를 타고 거리를 질주한다. 영원히 변할 것 같지 않던 요가와 명상의 나라 인도가 이제 과거와 작별을 고하고 있는 것이다!

휘황찬란한 뉴델리 옆에는 오랫동안 변함없이 근근이 이름만 유지하고 있는 도시 '올드델리'가 있다. 옛날 몽골의 지배를 받던 시절 무슬림 지역이던 이곳 올드델리는 시대가 비켜간 듯 퇴락한 모습이다.

인구 1억이 넘는 인도의 무슬림들은 인도의 극빈층을 형성하며 대부분 변변치 못한 직업을 전전한다. 절대 수치로만 보면 전보다 더 가난해지진 않았지만 다른 인도인들과 비교해선 전혀 발전이 없다. 부의 상대적 격차는 그들에게 실망과 좌절감을 안겨주었다. 무슬림들이 이를 차별의 탓이라 말하는 것은 너무나 당연하다.

천 년, 아니 그 훨씬 전부터 인도에 살아왔고 같은 인도 사람인 그들이 단지 무슬림이라는 이유로 차별을 받고 있을까? 사실을 말하자면 이슬람이란 사실은 가난의 원인이 아니다. 1948에서 1949년 사이 무슬림 엘리트들과 지식인 그리고 상인들이 대거 파키스탄으로 이동했다. 그리고 인도에는 대부분 농민이나 가난한 수공업자 무슬림들만 남게 되었다. 무슬림들은 자기 아이들을 대부분 코란과 아랍 전통문화만 가르치는 올드델리의 코란학교에 보낸다. 이런 교육은 아이들이 오늘날의 경제에 적응하는 데 좋지 않은 영향을 주었다. 하지만 올드델리의 무슬림들은 점점 자신들을 피해자로 인식하면서 마땅한 보상을 요구하고 있다. 사실 전세계 무슬림을 통틀어 이들만큼 정치적·경제적으로 권리들을 모두 누리는 이들은 얼마 되지 않는다. 파키스탄을 비롯한 다른 곳의 무슬림들에겐 꿈도 꿀 수 없는 일이다. 하지만 아이러니하게도 올드델리의 무슬림들은 이런 현실을 인정하려 하지 않는다. 그리고 자신들을 반反이슬람 제국주의의 희생자로 인식시키려 한다.

이것은 최근 인도에서 새롭게 나타난 현상이다. 전통적으로 인도의 무슬림들은 아무 갈등 없이 자신들을 '인도인이자 무슬림'으로 생각해왔다. 하지만 이제는 스스로를 비무슬림들이 강요하는 질서의 피해자들이라 생각한다. 인도에서조차, 민주주의 안에서조차, 무슬림들은 이슬람주의자들의 유혹에 흔들리고 있다. 물론 이슬람주의가 반드시 폭력적인 것만은 아니다. 이들이 필요로 하는 것은 폭력이 아니라 단지 정체성을 인정받고 싶은 것뿐이다. 하지만 최근 힌두교도들과 자주 충돌하는 모습은 심히 걱정스러울 수밖에 없다. 인도의 세계화가 때로는 실망스러웠을지라도 국민들에게 많은 기회를 가져다 준 것만은 사실이다. 이는 가히 혁명적이라 할 수 있었다. 하지만 이 혁명이 어떻게 끝나게 될지는 아무도 예측할 수 없다.

　　＊ 노트 : 전례 없는 한파가 인도에 들이닥쳤다. 서방세계에서 벌어지는 지구온난화나 에너지 소비 억제 같은 주제는 아직 이곳에서 큰 인기를 끌지 못하는 모양이다!

청년 차별 정책

"나도 스무 살이던 때가 있었다. 하지만 스무 살이 인생에서 가장 아름다운 때라 말하는 사람이 있다면 한 방 먹여주고 싶다."

폴 니장Paul Nizan은 1930년, 『아덴 아라비Aden Arabie』라는 책에서 청년기의 아픔을 이렇게 표현했다. 프랑스 '윤리-정치학 아카데미'의 보고서를 보면 프랑스는 우리의 젊은이들의 미래를 제대로 준비하지 못하고 있다. 니장은 마치 예견이라도 한 듯 오늘날 프랑스 스무 살들이 겪고 있는 슬픔을 잘 표현했다. 이 슬픔은 니장 개인의 것이었지만 이제는 집단의 슬픔이 되었다. 이 슬픔에서 예외가 있다면 타고난 재능이나 집안이 좋아 '그랑제콜'48)이라는 피난처에 입성한 삼천여 명의 청년들 정도일 것이다. 이들 삼천여 명 청년들에겐 물질적 안정과 명예라는 인생의 보증수표가 주어진다.

그 곁엔 비슷한 숫자의 역시 운 좋은 두 번째 그룹이 있는데, '프티 그랑제콜petites grandes ecoles'이라 부르는 사립학교를 졸업하고 훗날 재계에 뛰어들 사람들이다. 하지만 이곳도 입학이 바늘구멍처럼 힘들긴 마찬가지다.

---

48) 프랑스 고유 학제로 대학의 일종이지만 졸업 후 석사 학위가 나오는 등 특혜가 주어진다. 소수의 엘리트만 그랑제콜에 입학할 수 있다.
49) 프랑스의 대학 입학 자격시험.

이들을 제외한 대부분의 청년들은 바칼로레아[49] 시험도 치르지 못하거나 대학 1기 과정[50]만 마치고 학업을 포기해 버린다.

대학? 앞의 보고서의 표현에 따르자면 대학은 사실 경제활동과는 전혀 동떨어진 '거대한 탁아소' 나 '쉬어가는 역' 일 뿐이다. 학생들은 발전을 거부하는 대학이란 집단수용소(선별기능도, 실질적인 훈련과정도 없는)에 갇혀 돈벌이는 커녕 문화적 창의성과도 거리가 먼 공부를 한다. 대학의 이데올로기적 기능만이 이 시스템의 존재를 설명해줄 뿐이다. 교육과는 상관없는, 아니 그런 건 필요도 없는 곳에서의 '격리 조치' 는 계속된다.

보고서는 유독 프랑스에서만 어마어마한 사회보조금들이 청년들의 자립이 아니라 그의 가족들을 돕기 위해 투입되고 있다고 비판한다. 실제로 이 제도는 청년들을 오랫동안 미성년에 머물게 만들며 부모의 그늘을 벗어나지 못하도록 잡아둔다. 이렇게 국가가 강요한 '가족 연대감' 은 일자리를 찾을 나이가 되도록 청년들을 여전히 책임감 없는 인간으로 만들어 놓는다.

이런 노동시장 구조는 '요새要塞' 에 무사히 안착한 30에서 50세의 '인사이더' 들에겐 확실한 일자리를 보장해 주는 대신 노동시장의 활력을 잃게 만든다. 반면에 저주받은 젊은 '아웃사이더' 들은 실업과 임시직 사이를 오가며 살아야 한다. 세계 어디를 막론하고 경제학자들이 입을 모아 하는 말이 있다. 노동시장이 유연하지 못할수록 일자리 창출은 어려워지고 경제성장은 더뎌진다는 것이다. 왜냐하면 '창조적 파괴' [51] 없이는 성장 또한 있을 수 없기 때문이다. 우리는 이것을 '유연성' 이라 부른다.

프랑스는 세상 어디에도 없는 퇴직연금 제도를 가지고 있다. 젊은

---

50) 우리나라의 대학 1, 2학년 과정에 해당.

이들은 적은 보수를 받으면서도 자신들에겐 결코 혜택이 돌아가지 않을 퇴직연금을 꼬박꼬박 내야 한다. 프랑스 정부가 거둬들인 세금을 연구나 재투자 대신 빚을 갚는 데 쓰는 식으로 잘못된 정책을 계속하고 있기 때문이다. 그래서 이제는 우리 아이들에게 낙후된 경제와 공공서비스밖엔 물려줄 것이 없게 되었다.

융통성 없고 냉혹해 보이는 이 학술보고서를 보고 정치적 의도가 깔려 있다고 의심하진 말자. 이 아카데미는 정치단체가 아니며, 정치적 야망을 가지기엔 회원들의 나이가 너무 많다. 이 보고서를 읽으며 나는 '프랑스라는 퍼즐'의 조각들을 논리적으로 하나하나 끼워 맞추고 있는 느낌이 들었다. 사회보장이라는 이름의 프랑스식 모델은 결국 '차별'의 다른 이름에 불과했던 것이다. 이 아카데미의 보고서는 우리에게 풀기 힘든 숙제 하나를 던지고 있다. 그것은 왜 이런 '차별'이 생겼으며, 어떻게 이 차별에서 벗어날 수 있는가 하는 것이다. 하지만 보고서 안에는 답이 나와 있지 않다. 그래서 내 스스로 두 가지 가설을 제시해 보려 한다. 그것은 '이데올로기'와 '정치'라는 두 가지 키워드를 통한 가설이다.

아무도 원하지 않았지만 차별은 일단 프랑스 국가주의의 산물로 보인다. 교과서와 규칙 그리고 사회보조금에 대한 집착이 현대 세계와는 동떨어진 경직된 사회를 낳았다. 현대 세계는 우리에게 자발적 시민사회와 최소국가, 최대시장을 요구한다. 그런데 관료들은 현대화

---

51) 경제학자 조셉 슘페터가 기술의 발달에 경제가 얼마나 잘 적응해 나가는지를 설명하기 위해 제시했던 개념. 1912년에 발표한 경제발전론에서 슘페터는 이윤이 기업가의 혁신에서 발생되는 것이라고 하였다. 즉, 이윤은 혁신적인 기업가의 '창조적 파괴행위'로 인한 생산요소의 새로운 결합에서 파생되며, 이윤이란 바로 창조적 파괴행위를 성공적으로 이끈 기업가의 정당한 노력의 대가라는 것이다.

를 두려워하고 거부한다. 왜냐하면 현대화가 철학과 자유경제를 단절시켜 버리며 자유주의적 세계화에 참여하지 않으면 안 된다고 강요하기 때문이다. 좌파와 우파를 막론하고 자유주의에 대한 반대를 외치는 관료들은 자유주의를 앵글로색슨적이고 악마적인 것으로 여기며 내심 자기들의 특권을 빼앗길까 걱정한다.

이런 면에서 프랑스의 '차별정책'은 대중귀족과 그 추종자들이 벌이는 자유주의적인 '제3신분le tiers etat' 52)에 대한 저항이다. 때로 청년들의 반항이 체제를 뒤흔들기도 하지만 이런 반항이 혁명으로까지 나아가진 못한다. 그래서 젊은이들의 마음속엔 점차 '체념'이 자리를 잡는다. 역설적이게도 지난 사반세기 동안 선거를 통해 차별은 더욱 공고해지고 있다.

우파, 좌파 할 것 없이 지금껏 '차별정책'에 동조하고 공모하면서도 여기엔 늘 '개혁'이라는 명분을 내걸었다. ENA53) 출신이든 아니든, 그 어떤 국가의 수장도 '자유화된' 앵글로색슨이나 그 종파인 스칸디나비아 모델을 따르려 하지 않는다. 남을 따라하는 것은 '프랑스적' 지성에 흠집을 내는 일이라고 생각하는 모양이다. 하지만 이런 식으로 '프랑스적'이 되느니, 차라리 아무것도 하지 않는 게 낫다. 주 35시간 근무, 청년 고용정책54), 산업정책, GMO(유전자변형식품) 거부, 노동자 해고 금지 등등의 정책은 '민족적'이란 것 외엔 우리에게 아무런 전망도 주지 못한다.

---

52) 프랑스 대혁명 이전 귀족 성직자와 함께 삼부회를 구성했던 부르주아 시민
  계급을 일컫는 말.
53) 프랑스 국립행정학교. 역대 프랑스의 대통령과 정치인, 관료들이 대부분 이
  학교 출신들이다.
54) 26세 미만의 청년들에게 안정적인 일자리를 제공하고 직업적 경험을 쌓을
  수 있게 도와주는 프랑스의 실업정책.

이런 무지한(장-밥티스트 세이에서 자크 뤼에프까지 위대한 자유
주의자들이 모두 프랑스인인데도) '애국주의' 너머엔 그들만의 정치
적 계산이 숨어 있다. '현상유지'의 수혜자들인 30~50대 직장인이 다
수인 상황에서 '차별정책'의 수혜자인 이들 '인사이더'들의 표 없이
는 권력을 잡을 수 없다는 걸 정치가들은 잘 알고 있는 것이다. 실제
고통을 받고 있는 '아웃사이더'들은 소수파인데다 뿔뿔이 흩어져 연
대감도 없으며 정작 지금의 차별이 어디에서 오는지도 잘 모른다. 선
거는 이런 차별을 이슈화하지 못하고, 정치적 논의들은 난처한 장애
물을 피해 가며, 우릴 구원해줄 영웅이나 기다리면서 현실을 얼버무
리는 것이다.

그럼 프랑스에게 남은 건 몰락의 길밖에 없는가? 그럴지도 모른다.
폭동이라도 일어난단 말인가? 그럴 수도 있지만 불확실하다. 별로 환
영받지 못하겠지만 가장 좋은 방법은, 프랑스 사회가 낡은 제도에서
벗어나 시대에 적응하는 것이다. 공공시스템 대신에 '프티 그랑제
콜'들의 설립을 유도하는 것도 한 방법이다. 일인기업들을 육성하는
것도 하나의 방법이다. 기업가들의 외국 이주도 한 방법이 될 수 있으
며, 대기업들의 세계 진출 역시 차별정책 모델을 벗어나는 생존전략
이 될 것이다. 그밖의 많은 방법들이 투표함에서 구원자가 기어나올
것을 기대하지 않는 우리 젊은이들에게 사회적 신분상승의 길을 열
어줄 수 있을 것이다.

터키는 유럽이 될 것인가?

이스탄불과 앙카라의 식견 있는 터키인들 중 자기 나라가 10년 안에 유럽연합에 가입할 수 있으리라 확신하는 사람은 거의 없다. 하지만 유럽 국가들의 (특히 프랑스의) 망설임에도 그들은 의연하다. 아직 희망이 있고 협상이 계속되고 있기 때문이다. 이 협상은 터키의 자유주의자들이나 무슬림들 또는 비종교인들이 민주화와 세계화를 추진하는 데 큰 힘을 준다. 민주화와 세계화를 향한 질주는 터키의 권위주의 세력들, 나아가 군사독재에 대한 향수를 간직한 세력에 제동을 걸어준다.

터키의 자유를 위협하는 것은 무슬림 정당이 아니다. 터키는 4년 전부터 무슬림 정당이 정권을 잡고 있다. 하지만 그들은 세계를 불안에 빠뜨리거나 비종교인들을 핍박하지 않는다. 레쳅 타입 에르도간 Recep Tayip Erdogan 수상 자신도 자기 내각이 이슬람주의 내각이 아니라 ‘민주-무슬림’ 내각이라 말한다. 이런 혁신적인 모델은 무슬림 세계에선 처음인 것 같다.

터키를 불안하게 만드는 것은 ‘녹색 위협’ 보다는 ‘갈색 위협’ 이다. 지하 파시스트 조직들이 쿠르드나 아르메니아계 ‘분리주의자’ 들에 대한 증오를 부추기고 있는 것이다. 쿠르드족 문제는 PKK(쿠르드노동당)의 수장인 압둘라 오잘란Abdullah Ocalan이 체포되고 터키 내

천이백만에서 천오백만에 이르는 쿠르드인들의 문화적 권리가 인정됨으로써 해결되는 듯 보였다. 하지만 이라크 북부에 쿠르디스탄 자치령이 생겨나면서 쿠르드 문제는 새로운 양상을 띠게 된다. 석유자원이 풍부하고 미국의 보호를 받고 있는 이곳이 쿠르드인들의 마음을 흔들어놓은 것이다. 쿠르디스탄의 수도 에르빌에선 그들 역사상 처음으로 쿠르드어(영어와 함께)로 수업을 받을 수 있는 학교와 대학들이 생겨났다. 반면 터키 내에는 쿠르드어를 사용할 수 있는 학교가 아직 없다. 그러면 과연 쿠르드는 터키에서 분리될까? 쉽지는 않을 것 같다. 쿠르드인들은 이스탄불과 이라크 국경 지역에 오랫동안 뿔뿔이 흩어져 살아왔기 때문이다.

오랫동안 터키의 통합을 위협해온 또 하나의 큰 문제는 아르메니아였다. 최근 프랑스 의회가 터키의 아르메니아인 민족 말살 행위에 대해 공식 인정하고 이를 부인하는 것을 범죄행위로 규정하는 법안을 채택했다. 이를 두고 터키의 민족주의자들은 반터키주의자들의 음모라며 반발하고 있다.

이스탄불의 자유주의 역사학자인 무라트 벨게Murat Belge는 이를 '불순한 법'이라고 표현한다. 벨게는 이스탄불의 빌기Bilgi 대학에서 터키인과 아르메니아인 간의 대화를 중재했던 최초의 인물이다. 그의 주장은 무엇일까? 그는 프랑스가 법률상의 '민족 말살'이라는 표현을 씀으로써 겨우 윤곽이 잡혀가던 역사 연구를 망쳐버렸다고 말한다. 사람들이 지역에 있던 문건들을 공개하길 꺼리게 되었다는 것이다. 벨게는 1915년 오스만 정부가 '이슬람 터키'의 미래를 연다는 명분으로 아르메니아인들의 강제수용을 명령했던 일은 의심할 수 없는 사실이라고 말한다. 민족 말살은 아니지만(아르메니아란 인종을 몰살하려던 것이 아니었기에) '민족 정화' 정도로 불릴 수 있다는 것이다. 무라트 벨게는 이번 프랑스 법령으로 인해 터키 내부에서 일고

있던 자기반성의 노력이나 역사 재인식의 움직임마저 얼어붙고 있다
고 말한다.

　터키의 이스탄불에서 활동하는 아르메니아인 기자 에티엔 마추피
얀을 만나 보았다. 마추피얀은 흐란트 딩크의 뒤를 이어 이스탄불 내
의 아르메니아 신문 《아르고Argo》의 편집장을 맡고 있다. 전임 편집
장 딩크는 지난 1월 19일, 터키 민족주의와 이슬람주의를 내세우는
과격파 파시스트에게 피살당했다. 딩크가 그랬던 것처럼 마추피얀도
프랑스 법령에 반대하는 입장이다. 《아르고》 신문측은 분명 민족 말
살이 있었다고 본다. 《아르고》의 기자들 또한 공식적으론 금지되었
지만 누구나 쓰는 이 단어를 제약 없이 사용한다. 하지만 터키인들이
시인하지 않는 가운데 '민족 말살' 을 말하는 것은 아무 의미가 없다.
터키 내 아르메니아인 지식인들은 두 민족이 역사에 대한 인식을 공
유하기 위해서 더 중요한 것은 법안이 아닌 토론과 터키의 민주화라
고 말한다. 터키인이자 아르메니아인이며 유럽인이며 민주주의를 존
중했던 흐란트 딩크를 추모하며 나는 그의 선택이 옳았음을 확신한
다. 그가 우리 프랑스인들보다는 이 문제에 대해 더 많이 생각하지 않
았겠는가?

유로화

유로화를 반대하는 정치인들의 공격이 거세다. 나는 이쯤에서 유로화를 만든 근본 취지가 무엇이었는지 다시 한 번 떠올려 보려 한다.

1. 유럽의 지속적이고 확고한 평화를 위해 장 모네는 유럽 공동시장이라는 멋진 아이디어를 생각해냈다. 하지만 공통의 화폐 없이는 공동시장도 불가능하다! 따라서 유로화는 유럽의 평화라는 대의 아래, '구체적 연대'를 형성하는 과정에서 나온 결과물(부분적이지만)인 것이다.

2. 유럽의 정신과 사회적 가치를 땅에 떨어뜨렸던 인플레이션이 다시 발생하는 것을(그럴 가능성은 별로 없지만) 막기 위해 각 정부들은 화폐 주조권을 유로화로 넘기게 되었다. 그런데 몇몇 정치인들 사이엔 자기 나라의 본래 화폐와 인플레이션에 대한 향수가 아직도 남아 있다.

3. 지속적인 경제성장은 투자에 기초한다. 예측 가능한 화폐는 투기보다는 투자가 더 많은 이익을 가져다줄 수 있도록 해준다. 화폐 안정과 성장이 반비례한다는 바보 같은 주장은 경제에 대한 무지에서 나오는 것이다.

4. 프랑스나 그보단 덜하지만 독일에서 우려하는 것처럼 유로화로

인해 수출이 타격을 받는 일은 없을 것이다. 유로화가 달러 대비 강세라서 걱정이라면 우리는 달러로 거래되는 석유를 낮은 가격으로 살 수 있다.

유로화를 반대하는 이면에는 공공지출 비용의 축소를 회피하려는 속셈이 들어 있다.

무슨 선거 연설이냐고? 하지만 프랑스 사람들은 채택된 사안이라도 전체투표를 거치지 않은 중요 정책에 대해선 좀처럼 납득하지 못하는 경향이 있다.

1995년과 1997년 사이 알랭 쥐페Alain Juppe 당시 총리가 입안했던 개혁들이 실패한 가장 큰 이유도 자크 시라크의 정책 강령을 제대로 반영하지 못했기 때문이다. 정책 실행자들도 공무원들도 모두 공화당이었지만 국민 전체의 동의를 거친 정책 강령 외에는 실행을 거부했던 것이다.

카스트로의 종이인형 차베스

우고 차베스Hugo Chavez[55]는 전성기의 카스트로처럼 혁명을 외국에 전파하고 싶어 하는 걸까? 이날 저녁 언론들은 차베스에게 박수를 보내기 위해 부에노스아이레스 도심의 운동장에 모인 군중들이 얼마의 돈을 받고 동원됐을까에 대해 다루었다. 마침 그날은 조지 부시 미국 대통령이 리오 강 반대편 나라 우루과이의 몬테비데오를 방문한 날이기도 했다. 이들 중 약 5천 명 정도는 돈을 받고 나온 박수부대임이 틀림없다. 한 사람당 아마 40달러 정도는 받았을 것이다. 차베스의 공식적인 친구 키르치네르Kirchner[56]의 통치 아래 인구의 절반 이상이 가난에 시달리고 있는 아르헨티나 국민들에겐 상당한 액수다. 오일 달러가 맺어준 우정이지만 어쨌든 둘이 친구인 것만은 틀림없는 것 같다. 사실 차베스의 베네수엘라는 미국 시장에서 많은 달러를 벌어들이고 있으며 그 돈의 일부로 아르헨티나 국채를 사들이고 있다. 하지만 한심한 아르헨티나 정부는 이미 외채의 4분의 3정도에 대한 지불을 면제해 주었음에도 재정적자를 만회할 능력도 외채를 상환할 능력도 잃어버렸다.

우정을 앞세운 불한당들의 협약에서 차베스는 '양키'에 대한 증오

---

55) 베네수엘라 대통령.
56) 아르헨티나 대통령.

를 이용하며 언제나 '승리자'를 자처하고 있다. 그의 '안전한 도박'
이 위험하지 않은 이유는 미국이 그의 도발에 반응하지 않기 때문이
다. 그리고 라틴아메리카 사람들은 돈이 있으면 미국에 저축하고, 능
력이 되면 미국에 부동산을 사고, 자녀들을 미국에서 공부시키며, 자
기 나라의 커피와 석유와 콩(심지어는 북미에서 최고 인기 있는 코카
인까지)을 미국을 포함한 북미지역에 판매하기 때문이다.

　따라서 차베스는 세계화나 자유주의의 모델이 되지 못한다. 카스
트로와 달리 그의 뒤엔 소련이란 배경도 없다. 그는 혁명을 이룬 게
아니라 국민들을 상대로 사기를 쳤을 뿐이다. 그의 영향력이 안데스
지역인 볼리비아, 에콰도르, 페루에까지 미치고 있는 것은 사실이다.
이들 지역 사람들이 메스티소인 차베스를 지지하는 것은 그가 백인
들을 조롱하는 듯한 언행을 자주 하기 때문이다. 이들 나라에서 벌어
지는 정치논쟁을 두고 좌파냐 우파냐, 자유주의냐 사회주의냐를 따
지는 것은 어리석다. 이들 나라엔 모든 걸 가진 인종과 아무것도 가
지 못한 두 개의 인종이 있을 뿐이다.

　볼리비아가 행한 석유와 가스의 국우화는 마치 인디오들에 대한 보
상처럼 비쳐졌다. 하지만 불행하게도 인디오들은 여기서 아무 이익
도 건지지 못했다. 볼리비아 정부가 몰수한 기업을 경영할 능력이 전
혀 없으며 인디오들의 삶이 전혀 개선될 기미가 없다는 사실을 확인
했을 뿐이다. 차베스가 아메리카 대륙의 안전에 위협적인 존재라 여
겨지면 미국은 다른 곳(예를 들면 아프리카)에서 석유를 사올 것이
다. 아마 곧 그렇게 될 것이다. 동기는 다르지만 카스트로처럼 차베
스에게도 남은 시간은 많지 않은 것 같다.

다르푸르, '갱' 들의 전쟁

동족간의 대학살극이 벌어지고, 학살을 피해 보려는 여자와 아이들의 기나긴 탈출행렬이 이어지고 있는 다르푸르. 이곳엔 은막의 스타들과 학자들의 방문이 이어지며 카메라 앞에서 사진 찍기 경쟁이 한창이다. 이곳에서 벌어진 학살을 우리는 결코 외면해선 안 된다. 하지만 요란한 제스처들과 선의를 넘어, 수단에선 실제 무슨 일이 일어났는지부터 알아야 한다.

UN의 프랑스의 외교 대표로 평화유지 담당 업무를 수행하고 있는 장 마리 구에노의 말을 빌자면, 수단 인구를 구성하는 여러 부족들이 석유자원을 서로 차지하려 싸운 것이 이 사태의 주된 요인이다. 이는 이라크의 상황과도 크게 다르지 않다. 스스로 아랍 종족이라 일컫는 (실제로 그들은 혼혈이다) 부족들의 지지를 등에 업은 카르툼 Khartoum[57] 정부는 다른 아프리카 종족들(이들도 역시 모두 무슬림들이다)을 배제한 채 아랍 종족들에게만 자원을 배분해 주었다. 다른 아프리카 종족들은 이들로 인해 자기들 몫을 빼앗기고 만 것이다. 이렇게 '배분' 에서 밀려난 부족들과 카르툼 정권에 반대하는 세력들이 힘을 모아 중앙 정권과 자원을 되찾으려 싸움을 벌이고 있는 것이다.

---

57) 수단의 수도.

10년 전만 해도 유목민의 터전이었던 카르툼은 석유 덕분에 이제 두바이와도 같은 위용을 갖추게 되었다. 그런데 사람들이 믿는 것과는 달리 오마르 알-바시르 수단 대통령에게 반기를 든 세력들도 만만치 않은 이슬람주의자들이다. 어쩌면 현 정권보다 더 극렬한 이슬람 신봉자들일 수도 있다. 카르툼에 살고 있으며 빈 라덴의 멘토로 알려진 하산 엘-투라비가 다르푸르의 몇몇 아프리카 부족들을 지원하고 있다는 사실만 봐도 잘 알 수 있다.

따라서 다르푸르 사태에서 지역간의 화해는 해법이 될 수 없다. 학살자들과 희생자들만 존재할 뿐 이곳엔 조지 클루니나 미아 패로우 그리고 베르나르 앙리 레비가 바라는 나쁜 부족과 좋은 부족, 진보적 무슬림들과 과격파 무슬림의 구분 같은 건 존재하지 않는다.

이라크 주둔 미군의 철수를 요구하는 미국인들조차 미국이 수단 사태에 개입할 것을 촉구하고 있다. 조지 부시가 무엇을 하든 그들에겐 항상 옳지 못하게 비쳤었다. 부시가 수단에 간다 해도, 가지 않는다 해도 결과는 마찬가지일 것이다. 게다가 인도주의적 개입이나 아프리카 연합군이 감시하는 안전지대 설정 등의 결정이 내려진다 해도 늘 그랬듯 어마어마한 난민들이 몰려들어 난민촌은 통제 불능의 상태에 빠지게 될 것이다.

중국은 어떤가? UN의 수단 개입을 방해하는 중국에 대해 세계는 일제히 비난을 퍼붓고 있다. 석유공급자인 수단과 '특권적인' 관계를 유지하고 있는 중국은 다른 나라들이 이 사태에 개입하는 걸 원치 않는다. 게다가 티베트와 동투르크스탄을 탄압하고 있는 중국의 입장에서 불리한 선례를 만들고 싶지 않을 것이다. 하지만 중국의 이런 거부가 다른 UN 상임이사국들과 가입국들을 속셈을 만족시켜 주고 있는 건 아닐까? 만약 개입을 해야 한다면 어떤 식으로 개입해야 할까? 다르푸르 사태의 유일한 해결 방법은 수단 정부가 민주정부로 거

듭나 수단의 모든 부족들에게 자원을 골고루 배분해 주는 것밖에 없
다. 하지만 이는 UN의 임무도 아니며 미국이나 유럽의 임무는 더더
욱 아니다. 그렇다면 무슬림 공동체가 이를 책임질 수 있을까? 이스
라엘을 반대하는 일에는 늘 합의에 이르지만 이들이 자신들끼리의
내전을 스스로 해결한 적은 한 번도 없었다.

두 얼굴의 사르코지

니콜라 사르코지가 대통령이 된 후 프랑스에서는 뭔가 새롭고 의미 있는 변화가 일어나고 있는가, 아니면 노쇠하고 피곤에 지친 나라의 뻔한 역사가 되풀이되고 있는 것인가? 두 가지 해석이 모두 가능하다. 어쩌면 옛 정치인들의 구태를 답습하고 있는지도 모르고 어쩌면 문화적 쇄신을 꾀하고 있는 건지도 모르겠다. 지금으로선 답습인지 변화인지 가늠하기 이르다. 두 가지 가능성 모두에 대해 분석해 보는 것으로 만족하기로 하자.

먼저 구태 정치의 모습이다. 니콜라 사르코지는 신세대 정치인으로 보기도 어렵고 기존의 엘리트 선발 시스템을 벗어난 참신한 정치인도 아니다. 54세로 전임자 시라크보다 훨씬 젊지만 그건 물리적인 나이일 뿐이다. 그의 정치 경력은 벌써 30년이나 되었으며 오트-드-센 지역의 뇌이으Neuilly 시장을 거쳐 재무장관, 내무장관까지 지방자치단체장에서 중앙행정부서에 이르는 모든 정통 코스를 밟았다.

사르코지의 정치경력엔 큰 굴곡이 없었다. 20대 때 드골주의자로 정치 인생을 시작해 에두아르 발라뒤르와 자크 시라크가 이끌던 당의 그늘 아래서 평탄하게 입지를 다져왔다. 그의 멘토들과 마찬가지로 사르코지도 밑바닥부터 올라온 인물은 아니다. 넉넉한 집안 출신으로 뚜렷한 활동은 없었지만 변호사를 지냈으니 영국의 대처나 미

국의 레이건과는 경우가 다르다. 또한 그는 정통 드골주의자다운 국
가관을 지닌 인물이다. 국가 경제의 효율성을 신뢰하며 질서를 옹호
하고 무질서를 혐오한다.

그는 이민자의 아들이다. 이 점이 새롭다면 새롭지만 그의 아버지
고향은 아프리카가 아니고 헝가리다. 사르코지의 할머니가 유대인이
라곤 하지만 그는 드골이나 시라크처럼 가톨릭 신자임을 자처하고
있다. 때문에 그가 권력을 잡는다고 해서 프랑스가 국제화되고 앞서
가는 새 나라로 거듭날 거라고 보긴 힘들다. 그는 틈나는 대로 자신이
68운동 세대와 당시의 무정부 상태를 얼마나 혐오했는지를 밝히곤
했다.

이런 일련의 행보로 볼 때 사르코지는 독창적 인물이라기보단 직업
정치인에 가깝다. 오랫동안 그의 모델이 되었던 자크 시라크처럼 사
르코지도 과단성이 있는 인물이다. 그에게 있어 정치는 승리를 쟁취
하는 것이다. 그의 성공은 아마 이런 과단성과 정치적 센스 덕분이었
을 것이다. 그는 프랑스에서 정치적으로 승리하기 위해선 세력이 필
요하다는 걸 알고 있다. 1981년 프랑수아 미테랑이 모든 좌파 세력들
을 규합해 승리할 수 있었던 것처럼 2007년의 사르코지도 모든 우파
세력들을 규합하면서 승리할 수 있었다. 이에 비해 좌파들은 뿔뿔이
흩어지는 바람에 정권 탈환에 결국 실패했다.

우파들을 규합하고, 국가주의적 연설로 극우파들을 자극하고, 자유
주의적 제안으로 중도우파들을 끌어들이는 등의 방법을 사르코지는
동원할 줄 안다.

그러면 사르코지는 단지 '젊은 시라크'에 불과할까? 그의 초기 행
보만 보면 시라크의 연장선상에 있는 듯 보인다. 경제 부문에서 조세
정책을 손보겠다고 선언했지만 이를 경제성장으로 연결시킬 대안은
보여주지 못하고 있다. 외교 분야에서는 전임자가 포기했던 유럽의

정치통합 프로젝트를 선보였지만 다른 유럽 정부들의 반응은 시큰둥하다. 전통적 드골주의자인 사르코지는 대통령에게로 권력이 집중되는 것을 선호한다. 그는 프랑스의 수동적인 국회와 우유부단한 내각을 적절히 이용해 혼자서 빠르게 모든 걸 결정해 나가고 있다. 사르코지에게선 일면 나폴레옹 보나파르트의 모습도 엿보인다. 최선의 선택에서도(시민법 제정) 그렇고, 최악의 선택에서도(대외 팽창) 그렇다. 나폴레옹이 바티칸과의 협의 아래 유대교 집회를 승인해주었던 것처럼 사르코지도 내무부장관 시절 '프랑스 이슬람 대표회의'를 전격 승인해 주었다.

이런 참신하지 못한 이미지와 달리 그에겐 프랑스를 급격히 변화하도록 만들 것이라 믿게 하는 다른 구석이 있다. 국가를 신봉하면서도 사르코지는 지나치게 많은 공구원이 국가를 병들게 한다며 인원을 줄이는 일에 착수했다. 인구의 20%가 공공기관에서 일하고 있는 프랑스로선 가히 혁명적인 일이다. 경제 분야에서 사르코지는 국가의 간섭주의를 선호하면서도 자유주의 경제에 맞는 시도들을 계속하고 있다. 그는 프랑스가 경제성장을 통해 거듭나기 위해선 국민들이 더 많이 일하고 더 많이 벌어야 한다고 말한다. 또 그는 대처나 레이건처럼 국립교육기관에 만연해 있는 관료주의를 비판하며 대학에 많은 자치권을 주려 하고 있다.

또 한 가지 그의 새로운 점은 유럽의 정치적 단결을 주장하면서도 미국에 적대적이지 않다는 것이다. 이라크전에 대해 그는 아주 '부드럽게' 반대하면서도 대통령 선거운동 기간 중엔 보란 듯이 조지 부시 미국 대통령을 찾아갔다. 그의 이스라엘 지지 역시 전통적으로 무조건 아랍 쪽으로만 기울던 프랑스 외교정책에서 볼 땐 매우 놀라운 일이다. 사르코지는 또한 드골주의자이면서도 외무장관에 베르나르 쿠치네Bernard Kouchner를 임명하는 등 파격적인 인사를 단행했다. 쿠치네는 평생 인권을 위해 싸우며 드골주의적인 '레알 폴리티크Real politik'[58]를 반대해 왔지만 이슬람의 민주화를 위해서라는 단서와 함께 미국의 이라크 개입을 지지했었다.

이상으로 우리는 사르코지라는 단순하지 않은 인물의 양면성에 대해 살펴보았다. 과연 그는 기회주의자일까 아니면 복합적 인물일까?

그의 이러한 양면성은 어쩌면 애국주의에서 세계주의로, 국가주의에서 자유주의로 변화하는 과정에 있는 프랑스의 복합성을 표현하고 있는 건지도 모르겠다. 프랑스에서 정말 변화하고 있는 것은 정치가 아닌 사회 쪽이다. 오늘날 프랑스인이라고 말하는 것은 30년 전 프랑스인들의 정체성과 판연히 다르다. 프랑스 경제는 이제 한계점에 다다른 듯하지만 프랑스의 대기업들은 여전히 세계시장에서 큰 부분을 차지하고 있다. 프랑스의 대학들은 여전히 구시대적이지만 국가의 도움 없이도 공교육의 부족함을 채워줄 사립 '프티 그랑제콜' 들이 전국 곳곳에 생겨나고 있다. 또 이민자들을 완전히 포용하는 데까진 미치지 못해도 그들은 국가의 지원이나 보조금 또는 불법노동 없이도 문화적, 경제적인 삶을 누리며 살아가고 있다.

정치적 이상만 바라보다간 국가보다 빨리 변하는 사회를 못 볼 수도 있다. 적어도 사르코지는 변화에 뒤처지진 않으려 애쓰고 있는 것 같다.

---

58) 현실 정치에 해당하는 독일어로 이데올로기보다는 현실적인 상황을 고려하는 정치 혹은 외교를 의미함.

유로화는 장애물이 아니다

2006년 한 해, 유로화를 사용하지 않는 나라에서 프랑스의 수출이 10% 감소했다. 이것을 유로화의 강세 때문이라고만 말할 수 있을까? 그러면 유로화의 강세에도 불구하고 같은 기간 독일의 수출이 10% 증가했으며 이탈리아와 스페인의 수출이 안정세를 유지한 것을 어떻게 설명할까?

앞으로 유로화가 약세로 돌아서면 프랑스가 이득을 볼 것이라 생각하는 사람은 아무도 없다. 반면 달러로 지불해야 하는 석유의 수입 가격은 분명히 오를 것이다. 또 통화팽창으로 금리가 뛰고 그 때문에 투자비용은 높아질 것이다. 에어버스사의 독일인 신임 사장 토마스 엔더스Thomas Enders도 취임하자마자 이 점을 환기시켰다. 그래서 그는 에어버스의 미래가 유로화의 시세에 좌우되지는 않을 것이라 확신한다.

상품이나 여러 서비스들의 교환에 있어서도 환율은 결정적인 요소가 아니다. 물건의 질이나 시장 내 서비스의 질이 차이를 만들기 때문이다. 같은 유로화를 쓰는데도 프랑스 제품들은 중국이나 인도에서 독일이나 이탈리아의 제품들에 비해 뒤처지고 있다. 사치품들을 제외한 프랑스의 수출 기업들은 활기를 잃었으며 세계시장의 추세도 따르지 못할 뿐더러 그 수도 너무 적다. 프랑스의 수출 부진은 국내의 어려움을 그대로 반영하고 있다고 볼 수 있다. 알려진 대로 어려움의 원인은 프랑스 국내에서 기업하기가 너무 어렵다는 점이다. 이는 니콜라 사르코지가 선거운동 기간 내내 역설해온 점이기도 하다.

푸틴 1세

1991년 이전의 소련을 기억하는 사람들이 요즘의 모스크바에 가 보면 마치 축제에 온 듯한 분위기를 느낄 것이다. 이전의 모스크바는 침울했으며 인민들의 생활은 비참했다. 루블화의 가치는 거의 바닥이었고 돈이 있어도 물건을 구할 수 없었다. 모스크바 도시 안에는 식당이라야 겨우 두세 개밖에 없었는데, 식당에 들어가도 고를 메뉴가 없었다. 상인들이래야 태엽 감는 시계를 수리하는 이들뿐이었다. 그 당시 러시아의 소비수준은 형편없었으며 기술 혁신의 의지를 잃은 채 퇴락해 가는 모습이었다. 소비에트의 한 연방이던 러시아에서 만들어낼 수 있는 거라곤 무기 말곤 아무것도 없었다.

그런데 불과 15년 만에 모든 게 바뀌었다. 15년은 한 나라의 수명을 놓고 볼 때 너무나 짧은 기간이다. 호텔과 술집들은 밤낮으로 붐비고, 거리는 풍요를 만끽하려는 젊은이들과 졸부들의 고급 승용차들로 넘쳐난다. 예전엔 고리키 거리라 불렸던 티베르 대로나 푸시킨 광장에는 프랑스와 이탈리아의 명품 광고들이 즐비하게 붙어 있다. 예전엔 고급 당원들의 검은 리무진박에 없었던 거리는 넘쳐나는 자동차들로 꽉 막힐 지경이다.

석유와 천연가스로 벌어들인 돈은 위에서 아래로 막힘없이 흘러들어가고 있다. 이 피라미드식 구조의 맨 꼭대기에 있는 정부 당국자들과 관료, 수출 중개인들은 막대한 돈을 쓸어 담고 있으며 그 돈은 전부 해외 도피자금이나 과시성 소비에 쓰이고 있다. 피라미드의 맨 꼭대기에서 흘러내린 돈들은 대부분의 러시아인들에게까지 미치고 있다. 모스크바 시민들은 각자의 서열에 따라 많든 적든 이 돈의 혜택을 보고 있다. 2006년 러시아의 평균임금은 20% 상승했다. 하지만 모두가 일을 해서 번 돈이 아니라 피라미드 내의 서열과 금리 덕으로 굴러들어온 돈들이다.

푸틴이 인기를 누리는 것은 그가 부의 재분배를 조종하고 있기 때문이다. 이런 상황에서 그에게 반대하는 것은 쉽지 않다. 비판을 용납 않는 공포정치 탓도 있지만 한편으론 국민들의 삶이 개선된 탓도 있다. 아직도 자유주의자들은 살아 있지만 그들은 자신들의 과거를 정당화하거나 증언하는 데나 필요할 뿐이다.

"1991년 이후부터 푸틴이 권좌에 오르기 전까진 정직한 기업들이 러시아를 떠받치고 있었습니다." 1992년 보리스 옐친 내각의 수상이던 에고르 가이다르의 말이다. 당시 그는 '충격 요법'을 써서 러시아 경제의 사유화를 이끌었다. 러시아인들은 그 때문에 1990년대 러시아의 혼란기가 시작되었다며 가이다르를 증오한다. 하지만 이는 오해일 뿐이다. 가이다르는 말하자면 경제라는 죽어가는 환자 앞에 불려온 의사였을 뿐이다. 따라서 자유주의라는 시술은 하나의 치료 방법이었을 뿐 그 때문에 병이 키워진 건 아니었다.

보리스 옐친은 1차산업과 유가의 등락에만 절대적으로 의존하던 러시아 경제를 넘겨받았다. 가이다르도 소련 시절부터 경제가 늘 유가의 등락만 의존했었다고 회상한다. 마르크스적 수사에 길들여진 국민들은 이런 사실을 제대로 깨닫지 못했으며 소비에트 연구자들마저 경제 현실로부터 눈을 돌리도록 만들었다.

구 소련 시절에도 석유를 수출해 번 돈으로 곡물을 수입했지만 국민들은 한 번도 배불리 먹어본 적이 없었다고 가이다르는 말한다. 1920년대 스탈린 때문에 농업이 붕괴된 이후부터 소련은 곡물을 수입해 왔었다.

1980년대 에너지 가격이 한없이 곤두박질쳤다. 고르바초프는 생필품을 조달하기 위해 빚을 질 수밖에 없었다. 그리고 옐친이 자리를 이어받았을 때 러시아는 더 이상 빚을 감당할 수 없을 지경이었다. 1920년대처럼 러시아는 기아의 위험에 처해 있었다. 경제는 작동을 멈추고 석유 생산은 급감했다. 하지만 가이다르가 주도하고 옐친이 지원한 기업 사유화 정책 덕분에 다시 생산성을 회복할 수 있었다. '독과점 지배자' 라 불리던 이들은 싼 값에 국영기업을 사들여 엄청난 부를 축적하기도 했지만 어쨌든 기업들을 다시 살려내는 데 성공했다. 이렇게 어렵게 발걸음을 뗀 자유화는 당시 유행하던 '호모 소비에티쿠스Homo sovieticus(공동체적 인간)' 라는 명제가 얼마나 잘못된 것인지 보여주었다.

하지만 옛 소비에트 정권의 경제력은 한 세대만에 무너질 정도로 허약하진 않았다. 자유시장은 다시 복구되고 러시아인들은 하루가 다르게 의욕을 찾았다. 푸틴은 이렇게 해서 생긴 이윤을 자기 국민들에게 나누어주었다.

"푸틴은 경제를 전혀 모릅니다. 명령을 내려 이런 저런 분야에 자본을 적당히 배분하면 저절로 발전이 이루어진다 생각하죠. 그는 경제발전이 제도에서 나온다는 걸 이해 못합니다. 오랫동안 러시아는 법치국가와 거리가 멀었습니다. 그리고 기업인들은 언제든 감옥에 갈 각오를 해야 했죠. 그래서 러시아에서 개혁을 기대하기는 힘듭니다." 에브게니 야신의 말이다. 지금은 자리에서 물러났지만 1990년대 러시아의 경제장관 시절 그는 러시아를 '하이퍼인플레이션' 에서 구해냈었다. 넘쳐나는 석유와 천연가스 같은 '저주의 자원' 들이 지도자들로 하여금 어떤 경제적 판단도 할 수 없게 만든다고 그는 말한다. 석유가 현대화의 의지를 몽땅 빼앗아갔고 관료들을 다시 소비에트에서처럼 수동적 인간으로 만들었다는 것이다.

블라디미르 밀로프는 그 다음 세대인 푸틴의 젊은 기술관료 중 하나였다. 하지만 만연한 부정부패에 실망했고 유가의 흐름에 따라 모든 게 달라지는 체제에 환멸을 느꼈다.

"마르크시즘은 오늘날 러시아의 발전을 이해하는 데 매우 쓸모 있습니다." 밀로프의 설명이다. 경제적 기초에 따라 이데올로기적 상부구조가 결정된다는 것이다. 밀로프는 "1999년 푸틴이 집권했을 때만 해도 에너지 자원 가격이 너무나 낮았고 국고는 바닥이었다"고 회상한다. 그때만 해도 푸틴은 경제를 민간에 맡겼다. 하지만 에너지 가격이 서서히 오르고 안정세를 유지하자 푸틴은 다시 산업을 국유화했고 관료주의와 KGB의 권력을 부활시켰다. 밀로프에 따르면 대외정책에 있어 유가와 러시아의 공격성의 관계만큼 분명한 상관관계를 보이는 것도 없다고 한다.

교조주의가 가미된 러시아풍의 새로운 이데올로기 또한 석유의 배럴당 가격과 밀접한 관련이 있다. 러시아는 지금 석유에 취해 있다는 것이 밀로프의 결론이다. 하지만 유가가 언제까지나 고가를 유지하리라는 보장은 없기에 이런 체제 또한 언제까지나 지속될 수는 없다. 그리고 유가가 바닥을 치는 시기가 왔을 때 이를 감당할 만한 능력이 푸틴에겐 없어 보인다.

모스크바 현대미술관 앞마당에 있는 제르진스키Dzerjinski의 동상은 쓰러져 녹이 슨 채 잡풀에 덮여 있다. KGB를 설립한 제르진스키의 동상은 1991년 군중들에 의해 쓰러졌다. 지금 이 미술관에서는 누벨 아방가르드의 대표 작가인 올레그 쿨리크Oleg Koulik의 회고전이 열리고 있다. 쿨리크는 나체에 목걸이만 한 채 모스크바 거리 한복판에서 개처럼 짖기도 하고 지나가는 행인들에게 돌진해서 핥거나 물어뜯는 행위예술로 유명하다. 그가 내게 귀띔한다. "오늘날 러시아의 예술은 모든 게 가능합니다. 푸틴과 정교회를 비난하는 것만 빼면 말입니다."

중국의 명예

중국 공산당은 위생적인 올림픽을 치르기 위해 1년 동안의 대청소 작업에 들어갔다. 이에 따라 VIT, 즉 Very Important Trouble-maker라는 새로운 시민계급이 생겨났다. 말하자면 VIP에 완전 반대되는 개념이다. 이들 중에는 유명한 후지아가 포함되어 있다.

필자가 후지아를 만난 것은 그의 서른네 번째 생일날이었다. 우리의 만남은 원래 하루 전이었는데, 만나기로 한 날 공안경찰들이 들이닥쳐 외출을 못 하도록 그를 감금했다고 한다. 후지아에게는 이미 익숙한 일이다. 2006년과 2007년 그는 거의 300일 동안 가택연금으로 갇혀 지낸 적도 있다. 정체 모를 사람들로부터 가택연금을 통보받았으며 재판은 물론 어떤 설명도 없이 갇혀 있었다고 한다. 후지아가 대체 무슨 잘못을 했던 것일까? 그는 허난 지방 관리당국자들이 그 지방 에이즈 환자들의 치료에 힘쓰지 않고 방치하자 환자들에게 약품을 제공할 것을 당국에 계속 요구했다. 매혈을 한 뒤 감염된 환자들인데 그 매혈 회사는 당 지도층 인사가 소유한 것이었다. 후지아는 이를 묵과할 수 없었다고 한다.

또 다른 VIT 중 한 명이 첸광쳉이라는 사람이다. 첸광쳉은 지금 감옥에 있는데, 2년 격리형을 언도받았다. 베이징의 교통질서를 어지럽혔다는 죄목이지만 사실은 시각장애인인 첸이 산둥 지방 17,000명의 여성들에게 행해진 강제 피임이나 낙태 그리고 유괴에 대해 관할 관청에 탄원서를 올린 것이 원인이었다. 전에 필자가 이 사건에 대해 장관에게 직접 물었을 때 그는 가족계획부의 담당자들이 한 자녀 정책에 대한 강압이 금지되어 있다는 걸 이해하지 못해 벌어진 일이라며 앞으론 설득을 통해서만 일을 추진하겠다고 했다. 그리고 담당자들을 처벌하고 재교육시키겠다고 내게 약속했었다. 하지만 실상 감옥에 간 사람은 첸이었다.

이렇게 명령이 지배하는 베이징에서 올림픽 준비는 이제 본격적으로 시작될 것이다.

2007년 8월 16일

성장을 거부하는 프랑스

프랑스의 경제는 어려움에 처해 있다. 이러한 어려움의 원인들에 대해 나는 경제학의 몇 개 키워드를 사용해 분석해 보려 한다. 특히 프레스콧Prescot, 폴 로머Paul Romer, 로버트 루카스Robert Lucas의 경제 이론을 차용해 보겠다.

1) 리더 국가(미국과 같은)가 이루어내는 기술 혁신 덕분에 세계 경제는 연간 보통 2% 정도씩 성장한다. 한 해 2% 정도 성장하는 국가는 세계의 성장에 아무 기여도 못 하는 셈이며 경제성장이 2%에도 못 미치는 국가는 결국 경기가 후퇴한 것으로 보아야 한다. 지금의 프랑스가 그렇다.

2) 기술 혁신은 경제성장을 견인한다. 하지만 프랑스엔 대학들 간의 경쟁도 없을 뿐더러 연구기관들도 무사안일에 빠져 기술 혁신 같은 건 꿈도 꾸지 못하고 있다.

3) 경제는 '창조적 파괴'의 원칙이 얼마나 잘 적용되느냐에 따라 그만큼 빨리 발전한다. '창조적 파괴'가 잘 이루어지는 곳에서는 낡은 사업보다 새로운 사업이 은행이나 국가 혹은 세무관청들에게 환영을 받는다. 하지만 프랑스에서는 사양사업들을 경쟁으로부터 보호해주고 구제해주기 때문에 결국 낡은 사업을 대신할 새 사업의 출현을 막고 있는 셈이다.

4) 현대 경제 사회에선 노동 효율성이 거의 비슷해졌다. 따라서 일의 양에 따라 성장률이 결정된다. 하지만 프랑스 노동활동 인구의 노동량은 미국인보다 30% 정도나 적다.

5) 전체 세금 부담은 노동의 양을 결정하기도 한다. 미국인은 프랑스인보다 평균 30% 정도 일을 더 하며 따라서 미국인의 수입은 프랑스보다 30% 이상 많다. 미국인이 100을 번다고 했을 때 세금을 제하면 60이 남지만 프랑스인들은 세금을 제하면 40이 남는다. 이런 차이가 프랑스인들을 자발적 또는 강제적으로 노동을 덜 하도록 만든다.

6) 잘 돌아가는 경제체제에서는 시장이 언제나 최우선의 자리를 차지한다. 국가는 시장이 스스로 해법을 찾지 못하거나 국가 개입이 꼭 필요하다고 판단될 때만 개입해야 한다. 하지만 프랑스에서는 반대의 논리가 적용된다. 프랑스 정부는 금융시장이 스스로 위험요소를 제거하도록 내버려 두는 게 나은지 아니면 국가가 개입하는 게 나은지 판단해보지도 않고 무조건 서둘러 개입한다.

7) 단기간 통화나 재정정책 또는 정부의 공표효과 등은 경제에 아무 효과도 주지 못한다. 오직 새롭고 확고한 원칙(대학 간의 경쟁, 해고의 자유, 세금 상한선 같은)만이 중장기적으로 성장리듬을 가져다 줄 수 있다. 또 이런 새 원칙들이 실행된다 하더라도 결과는 3~5년 후에야 나타날 것이다.

결론을 말하면 지금으로선 프랑스에서 경제성장을 위한 종합적 선택은 없었다고 볼 수 있다. 하물며 이런 선택이 프랑스에 도입된 적도 없었다.

정의로운 브라질

세계에서 가장 가난한 계층과 가장 부유한 계층의 격차는 점점 커지고 있다. 나라간 또는 국민들간의 격차를 비교해 보아도 마찬가지다. 소득분배 불균형을 표시하는 '지니 계수'는 상위 10%의 수입 대비 하위 10%의 수입을 비교한다. 하지만 빈부격차가 심해진다고 해서 가난한 사람이 더 가난해진다는 말은 아니다. 세계가 성장 국면에 접어들면 절대빈곤층은 줄어들고 빈곤층의 삶도 개선되기 마련이다. 다만 그 성장의 여파가 극빈층들보다 부유층에게 훨씬 빨리 찾아올 뿐이다.

이러한 '속도의 차이'는 교육을 많이 받을수록 소득 증가 속도가 빨라지는 '성장 프리미엄'으로 설명할 수 있다. 그래서 경제학자들은 빈부의 차이를 극복하기 위한 방법으로 소득의 재분배보다는 국민들에게 고르게 혜택이 돌아가게 하는 학교제도를 선호한다. 소득재분배는 고소득자들을 세금이 더 적은 나라로 이동하게 만드는 효과밖에 없으며 이렇게 되면 성장은 더뎌질 수밖에 없다. 그러므로 소득재분배는 소득불균형의 근본적인 해결 방법이 될 수 없다.

빈부 격차가 점차 벌어진다는 보편적 원칙에 예외인 두 나라가 있는데 바로 타일랜드와 브라질이다. 타일랜드에 대해서는 필자가 별로 아는 바가 없으므로 비교적 잘 아는 브라질의 예를 들겠다.

내가 만나서 이야기를 나누었던 두 명의 브라질 사람들을 소개하면 얘기하고자 하는 바를 요약할 수 있을 것이다. 두 사람 중 한 사람은 브라질의 전임 대통령이었던 페르난도 엔리케 카르도조이고 다른 한 사람은 호세 사르네이 정부에서 재정장관을 지낸 경제학자 마일손 노브레가Mailson Nobrega이다.

전통적으로 브라질의 소득불균형에는 문맹과 국가주의라는 두 가지 요인이 숨어 있었다. 21년 전 브라질이 민주주의로 복귀하기 전까지 전통 엘리트들은 소시민들의 이익에 별 관심이 없었다. 그러면 교회라도 못 가진 사람들의 이익을 대변했는가? 그렇지도 못했다. 교회들은 마르크시즘을 숭배하는 대학들과 손잡고 혁명을 꿈꾸기에 바빴다. 그러던 중 1995년 카르도조가 대통령으로 당선됐다. 그는 미성년자들에게 일을 시키지 않고 학교 교육을 받게 한다는 조건으로 각 가정에 직접적인 지원을 약속했다. 이 가정장학금에 들어가는 비용은 국가재정의 0.5% 정도에 지나지 않았지만 소득불균형을 줄이는 효과는 당장 나타났다.

또한 카르도조는 국민들이 투기나 특혜를 이용해 부를 축적하기브다는 일을 통해 부를 쌓을 수 있도록 경제정책을 펴나갔다. 카르도조 집권 이전에는 하이퍼인플레이션(1993년만 해도 무려 2 500%의 인플레이션이 있었다)이 최하층 국민들을 짓누르고 있었다. 이런 상황을 이해한 국민들은 새로 선출된 정부에 무엇보다도 먼저 통화를 안정시켜 줄 것을 요구했다. 라틴아메리카 국가들을 파산으로 몰아갔던 것이 국가예산을 마구 뿌려 인기를 얻는, 이른바 포퓰리즘이었다. 아르헨티나, 베네수엘라와 같은 나라에선 아직까지 이런 행태가 계속되고 있지만 브라질에선 이제 종말을 고했다. 통화안정을 통해 정상적인 이자로 소비생활을 영위할 수 있는 새로운 중산층과 기업가들이 생겨난 것이다.

결국 브라질 경제는 부분적인 사유화가 진행되었고 세계시장을 향해 문호도 개방했다. 그와 함께 새로운 기업들이 생겨났고 시간이 흐르면서 앞의 정권이 만들어낸 경제적 전근대성도 탈피할 수 있었다.

이것이 지금 변화 발전하고 있으며 올바른 모범을 보이고 있는 브라질의 모습이다.

그러면 룰라 대통령은 어떨까? 그가 열성당원이란 것만 제외하면(그는 트로츠키파에 가까운 노동운동가 출신이다), 카르도조(그는 스스로를 사회민주주의자라고 했는데 브라질에서 스스로 '자유주의자' 라 칭하는 건 부담스러운 일이다)가 만든 제도를 근본적으로 바꾸지 않은 그를 브라질 사람들은 인정하는 분위기다.

결론적으로, 브라질의 경우에서 우리는 세 가지의 교훈을 얻을 수 있다.

* 좋은 경제정책은 정권이 바뀌어도 계속 유지된다는 사실이다. 브라질과 인도의 경우에서 그 예를 찾을 수 있다.

* 성장은 민주주의만 유지된다면 결국 균등하게 확산된다는 것이다. 브라질의 경우에서 그 예를 찾아볼 수 있고, 인도도 그런 편이라고 할 수 있다. 중국은 민주주의가 없는 성장이기 때문에 큰 불균형을 낳고 있으며 국민은 이에 대항할 권리조차 없다.

* 늘 그렇듯 불균형을 해소하기 위해선 재분배 정책보다는 바른 경제 모델을 채용하는 것이 효과적이다.

인도 VS 중국

중국을 방문한 사람은 누구나 한눈에 발전했다는 걸 알아볼 수 있지만 인도의 경우는 그렇지 못하다. 성장률에 있어선 비슷한 두 나라가 이런 차이를 보이는 이유는 과연 뭘까?

인도는 오랫동안 사회주의를 표방해 왔으며 오랫동안 정체돼 있었다. 1947년 독립한 후 1990년대까지 인도의 경제성장률은 연 3% 정도 수준이었다. 이는 인도의 인구증가율과 비슷한 수치로 일인당 국민소득이 하나도 변하지 않은 거나 마찬가지였다. 인도의 경제학자들이 이 3%를 '힌두' 성장률이라고 부르며 비난한 것도 이런 이유에서였다. 당시 인도의 지도자였던 네루와 그의 뒤를 이은 인디라 간디는 이 정도의 경제상황에 만족했다. 당시 인도의 경제체제는 국유화를 바탕으로 한 계획경제였다. 1960년대의 개발경제학자들 사이에는 이미 이런 분위기가 주류를 이루고 있었다. 정체상태에 있던 당시 인도에서 가장 특징적인 것은 허가제도였으며 당국의 허가 없이는 어떤 기업도 설립할 수 없었다.

당시의 한국이나 타이완에 대해 인도는 어떻게 생각하고 있었을까? 아마 인도에게 이 나라들은 미국에 종속된 작고 힘없는 나라들일 뿐이었을 것이다.

　그나마 인도가 최악의 상황을 피할 수 있었던 건 땅을 국유화하지 않은 덕분이었다. 그리고 자기 땅에서 열심히 일한 농부들 덕분에 기아는 면할 수 있었다. 더 다행스러운 것은 미국인 노먼 볼로프와 인도인 스와미나탄이란 두 농학자들 덕분에 1970년대 인도에 '녹색혁명'이 일어났다는 것이다. 녹색혁명 덕분에 인도의 농업 생산량은 10년 만에 두 배로 증가했다. 그리고 인도의 '정체'는 1991년을 끝으로 막을 내린다.

　중국의 발전이 인도를 깨운 것도 사실이지만 인도를 변화하게 만든 진짜 원인은 소련의 붕괴였다. 당시 소련은 인도와 겨우 물물교환 수준의 물자 교환을 하고 있었다. 하지만 소련이 붕괴된 뒤 러시아는 인도에게 도저히 감당할 수 없을 만큼의 달러를 수출대금으로 요구했다. 이에 따라 인도는 외국의 투자를 받아들이지 않을 수 없었고 외채를 상환하기 위해서라도 자국 기업들에게 수출을 허용해야 했다.

　기업 허가제도가 없어진 뒤 인도는 중소기업의 나라가 됐다. 자발적인 자본주의의 발달이라는 점에서 국가가 승자를 지정하는 중국의 모델과는 달랐다. 비로소 인도의 기업인들은 외국기업 인수와 수출을 통해 세계 정복에 나설 수 있었다.

　중국과의 경쟁으로 자극을 받긴 했지만 인도는 중국과는 다른 발전 형태를 취하고 있다. 중국의 발전이 즉각 눈에 나타나는 반면 인도의 발전은 눈에 잘 띄지도 않고 산업 인프라도 형편없다. 이런 눈에 보이는 효과로 인해 중국의 발전이 인도보다 훨씬 앞선다고 믿을 수 있다. 하지만 이는 그야말로 과시효과일 뿐이다. 중국에서는 중앙정부와 지방정부의 힘이 막강하고 시민사회란 게 거의 존재하지 않는다. 그래서 중국 정부는 보여주기 위한 기초 사회시설과 최첨단 도시에 투자를 집중한다. 반면 농촌의 비참한 현실은 가려져 눈에 잘 들어오지 않는다. 이와 달리 인도는 중앙권력이 약해 거대 프로젝트에 투자를 집중할 수 없다. 따라서 인도의 발전은 본질적으로 인도 전역에 흩어져 있는 작은 기업들의 힘에 의존하고 있다. 이것은 인도 사회의 민주주의적 특성을 그대로 반영한 것이다.

하지만 정보서비스 분야에서 인도가 성공한 것은 유럽이나 한국, 중국 등의 나라들과 달리 상품생산이 아닌 서비스 분야에 특혜를 준 특이한 전략 때문이 아닐까? 그러나 실제 정보서비스 분야는 섬유 수출보다도 적어 인도 전체 산업의 3%밖에 차지하지 않는다. 정보서비스 산업은 세계 경제지도에 인도를 부각시켜 주는 상징적 역할을 할 뿐이다. 더구나 이런 정보서비스로는 수백만의 무직 농촌 인력들을 흡수할 수도 없다. 그렇지만 앞으로 인도 기업들은 전자, 섬유, 자동차 제조 분야에서 국제적 능력을 보여주며 중국 기업들과 경쟁하게 될 것이다. 산업화에는 어쩔 수 없이 농촌인구를 도시로 흡수하는 것이 필요하며 이것이 바로 성장의 법칙이다.

민주주의는 인도의 산업화를 더디게 하고 있다. 환경, 경치, 부족들의 고유문화를 해친다는 이유로 많은 프로젝트들이 진행되지 못한 채 멈추어 있다. 중국 정부라면 당장 실천에 옮길 것도 인도에서는 끝없이 논쟁만 되풀이된다. 중국에서라면 수력발전 댐을 짓기 위해 마을 사람들을 불평 한마디 없이 이주시킬 수 있지만 인도에서 이런 일이 일어나면 사법부와 언론, 정당들이 벌떼처럼 들고 일어날 것이다. 결국 수력발전을 위한 댐은 몇 해가 지난 뒤에나 착공이 될 것이고 그 규모도 처음 계획보다 훨씬 축소되어 있을 것이다. 이러니 나라의 경제를 발전시키기 위해 반드시 필요한 외국 투자 자본들이 중국 쪽으로 몰릴 수밖에 없다. 투자자들에게 단기적으론 이런 선택이 옳을지 모르겠지만 장기적으로 보면 결코 현명한 전략이라 할 수 없다.

이런 인도의 '민주적 지체현상'은 사회기반시설의 마련과 산업화를 조금 어렵게 할지도 모르지만 지속적으로 경제발전을 이루어 나가는 데는 유리하게 작용한다. 1991년부터 인도에선 민족주의 우파에서부터 공산당을 포함한 좌파연합에 이르기까지 여러 당들이 번갈아 정권을 가져갔다. 하지만 아무리 여러 번 정권이 교체되어도 개방주의와 기업가 정신이란 기본 틀은 한 번도 수정된 적이 없다.

중국과 마찬가지로 인도도 경제발전과 함께 마을의 풍경이나 고유 관습들이 변화하고 있다. 세계는 이렇게 점점 비슷해져 가고 있다. 그렇다고 이를 마냥 아쉬워해야 할까? 인도인들이 간디, 네루와 함께 독립을 위해 싸웠던 것은 발전을 원해서였지 자신들의 고유한 문명을 지켜 가난한 삶을 이어가기 위해서가 아니었다. 스스로 여러 번 밝혔듯이 마하트마 간디는 경제발전에 대해 부정적인 시각을 가지고 있지 않았다. 다만 그는 부패를 걱정했으며 발전이 '가장 가난한 인도 사람들'에게도 유익하기를 바랐을 뿐이다.

그렇다면 민주주의와 시장경제는 간디주의자들의 바람을 충족시킬 만큼 만족스러웠을까? '녹색혁명' 덕분에 기아는 면했지만 인도엔 아직도 극빈 계층들이 많이 남아 있다.

인도에서는 이제 누구도 시장의 효율성이나 부의 재분배 문제로 불평하지 않는다. 하지만 최하층의 인도인들이 경제발전의 혜택을 누리기까지 앞으로 몇 년을 더 기다려야 할까? 이러한 질문을 끊임없이 제기할 수 있는 것도 민주주의 국가 인도가 중국과 다른 점이다.

2007년 10월 6일—타이베이에서

타이완의 자유

양식 있는 사람들이 미얀마의 비민주적인 행동들에 크게 분개하면서도 베이징 공산정권이 타이완에 가하는 위협에 대해서는 아무런 말도 하지 않는다. 타이완은 1949년 사실상 독립국이 된 후 자유와 번영을 구가해 왔다. 이런 사실이 중국의 심기를 불편하게 했는지, 베이징의 공산정부는 서방에 압력을 가하고 각종 협약을 체결하는 등 타이완의 입지를 흔들기 위해 국제사회에 끝없이 압력을 가하고 있다.

그런데 지금 타이완의 정치지도자들은 이곳 섬나라 국민들의 의견을 묻는 국민투표를 하나 기획하고 있다. '타이완이 UN에 가입되길 원하는지' 를 묻는 간단한 내용의 국민투표다. 대부분의 타이완 국민이 아마 이에 찬성할 것이다.

베이징의 분노는 자유로운 중국에 대한 '질투' 로 해석할 수 있다. 타이완이 본토의 중국인들에게 나쁜 영향을 미칠 거라 생각하는 것이다. 또 타이완에 대한 적대감을 이용해 중국 내부의 국민통합을 이끌어내려는 수법일 수도 있다.

서방측에서 어떤 행동을 하든 끄떡 않는 중국 공산당은 그렇다 치자! 하지만 정작 걱정스러운 것은 서방의 민주주의 국가들이 타이완에 대해 너무 무관심하다는 것이다. 타이완의 자유주의자들이 베이징의 독재자들만큼의 공감대도 얻지 못한다는 얘기일까? 혹 중국 국

민들은 자유를 누릴 자격도 없다고 생각하고 있는 건 아닐까? 미얀마
나 이라크, 파키스탄 사람들은 자유를 누릴 소명을 가지고 태어난 반
면 타이완 사람들은 결국 공산주의에 통합될 운명을 타고난 것일까?

폴란드 만세!

1984년 그단스크Gdansk[59]의 자유노조연대 활동가로 활동하던 청년 도날드 투스크Donald Tusk는 금서로 지정된 책 한 권을 발견했다. 『자유주의적 해결방법』이라는 제목의 이 책은 '사미즈다트 samizdat'[60]로 출간되었는데, 글씨체도 너무 작고 인쇄도 조잡해 알아보기 힘들었다. 당시 서구유럽을 지배하던 사회주의에 맞서야겠다는 사명감으로 프리드리히 하이에크나 밀턴 프리드먼, 베르트랑 드 주브넬 등 학자들의 이론과 경험을 전파하기 위해 내가 쓴 책이다. 나는 이 책이 폴란드와 러시아 그리고 헝가리에 있는 반공 저항세력의 애독서가 되리라곤 상상도 못했었다. 그것이 저자의 손을 벗어난 이 책의 운명이었던 모양이다.

그로부터 20년 뒤 나는 바르샤바에서 '시민 플랫폼'이라는 이름의 폴란드 자유주의 정당을 창당한 도날드 투스크를 만날 수 있었다. (얼마 후 그는 폴란드 총리가 된다.) 그를 만난 후 나는 『자유주의적 해결방법』이라는 책이 도날드 투스크에게 어떤 의미였는지 짐작할 수 있었다. 이 책에서 나는 공산주의의 명백한 오류를 비난했으며 '사회민주주의'가 아닌 다른 대안을 제시했었다. 나는 사회민주주의

---

59) 폴란드의 도시.

60) 소련 내에서 비밀리에 집필해 복사본으로 유포된 문학을 일컫는 말.

혹은 가짜 '제3의 길' 은 결국 공산주의만큼이나 부자연스런 원칙들에 근거한다는 점을 얘기했었다. 사실 사회민주주의는 '설탕 바른' 마르크시즘이며 결과적으로 마르크시즘과 다를 게 하나도 없다. 반면 자유주의는 어떤 이데올로기에도 속하지 않는 인간 본성의 표현이며 인간의 모든 가치와 문화, 사회적 상황들에 부합하는 것이다. 그래서 가톨릭 국가인 폴란드에서도 자유주의가 받아들여질 수 있었다.

바르샤바의 콜레지움 시비타스 대학에서 열린 공개토론회에서 이런 이야기를 하는 도날드 투스크를 보며 나는 그가 자유주의를 '폴란드화' 시켰다는 사실이 너무나 대견했다. 그때 그가 한 표현들을 여기서 내 나름대로 정리해 보겠다. 투르크는 자유주의 경제를 '정상적인 normal' 경제라고 했다. 시장이 인간의 본성을 거스르지 않고 행동하게 만든다는 점에서 '정상적' 이라는 것이다. 더불어 투스크는 보다 순수한 자유주의를 원하는 자신의 지지자들을 설득하기도 했다. 자유주의를 비타협적인 교리로 만들지 않겠다는 것이 그의 올바른 생각이다. 폴란드의 몇몇 극단적 자유주의자들은 마르크시즘과 완전히 반대되는 자유주의를 실현하려 했다. 하지만 투스크의 선택은 달랐다. 도날드 투스크는 100% 자유주의는 아니지만, 폴란드적인, 가톨릭적인, 그 시대에 맞는 자유주의를 택했다. 그는 '자유주의 혁명' 을 원하지 않는다. 폴란드 민중들이 혁명에 이미 너무나 지쳐버렸다는 걸 잘 알고 있기 때문이다. 하지만 아무리 길이 험난해도 정글 같은 정치판에서 자유주의는 그에게 언제나 나침반이 되어줄 것이다.

러시아를 경계하기 위해 또는 온건마르크시즘이나 극우민족주의 같은 잘못된 이념에 빠져들지 않기 위해 다른 서방세계들도 폴란드 같은 나라를 참조할 필요가 있다. 투스크는 지금 중도의 길을 가고 있다. 그리고 이것이 자유주의의 올바른 선택이다.

산티아고의 자유주의 좌파

1980년대 사람들이 당시 칠레의 대통령이던 아우구스토 피노체트의 독재에 반대하는 서명운동이나 벌이고 있을 동안 나는 매년 산티아고로 달려가곤 했다. 당시 산티아고에는 자유롭게 의사를 표현할 수 있는 곳이 딱 한 군데 있었는데 바로 가톨릭주교 대학이었다. 산티아고의 시앙스포(정치학교) 학장이던 오스카 고도이Oscar Godoy의 도움으로 나는 매년 학생들 앞에서 강연할 수 있었다. 이 강연에서 나는 자유주의자를 차처하는 사람이 정치 반대파를 숙청하는 행위는 모순임을 강조했었다. 그리고 프랑스인으로서의 면책특권을 이용하여 경찰에 억류되었던 자칭 좌파 학생들을 풀어주도록 도와주기도 했다. 칠레가 다시 민주주의로 복귀한 뒤에도 나는 습관처럼 매년 산티아고로 향한다. 많은 것이 변했지만 피노체트가 만들어낸 경제체제는 사회당 정권이 들어선 지금도 이어지고 있다.

칠레는 아메리카 대륙에서 경제, 사회의 '실험실'로 불리고 있으며, 대륙의 다른 나라들에게도 관심의 대상이 되고 있다.

칠레가 이런 위치를 차지한 것은 피노체트 장군이 대통령으로 있던 시기(1973~1989)부터 시작되었지만, 피노체트라는 인물보다는 그를 둘러싼 주변 인물들의 영향이 컸다. 본래부터 피노체트는 경제에 대해 무지한 사람이었다. 대통령이 되었을 때 그가 물려받은 것은 선임자이던 사회주의자 아옌데 대통령의 기업국유화 정책으로 엉망이 되어버린 나라경제와 걷잡을 수 없는 인플레이션이었다. 그는 칠레에서 가장 이름 있는 산티아고 가톨릭 대학의 경제학자들에게 자문을 구했다. 이 경제학자들은 시카고 대학 출신으로 모두 밀턴 프리드먼의 이론을 계승한 사람들이었다. 이렇게 해서 그들 경제학자들은 자기 조국의 역사에, 그리고 세계 경제 역사에 '시카고 보이스'라는 이름을 남기게 되었다. 백지나 칠판 위에 새로운 그림을 그리듯 이들은 자유주의 경제 원칙을 칠레에 도입했다. 기업들은 다시 민영화되었고, 독립적인 중앙은행 체제가 통화를 안정시켰으며, 시장 규제를 풀고 국경은 개방되었다. 다만 칠레 수출의 절반을 차지하던 구리 산업만은 이 '충격요법'에서 제외되었다. 군부가 구리 산업에서 나온 수입을 손에 쥐고 있기를 원했기 때문이다. 1990년 다시 민주주의 체제가 들어선 이후 지금까지도 구리 수출의 10%는 군부가 직접 가져가고 있으며 존재하지도 않는 '상상의 적'들과 싸울 무기를 사들이는데 쓰고 있다.

구리 산업을 제외한 모든 분야에서 전면적 자유주의 정책을 펴 경제도약을 이룬 칠레는 라틴아메리카에서 가장 빠른 성장을 이루었으며 가장 빨리 빈곤에서 벗어났다. 자유무역이 이토록 큰 효과를 가져다준 것이다. 자유무역 덕분에 칠레 사람들은 세계의 상품들을 싼 가격으로 살 수 있었으며 기업들은 포도주나 생선, 과일 등을 고부가가치 상품으로 만들어 수출할 수 있었다. 피노체트가 물러간 뒤 '시카고 보이스'들은 다시 가톨릭 대학으로 돌아가 학생들을 가르치고 있다. 이후 뒤를 이은 정권들(기독교민주당, 사회민주당) 중 아무도 이 자유주의 경제체제에는 손을 대지 않았다.

칠레의 꾸준한 경제성장은 이웃 나라들, 특히 페루와 브라질에도 많은 영향을 주었다. 이제 경제의 자유화는 각기 독창성을 지닌 라틴아메리카 국가들(베네수엘라와 볼리비아를 제외하고)의 일반적인 룰이 되어 버렸다. 시카고 보이스 중 한 사람이었던 롤프 뤼더스Rolf Luders는 당시의 경제적 성과가 결코 놀랄 만한 일이 아니었다고 평가한다. 피노체트와 자유주의의 예상치 못한 결합이 특이하다면 특이하다고나(혹은 판단착오적) 할까? 정작 칠레를 남미의 선도국가로 만들어준 것은 혁신적인 칠레의 사회 정책이었다.

칠레의 경제성장은 국민들의 삶의 질을 높여주고 빈곤층을 감소시켜 주었지만 불평등 문제를 해소시켜 주지는 못했다. 교육을 많이 받은 이들의 경제적 성공은 배우지 못한 사람들의 박탈감을 더 크게 만들 뿐이었다. 다른 라틴아메리카 국가들 못지않게 칠레에서도 사회 정의를 요구하는 목소리가 컸는데, 그 요구는 빈곤 해소보다는 부의 재분배에 집중되어 있다. 어떻게 하면 지나친 공공지출로 기업들의 성장을 저해하지 않고도 재분배를 이루어낼 수 있을까? 밀턴 프리드먼의 이론에 따른다면 정부의 지원보다는 개인의 요구에 따라 지급하는 '바우처voucher(국가의 사회복지 상품권)' 제도에 그 해답이 있었다.

학생들이 있는 가난한 가정(부정행위를 차단하기 위해 현실적이고 정확한 조사가 필요하다)들은 사립학교나 공립학교 중 선택할 수 있는 바우처를 지급받을 수 있다. 원칙적으론 공정하고 평등한 제도지만 불완전한 면(뤼더스 자신도 인정하듯이)도 있다. 바우처의 금액이 사립학교에 입학하기에 충분치 못하며 공립학교들이 성적 공개를 꺼리게 된다는 점이 그렇다. 그래서 학부모가 선택권을 가진다는 명분이 현실성을 잃는다.

하지만 공공임대주택에 있어서는 바우처 제도가 보다 효과를 볼 수 있다. 극빈층들이 국가의 보증으로 신용대출을 받아 민영주택을 임대받을 수 있는 제도다. 국가가 공공주택을 직접 건설하지 않아도 되고 배당도 할 필요가 없기 때문에 국민들의 소비지출에 부담을 주지도 않는다.

하지만 칠레에서 사회정의와 경제효율성이 결합된 가장 훌륭한 제도로 평가받는 것은 뭐니 뭐니 해도 퇴직연금제도다. 칠레 사람들은 최소액의 국민연금과 저축성 개인연금 중 하나를 의무적으로 가입해야 한다. 최소한 급여의 10%는 연금에 불입해야 하며 원하면 그 이상을 불입할 수도 있다. 저축성 개인연금은 경쟁을 거쳐 국가가 승인한 보험회사들이 관리한다. 이렇게 모인 자금은 원칙적으로 칠레 경제에 재투자된다. 이 연금 시스템의 논리는 학교 바우처 제도와도 비슷하다. 이를 학교나 주택, 연금에 대한 민영화라 볼 수는 없다. 왜냐하면 국가가 가장 가난한 계층 개인들에게 직접 사회구제를 행하기 때문이다. 하지만 교육, 건강, 주택, 연금의 관리는 민간 부문이 책임진다. 이렇게 사회주의적이지도 않고 자유주의적이지도 않은 칠레의 제도는 경제의 활력에 큰 타격을 주지 않고도 사회적 책임감과 효율성이라는 두 마리 토끼를 잡고 있다. 칠레의 현 좌파 정부는 '메이드 인 시카고' 제도들의 불완전함을 비난은 해도 그 자체를 부인하진 않는다. 이것이 바로 자유주의 이데올로기가 사회주의자들의 관리 아래 작동하고 있는 이상한 나라 칠레의 모습이다.

2008년, 중국과 미국의 대결

2008년은 '중국의 해'가 될 것이다. 올림픽이 시작되는 그 날까지 베이징 공산정부는 미디어를 통해 막강한 '선전 장치'를 가동할 것이다. 그들은 회유와 협박, 갖가지 편법을 적절히 동원하여 국내외에서 활동하는 정치적·인도주의적 반대세력들의 입을 봉할 것이다. 스포츠뿐 아니라 공보활동에 있어 역대 올림픽 대회 중 이번만큼 완벽하게 준비된 예는 없을 것이다. 중국은 이제까지 어느 나라도 획득하지 못했던 만큼의 메달을 따낼 준비가 되어 있다. 자국 내 비판 세력들이나 '국경없는기자회' 같은 비정부단체들 또는 이제 겨우 목소리를 내기 시작한 티베트인들은 이번 올림픽에서 모습을 볼 수 없을 것이다. 중국 공산당은 올림픽을 통해 자국을 초강대국 중에서도 맨 위 서열에 올리기 위해 안간힘을 쓸 것이다. 우리는 돈과 권력을 향한 열망으로 질주하고 있는 그들의 야심을 손을 놓고 바라볼 수밖에 없을 것이다.

스포츠 제전이 베이징 올림픽이라는 정치로 얼룩지고 있는 것에 화가 나는가? 하지만 올림픽 속엔 늘 정치가 숨어 있었다. 1896년 피에르 드 쿠베르탱의 주도하에 처음 열렸던 근대 아테네 올림픽도 당시 그리스 북부를 점령하고 있던 터키인들을 몰아내려는 의도가 깔려 있었다. 1936년 베를린 올림픽은 나치즘을 선전하기 위한 대회였고,

1988년 서울 올림픽은 군사독재가 끝났음을 알리려는 의도가 있었다. 서방세계가 1980년 모스크바 올림픽을 보이콧하자 러시아는 이에 맞서 1984년 로스앤젤레스 올림픽에 불참했다. 베이징 올림픽은 선수들만이 아니라 국기國旗와 국가國歌로 무장한 국가들 간의 각축장이 될 것이다. 올림픽은 집단과 애국심, 체제 이데올로기를 선전하는 장이 될 것이다.

이 올림픽이 성공적으로 끝나고 나면 중국이나 세계에 새로운 시대가 열릴까? 일단 올림픽으로 인해 중국인들의 운명이 바뀔지에 대해선 회의적이다. 지금 중국인의 70%는 극심한 가난 속에 살고 있으며 올림픽이 그 짐을 덜어주지는 못할 것이다. 민간조직이 진행한 애틀랜타와 로스앤젤레스 올림픽을 제외하고 역대 올림픽 개최국들은 대부분 대회가 끝난 뒤 엄청난 재정적자에 시달려야 했다. 중국 정부 또한 이런 필연의 법칙을 비켜가진 못할 것이다. 어마어마한 시설들을 짓고 대회를 진행하느라 얻은 부채를 탕감하기 위해서는 몇 년의 세월이 필요할 것이다. 이 때문에 가장 힘들어하게 될 사람은 누구일까? 바로 중국의 농민들일 것이다. 어쩌면 몇 년 동안 학교도 다니지 못하거나 수돗물과 무료진료소를 이용할 수 없게 될지도 모른다.

공산주의의 압제에 시달리는 농민들의 저항은 없을까? 하지만 중국인들이 공유하고 있는 감정이 있다. 대부분의 중국인들은 자기 나라에서 개최되는 올림픽에 자부심을 갖고 있으며 올림픽이 중국 문화를 세계적으로 알리는 계기가 될 거라 믿고 있다. 하지만 그 중에도 반대하는 사람이 있지 않을까? 아마 이들은 올림픽 기간 동안 시골로 쫓겨나 있어야 할 것이다. 2008년 8월 베이징에서는 두 계층이 특별대우를 받게 될 것이다. 세계 여러 나라에서 방문할 VIP들과 반대세력을 일컫는 VIT(Very Important Trouble-makers)들이다. 중국내 VIT들은 감시를 받거나 심한 경우 감금될 것이고 중국 밖에 있는 VIT들은 입국을 저지당할 것이다.

중국 공산정권이 올림픽을 통해 기대하는 것은 뻔하다. 중국을 서구사회에서 미국의 위치와 맞먹는 아시아의 종주국으로 세계 사람들에게 각인시키는 것이다. 경제적 후진성과 약한 군사력을 스스로도 잘 알고 있기에 중국 지도자들은 아직 세계를 제패하겠다는 야심은 품지 않고 있다. 오히려 이들은 당분간 미국과의 충돌을 어떻게든 피하려 할 것이다. 중국은 속으로 일본이나 인도, 한국을 제압하고 나아가선 자신들의 속국으로 만들려는 (정말이지 엄청난) 제국주의적 과대망상을 품고 있다.

중국 공산당의 또 다른 야심은 이데올로기적인 것이다. 베이징의 지도자들은 자신들이 '독재적 자본주의' 라는 매우 보편적인 정부형태를 창안해냈다고 믿고 있다. 새로운 철인독재哲人獨裁(중국 공산당의 지도자들은 모두 전문 지식을 갖춘 관료 출신들이다)가 자유민주주의의 대안이 될 것이라고 그들은 생각한다. 그래서 세계는 정통성과 효율성에서 비슷한 두 개의 체제 중 하나를 선택하게 되리라는 것이다. 이는 국가선전부에서 고용한 이데올로그들이 이미 밝히고 있는 바이다. 정말로 자유민주주의는 서양의 가치관에 맞고, 철인독재는 아시아적 가치관에 맞는다고 중국 지도자들은 생각하는 것 같다. 베이징측의 분석에 따르면 러시아는 서양과 동양의 두 가지 시도들 사이에서 중립을 유지할 것이다.

2008년의 요란한 쇠망치 소리와 함께 시작돼 8월이면 정점에 오를 중국의 이데올로기 투쟁은 확실히 아시아보다 서양 쪽의 관심을 더 끌게 될 것이다. 격렬한 투쟁을 통해 독재를 몰아냈던 인도, 한국, 일본, 인도네시아 등 아시아 국가들은 독재체제에 다시 발을 담그고 싶은 생각이 전혀 없기 때문이다. 중국은 경제, 과학기술, 군사 면에서 일본에 크게 뒤져 있으며 등 뒤에선 인도의 추격까지 받고 있다. 이런 마당에 이들의 야심찬 계획이 성공할 일은 좀처럼 없을 것 같다. 그래도 이들의 야심을 제대로 알고 있어야 행여 속을 일이 없을 것이다.

중국 내에서 일고 있는 잡음들에 대해서도 생각해 보아야 한다. 빈번해지는 농민반란과 도시와 농촌에 잇따라 발생하는 자연재앙이 중국의 '엔진'을 삐걱거리게 만들고 있다. 중국 공산당은 이런 저항을 어떻게 다스릴까? 사실 당은 민중반란보다 정권 내부에서 발생하는 국가전복에 더 취약해 보인다. 서방세계는 중국을 믿고 마음이 편할지 모르지만, 중국이 '고르바초프화' 하거나 마오이즘으로 회귀하는 상황이 발생하면 잠이 확 달아나고 말 것이다. 그러니 중국에 대해 더 공부하기를!

올림픽으로도 가릴 수 없는 중국의 불안은 세계 경제와도 큰 연관성이 있다. 왜냐하면 중국의 권력은 서양의 소비자들에 크게 의존하고 있기 때문이다. 서양의 소비자(또는 잠재 소비자)들이 중국의 안전을 염려해 더 이상 구매를 하지 않거나 '메이드 인 차이나'에 등을 돌린다면 중국의 성장은 끝장나고 만다. 이렇게 되면 내수시장에 더 집중하고 있는 인도는 중국을 냉큼 따라잡을 것이고 중국이 전적으로 기대고 있는 국제 투자자들은 일제히 다른 데로 등을 돌릴 것이다.

그럼에도 세계 경제의 성장은 여전히 미국이 주도할 것이다. 이것은 아무도 부인할 수 없는 사실이다. 2008년은 베이징 올림픽이 열리는 해이자 미국 대통령 선거가 있는 해이기도 하다. 미국의 유권자들은 미국의 대통령이자 세계의 대통령을 동시에 뽑게 된다. 선출될 미국의 대통령은 미국 시민의 앞날만큼이나 세계인들의 앞날에 결정적인 영향을 미치기 때문이다. 한마디로 바그다드나 서울 시민들의 삶은 백악관에 달려 있다. 이들의 안전과 번영이 미국의 정치, 군사, 경제적 판단에 좌우되기 때문이다. 오히려 아이오와 주의 주민들은 백악관에 영향을 덜 받는다. 미국 사회는 탈 중앙집권화되어 있고 개인주의화되어 있어 미국 경제가 전적으로 중앙정부에 좌우되진 않기 때문이다. 하지만 세계는 미국 경제가 활기를 띠느냐 침체되느냐에 따라 크게 영향을 받는다. 달러 가치의 변동과 미국의 성장률은 여러 경로를 통해 미국 외 다른 나라 사람들의 생활에 영향을 준다. 공정하게 하려면 동서양의 각 나라들이 미국의 상원의원을 임명하는 권한을 가져야 할 것이다. 왜냐하면 미국의 상원의원 한 사람이 외국의 어떤 국가원수보다도 백악관의 결정에 훨씬 큰 영향력을 행사하기 때문이다.

미국의 이런 리더십이 참기 힘든가? 하지만 미국의 리더십은 절대 위협받지 않는다. 왜냐하면 미국의 힘은 본질적으로 '혁신' 능력에서 나오기 때문이다. 미국의 막강하고도 절대적 힘은 세계에서 가장 우수한 대학들에서 시작된다. 이들 대학들 덕분에(유럽과 중국이 혁신에서 뒤처지는 사이) 미국은 많은 특허들과 앞선 기술을 선점할 수 있다.

진짜 권력과 진정한 영향력이 어디에서 나오는지 알고 싶다면 '두뇌' 들의 이동경로를 따라가 보기 바란다. '두뇌' 들이 미국을 떠나 중국으로 향한다면 중국은 아무도 부정할 수 없는 리더 국가다. 미국 선거에서 누가 승리하느냐에 신경을 곤두세울 필요가 없는 것이, 미국이란 나라는 한 사람의 지휘자보다는 정치 경제 시스템에 의해 작동되는 나라이기 때문이다. 이런 점을 볼 때 미국은 중국과 정반대의 위치에 있다. 마오쩌뚱이나 덩샤오핑은 자기 나라의 운명을 좌지우지할 수 있었지만 부시나 오바마는 실질적으로 그럴 수 없다. 이것이 우리를 안심하게 만드는 점이기도 하다. 미국의 대통령 선거는 분명 중요한 일이지만, 그 결과가 어떻게 나오든 결코 세상이 뒤집어지진 않는다. 중국과 미국 중 어느 나라가 올림픽에서 더 많은 메달을 따든 힘의 관계엔 아무 영향이 없는 것처럼.

녹색 크리스마스

교황은 자신이 무슨 생태학자라도 된다고 생각하는 것일까? 교황 베네딕토 16세는 이번 크리스마스에 가톨릭 신자들을 초대하여(다른 종교의 신도들도 초대했는지는 잘 모르겠다) 인간들 때문에 점점 파괴되고 있는 환경에 우려를 표했다.

교황이 되기 전 그는 신학자가 아니었던가? 더구나 유대교나 기독교의 성서는 인간을 자연 위의 존재로 보고 있다. 사실 자연(또는 자연신)이 인간보다 위에 있다는 생각은 다신교에 다름 아니다! 그렇게 따지면 크리스마스 트리도 자연물을 숭배하는 것이니 우상숭배로 보아야 할 것이다. 하긴, 크리스마스 자체가 더 이상 기독교의 전유물이 아니게 된 지 오래되었지만 말이다.

결국 생태주의는 다신교로의 회귀가 아닐까? 교황의 고향인 독일은 지나치게 '녹색'을 숭배한다. 베네딕토 16세가 독일인이라서 이런 성향이 종교에까지 묻어나는 걸까? 사실 생태주의는 교황의 권위가 낮은 곳일수록 활기를 띠게 된다. 대체代替 숭배 대상인 '녹색'은 사실 인간의 합리성 내부에 도사리고 있는(의지와 상관없이) 믿음의 욕망을 대신하는 것이기 때문이다.

세계화 때문에 영향력을 잃어버린 권력자들과 운명을 같이하며 '녹색'이 바야흐로 힘을 얻고 있다. 지구를 구하자는 모토와 함께 그들은 다시 권위를 되찾으려 한다. '녹색'은 이렇게 자유주의와 개인주의에 반대하는 집단을 다시 모으는 구심점이 되고 있다. 교황의 마음을 사로잡은 것은 바로 이런 경향인지도 모르겠다.

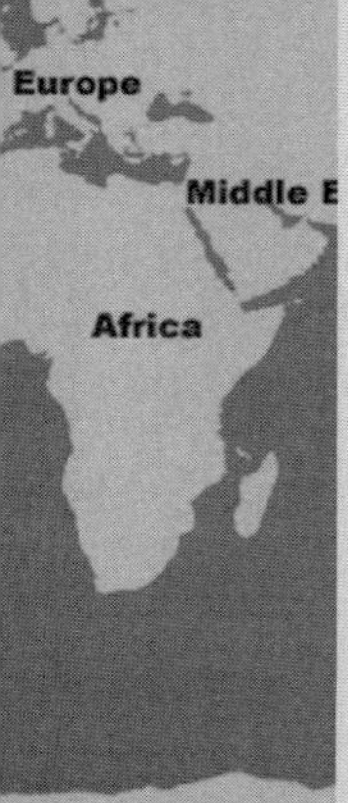

2008

Guy Sorman

다보스의 미사

다보스Davos에서 열린 '세계 포럼'에서 빌 게이츠는 자본가들이 가난한 사람들에게 더 많이 배려해야 한다고 말했고, 조지 소로스는 금융인들에게 투기를 멈출 것을 촉구했다. 하지만 여기 모인 사람들은 빌 게이츠나 조지 소로스가 자기들처럼 부자가 되는 법을 이야기해주기 바랐을 것이다!

이날 '미사'를 끝내고 나오면서 참석자들은 그들에겐 작은 치즈조각에 지나지 않을 금액을 기부했다.

이 '복음집회'에 참가하기 위해선 두 가지 방법이 있다. 아주 많은 돈을 내거나(1만 달러의 가입비가 필요하다) 명사로서 돈을 받고 참석하는 경우다. 내게도 기회가 한 번 찾아왔었지만 그 후론 두 번 다시 오지 않았다.

포럼 기간 동안 참가자들이 가장 열심인 '놀이'는 모르는 사람들끼리 최대한 많은 명함을 주고받는 것이다. 사람들은 이것을 '네트워킹 networking'이라 부르는 모양이다.

하지만 자선모금을 통해 얻은 이익금은 이 복음사업을 창시한 천재 클라우스 슈바프의 몫이 된다……

아탈리 보고서[61]와 엇나가는 프랑스

니콜라 사르코지의 요청으로 '삼류 문필가' 자크 아탈리가 프랑스의 경제성장을 위한 백여 가지 제안을 내놓았다. 그 숫자만으로도 입을 다물 수 없을 정도다. 그의 제안에는 체제 혼합적 시각을 가진 경제 지식인의 혼란이 고스란히 담겨 있다.

아탈리의 제안들이 괴상망측하거나 공상적인 건 참아줄 수 있다. 문제는 그의 방법론에 있다. 그의 보고서는 하이에크Hayek가 구성주의라고 불렀던, 전문 관료가 위로부터의 명령으로 사회를 통제할 수 있다는 전제적 발상을 그대로 보여준다.

하지만 현대사회에선 어느 나라도 그런 식으로 발전할 수 없다. 그래서 모두(또는 다수)가 제도를 만드는 임무를 국가에게 주고 그 씨앗을 통해 자발적인 질서가 생겨나길 기다리는 것이다. 아탈리가 마이크로소프트에게 프랑스 회사가 되라고 명령할 순 없다. 다만 국가는 미래의 대학들이나 기업들 속에서 자생적으로 미래의 마이크로소프트가 태어나도록 지원할 수 있을 뿐이다.

자신도 인정하듯 아탈리는 뿌리 깊은 반자유주의 사상을 지닌 인물

---

61) 자크 아탈리가 위원장을 맡은 프랑스성장촉진위원회(일명 아탈리 위원회)는 2008년 1월 니콜라 사르코지 대통령에게 프랑스 경제성장을 가로막는 장벽을 없애기 위한 300가지 가량의 제안을 내놓았다.

이다. 하지만 그의 이번 제안 중 일부에선 자유주의 냄새가 풍기긴 한다. 그의 보고서는 프랑스식 '의지주의', 즉 '사르코지즘'에 맞닿아 있다. 이는 자발적 변화에 뿌리를 둔 현대사회의 현실을 제대로 이해하지 못한 결과이다.

경제성장을 '발명'해내겠다는 생각으로 아탈리는 기존의 경제학이란 학문 자체를 무시하고 있다. 뿐만 아니라 그는 경제학을 새로 만들어내려 한다. 정말 생각이 있는 경제학자라면 감히 성장률을 미리 못박아 말하진 못할 것이다.

데카르트에 대한 파스칼의 비난처럼 전체적으로 볼 때 그의 보고서는 '가치 없고 모호하다'. 아탈리는 얼마 전 아주 훌륭한 파스칼 평전을 쓴 바 있다.

아탈리의 첫 에세이(마르크 기욤Marc Guillaume과 공저) 제목이 『반反경제학L' Anti-economique』이었다. 이후에도 그는 국유화 정책을 지지해 왔다. 그는 자신의 '요리법'을 가지고 입맛에 맞는 프랑스를 만들어내겠다는 조물주적 욕망을 버리지 못하고 있다. 그리고 이는 엄청난 재앙으로 돌아올 수도 있다.

2008년 2월 3일

금융자본주의를 찬양함

금융자본주의를 비판하기 위해 니콜라 사르코지 대통령과 사회당 대표인 프랑수와 올랑데가 어색한 동맹을 맺었다. 정말이지 프랑스인들의 경제에 대한 무지는 점점 더 심해지는 것 같다.

실물을 생산하는 중소기업의 '좋은 자본주의'와 투기를 일삼는 '나쁜 자본주의'를 대비시키는 것은 경제학이라 할 수 없으며 단지 대중선동일 뿐이다.

회사의 성장을 원하는 중소기업들이 꿈을 이루기 위해선 은행의 지원이 필요하다. 지금은 파생상품들 때문에 많은 어려움을 겪고 있지만 지금까지 금융시장은 경제발전에 큰 힘이 되어왔다. 물론 금융상품들엔 많은 리스크가 따른다. 하지만 리스크는 그만큼 많은 투자자들에게로 분산되며 이로 인해 보다 많은 기업들이 모험에 뛰어들어 실제로 부를 만들어낼 수 있는 것이다.

소시에테제네랄Societe generale[62]의 잘못된 경영과 트레이더[63] 한 사람의 파렴치한 행각 때문에 금융계 전체가 욕을 먹는 것은 너무나 안타까운 일이다. 만약 우리가 믿고 따라야 할 새로운 지도자가 농업

---

62) 프랑스 제2위의 은행으로 이 무렵 세계 최대의 금융사기 사건에 휘말림.
63) 단기간 주가 변동으로 이익을 볼 목적으로 증권을 매매하는 사람.

분야에선 조세 보브Jose Bove[64]밖에 없고, 경제성장 분야에선 자크
아탈리밖에 없으며, 금융 분야에선 제롬 케르비엘Jerome Kerviel[65]밖
에 없고, 유럽연합 분야에선 앙리 구에노Henri Guaino[66]밖에 없다면
프랑스 경제의 내일은 암담할 뿐이다.

---

64) 프랑스의 반세계화 운동가.
65) 위의 소시에테 제네랄 금융사기 사건을 일으킨 인물로 이 은행에 49억 유로
   의 손실을 안겼다.
66) 프랑스 사르코지 대통령의 최측근 참모.

2008년 2월 16일

자본주의, 일시적 고장인가 아니면 위기인가?

미국의 성장이 둔화되고 있다. 미국 경제의 위기인가? 혹은 자본주의의 위기인가?

유럽의 좌파 중 시장경제의 성공을 못마땅하게 여겨왔던 이들은 언제나 '그랑 수아르Grand Soir' 67)를 애타게 기다려 왔다. 미국의 좌파들은 선거운동을 통해 지금의 '위기' 소식에 환호성을 지르고 있다. 그들 입장에선 조지 부시가 대통령에 있는 동안 모든 것이 잘못되어야 하며 특히 이라크의 상황은 절대 호전되어선 안 된다. 재앙을 숭배하는 언론들과 반자본주의를 영업기반으로 삼는 시사비평가들에게 미국의 성장 둔화는 횡재일 것이다.

어쨌든 이럴 때일수록 경제학이 우리에게 전하는 메시지에 귀를 기울여야 한다.

좋든 싫든 자본주의 시스템은 우리 시대의 엄연한 현실이 되어 버렸다. 이 시스템 또한 불완전한 인간의 본성을 반영하는 것이기에 불완전할 수밖에 없다. 하지만 시장경제가 공산주의나 1960~1990년대 많은 나라들을 가난으로 몰아넣었던 그의 아류 시스템들보다 훨씬 효율적이라는 건 틀림이 없는 사실이다.

---

67) 무정부주의자나 공산주의자가 고대하는 사회혁명이 성취되는 날.

세계화 이후 세계는 연평균 5%의 성장을 이루었다. 자유주의 경제 덕분에 중부유럽은 서유럽에 가까워질 수 있었고, 인도와 중국, 브라질의 8억에 달하는 절대빈곤층들이 가난에서 벗어날 수 있었다. 따라서 미국의 성장 둔화는 분명 큰 사건이긴 하지만 그 심각성은 상대적일 뿐이다.

미국의 쇠퇴에 대한 여러 분석들이 많지만 미국은 여전히 세계 경제성장을 이끄는 엔진 역할을 하고 있다. 미국의 기술 혁신과 미국인들의 구매력은 유럽이나 중국, 브라질의 경제를 결정한다. 이것도 미국 탓이라고 해야 할까? 아니면 혁신을 질식시키고 있는 유럽의 비대한 정부 탓일까? 또는 지나치게 전염성이 강한 미국 경제의 체질을 탓해야 할까?

정확한 분석을 위해 우리는 경기 사이클과 '트렌드trend' [68]를 명확히 구분할 필요가 있다. 한 세기 전부터 세계적 '트렌드'를 결정해온 것은 미국으로 꾸준히 연 3%의 성장을 유지해 왔다. 이 때문에 미국은 중국과 유럽, 인도의 약진에도 불구하고 세계 3분의 1 이상의 부를 점하고 있다. 현실의 위기는 이 '트렌드'에 아무 영향도 미치지 못한다. 왜냐하면 이 '트렌드'는 기술 혁신, 창업에 유리한 조세제도, 달러화의 힘 등 미국의 근본적인 우위에 바탕을 둔 것이고 이런 우위에 있어서 미국과 경쟁할 상대는 아직 없기 때문이다.

그런데 이 '트렌드'에 위기가 아닌 파동이 덮친 것이다. 물론 위기가 시스템 자체에 영향을 줄 수는 있다. 대표적인 경우가 1930년 경제대공황이다. 하지만 지금의 경우는 시스템 안에서의 파동이지 시스템의 위기라곤 볼 수 없다.

---

(68) 경제분석을 위한 용어로 계절이나 경기순환 등의 단기변동을 초월하여 지속되는 장기 경향을 뜻한다.

20세기 미국은 두 번의 실질적인 위기를 맞았었다. 1930년 미국 중앙은행이 스스로 신뢰를 저버리는 엄청난 과오를 범했었고, 1973년에는 지미 카터 대통령이 수요창출에 의한 경제부양이라는, 케인즈학파의 잘못된 이론을 적용하여 인플레이션과 실업을 낳았었다.

하지만 30년 전부터는 경제 파동이 경제위기로 번진 적이 한 번도 없었다. 과거의 뼈아픈 실수들을 잘 기억하고 있는 미국의 정부들(공화당이건 민주당이건)과 연방은행은 인플레이션의 악몽을 재현하지 않는 범위 내에서 금융 수요를 조절하며 자기 역할을 다했다. 미국 의회는 세금을 낮추기로 했고 여론 잠재우기가 주목적인 '경기활성화' 정책에도 합의를 보았다.

위기에서 빠져나오는 가장 좋은 방법은 '과도한 액션'을 삼가고 시장이 스스로 찌꺼기를 말끔히 정리하도록 내버려 두는 것이라고 경제학에서는 말한다.

그럼 찌꺼기는 무엇일까?

모든 시장경제는 '창조적 파괴'를 원칙으로 한다. 기업인들은 기술을 혁신하지만 모든 혁신이 성공을 거두는 것은 아니다. 우리는 그것을 2000년 '인터넷버블'을 통해 이미 경험했다. 하지만 지금 우리는 또 다른 청소작업이 진행되는 것을 보고 있다. 유용한 금융혁신과 그렇지 못한 혁신을 시장이 가려내고 있는 것이다. 시장의 갑작스런 공황상태는 부동산 대출 관리의 잘못에서 비롯된 것일 뿐 금융자본주의 자체의 잘못도 흔히 파생상품이라 일컫는 새 상품개발 자체의 잘못도 아니다.

금융시장이 복잡해지면서 발생하는 수많은 리스크들은 그 수만큼 많은 투자자들에게 분산되게 되어 있다. 이런 '분산'을 통해 보다 많은 기업가들이 더 많은 혁신에 모험을 걸 수 있다. 몇 개 기업은 무너져 사라질지라도 이를 대체하는 다른 기업들이 생겨난다. 이런 변화

는 결국 일자리의 이동만을 일으킬 뿐이며 성장은 다시 리듬을 찾게
된다.

이 잔인한 순환은 우리의 마음을 아프게 한다. 장기적으로 볼 때 긍
정적이라는 설명만으론 당장 충격에 빠진 이들을 위로하지 못할 것
이다. 하지만 지금처럼 어려운 시기일수록 시장경제를 옹호해야 한
다. 위기일수록 기자들이나 정치인, 전문가들이 분노를 부추기기보
다 현실을 설명해야 한다.

그렇다면 국가는 자본주의가 제대로 기능하도록 하기 위해 아무 역
할도 할 수 없다는 말인가? 국가 없인 자본주의도 제대로 기능하지
못한다. 국가는 규칙을 보장해주고 그것이 정착할 수 있도록 해준다.
공공정책을 통해 재분배가 잘 되도록 도와주는 것도 국가의 역할이
다. 하지만 이를 위해 국가 스스로 창조적 파괴를 방해하는 순간 국가
는 위험한 존재가 된다. 20세기에 일어났던 진짜 경제위기들(경기침
체, 인플레이션, 대량실업 등)은 국가의 일관성 없는 정책들 때문에
더 심각해지곤 했다. 국가 없는 성장은 있을 수 없다. 하지만 반대로
국가가 성장을 망칠 수도 있다. 그래서 모든 나라들은 성장이란 '좁
은 길'을 따라 질서 있게 천천히 나아가고 있다.

물가는 왜 오를까?

프랑스의 정치인과 미디어들은 식료품 가격이 오르는 것이 기업주들 탓이라며 비난한다. 경제에 대한 이해가 얼마나 후진적인지 보여주는 대목이다. 물가는 지금 세계 국경을 초월한 보다 '무거운' 원인들 때문에 오르고 있는 것이다.

인도와 중국 등 경제적으로 급부상한 나라의 국민들은 서양인들과 비슷한 식습관을 갖게 되었다. 특히 고기 소비량이 크게 늘어났다. 당연히 이들도 고기를 먹을 권리가 있다. 그래서 사료용 곡물 가격과 대두 가격이 천정부지로 치솟고 있다. 수요를 감당할 만큼의 충분한 공급을 위해선 적어도 몇 년이 더 필요하다. 충분한 양의 곡물과 대두를 수확하려면 재배할 땅이 필요하고 나아가 유전자 조작 작물의 재배도 필요하다. 하지만 공급이 늘어나길 기다리는 동안 가격은 더 오를 것이고 행여 투기라도 일게 되면 불이 번지듯 상황은 악화될 것이다. 지금 프랑스의 공급자들은 이렇게 형성된 새 곡물 가격을 고스란히 반영하고 있다.

그러면 프랑스인들도 세계화의 피해자인가? 그렇다고도 할 수 있다. 하지만 반대로 우리는 세계화 덕분에 의류와 컴퓨터, 각종 가전제품들을 값싸게 살 수 있었다. 이런 싼 값의 혜택이 '구매력'으로 이어져 경제를 살리지만 그에 대해선 아무도 언급하는 사람이 없다.

농산물 가격 폭등의 다른 원인은 바이오에탄올 열풍이다. 환경연료 개발자들은 가축 사료로 쓸 옥수수에서 알코올을 얻기 위해 국가로부터 엄청난 지원을 받고 있다. 하지만 그 효용성은 아직 의심스럽다. 옥수수를 생산하려면 다시 탄소에너지가 필요하기 때문이다. 따라서 식물 대체연료에서 나오는 전체 이산화탄소 발생량을 다시 따져보아야 한다.

하지만 그 결과를 기다리는 동안 대체에너지에 의한 가격 상승으로 가장 크게 영향을 받는 것은 세계에서 가장 가난한 계층들이다. 특히 많은 양의 곡물을 수입해야 하는 아프리카 대륙에는 그 피해가 심각하다.

물가 상승을 부추기는 요인은 또 있다. 세계적 추세기이도 하지만 특히 프랑스에서 더 심각한 경우로, 공공 적자와 스태그플레이션을 감추기 위해 화폐 생산을 늘리는 행위다. 이런 통화 인플레이션은 세계적 물가상승과 동시다발적으로 일어난다. 하지만 물가상승이 국가나 환경주의자들 탓이라고 솔직히 말하는 것보다는 대형 마켓들을 비난하는 게 정치인들에겐 훨씬 쉽다.

정치와 경제는 같은 명령을 따르지 않는다. 한쪽은 거짓말을 해도 다른 한쪽은 쉽지 않은 건 그런 이유에서다.

2008년 3월 2일

쌀이 어디로 사라졌나?

쌀은 부족하고 옥수수 가격은 오르고 햄 가격은 천정부지로 치솟고 있다. 슈퍼마켓에서 직접 장 보는 시늉을 하던 사르코지의 말을 빌자면 그렇다.

잘 알려진 얘기가 있다. 때는 18세기. 프랑스의 인구가 늘고 국민들의 '구매력'이 높아지자 사람들은 흰빵만을 원했고 그 결과 밀가루 품귀현상이 일어났다. 그러자 대중들은 자신들을 굶주리게 만드는 자들을 향해 비난을 퍼붓기 시작했다. 귀족들이 빵을 모조리 사들여 자신들을 굶주림으로 내몰고 있다는 것이다. 오늘날 대형 유통점들이 의심을 받고 있듯이 당시에는 귀족들이 투기를 했다는 의심을 받았다.

이때 튀르고Turgot[69]가 나타난다. 그는 곡물거래의 규제와 지나친 세금이 지방의 남아도는 곡물을 사들여 사람들의 굶주림을 해소하는 데 방해가 된다는 걸 알았다. 이렇게 해서 튀르고는 1774년 결국 곡물거래를 자유화하고 프랑스에 자유무역을 최초로 도입한다.

하지만 아뿔싸! 다음에 찾아온 겨울은 지독하게 추웠고 따라서 수확도 형편없었다. 당연히 심각한 식량난이 찾아왔고 프랑스인들은

---

[69] 18세기 프랑스의 중농주의 경제학자.

자유무역이 굶주림의 주범이라며 비난했다!

지금 우리는 긴 세월을 거쳐 이런 전철을 되밟고 있는 걸까? 확실하지는 않다.

2008년의 농업계는 1774년의 프랑스 상황과 많이 닮아 있다. 초과수요에 직면한(중국인들이 고기를 원하고 옥수수를 연료로 사용하면서) 각 나라 정부들이 잠정적으로 가격을 동결하고 수출을 막는 편리한 방법을 택한 것이다.

앙시앵 레짐ancien regime[70]의 프랑스보다는 1846년 영국의 상황에서 교훈을 찾는 것이 나을지도 모르겠다. 당시 영국은 곡물에 붙이던 관세를 철폐함으로써 세계에서 가장 번영을 누리는 나라가 되었다. 그리고 영국이 곡물을 수입하면서 수출국들에선 농업혁명이 일어났다.

자유무역의 효과를 가장 잘 보여주는 분야가 있다면 바로 농업일 것이다. 여기엔 과학의 발전도 한몫을 한다. 19세기 화학비료가 그랬고, 20세기의 식물교배법이 그랬으며, 21세기에는 유전자변형작물이 그럴 것이다.

---

70) 구체제(舊體制)라는 뜻. 보통은 프랑스 혁명 전의 '낡은 제도' 를 의미한다.

진정 티베트를 도우려면

중국 군인들이 라싸에서 티베트 사람들을 학살했다. 희생당하고 있는 것은 티베트인들만이 아니다. 중국 한족들도 공산당의 억압에 시달리고 있기는 마찬가지다. 구소련 시절 러시아인들이 지금의 중국인들처럼 고통당하고 있다는 걸 작품을 통해 세계에 알린 사람은 솔제니친이었다. 지금 중국도 마찬가지다. 이제 거의 민족문화 말살의 지경에 몰린 티베트의 모습은 중국 독재정치가 만들어놓은 한 단면일 뿐이다.

티베트처럼 자주 거론되진 않지만 위구르나 그밖의 알려지지 않은 소수 민족들 또한 비슷한 고통을 겪고 있다. 뿐만 아니라 경제성장으로부터 소외된 8억 가까운 한족들 그리고 자유를 열망하는 모든 중국인들이 희생자들이다. 필자가 자주 거론했던 중국의 후지아가 지난주 베이징에서 열린 재판에서 국가안전을 위협했다는 혐의로 3년 6개월의 징역형을 언도받은 것도 그렇다. 후지아가 한 일이라곤 인권을 옹호하는 글을 자신의 블로그에 올린 것뿐이다.

서방세계가 티베트인들 편에 서서 도와주는 건 너무나 당연한 일이다. 하지만 그에 앞서 티베트인을 비롯한 인민들을 억압하는 중국 시스템의 본질을 깊이 생각해 보아야 한다. 그 본질이란 공산당 지도층을 제외한 모든 중국인들을 착취의 대상으로 삼아 이윤을 창출해내려는 전체주의 메커니즘이다.

우리 서방세계가 이에 대해 어떻게 대응해야 할지는 신중히 판단해야 한다. 현재 민주세력을 포함한 대다수 중국인들이 중국 르네상스를 상징하는 베이징 올림픽에 크게 고무되어 있기 때문이다. 당이 중국의 대통합을 외치며 자기들을 중심으로 단결을 호소할 명분을 줄까봐 국내 민주세력들은 물론 달라이 라마까지도 올림픽 보이콧에 나서지 못하고 있다.

티베트 문제만 해도 그렇다. 중국이 민주화되어 유럽이나 미국처럼 자유 연방으로 재구성되지 않는 한 해결은 어려워 보인다. 자유연방은 미국으로 망명한 민주 지도자 웨이징성魏京生이 주장하고 있는 제도이기도 하다. 무모할 만큼 용감한 티베트인들 덕분에 우린 베이징 공산정부의 본질과 중국의 비극을 볼 수 있게 되었다. 지금까지 베이징 정부의 선전에 속아왔던 서방세계도 이젠 바보짓을 그만 했으면 좋겠다.

베이징의 굴욕

오늘 아침 후지아는 베이징의 꼭두각시 재판부에 의해 3년 6개월 형을 확정받았다. 후지아의 죄목은 '국가안전 위협행위' 였다. 공산당에 대해선 어떤 비판도 허용하지 않겠다는 태도다. 그럼 후지아의 실제 죄는 무엇일까? 한마디로 불손하다는 것이다. 그들은 후지아의 죄를 묻기 위해 있지도 않은 법조문들을 들이댄다. 이 법에 따르면 그는 감히 허난성의 에이즈 피해자들을 도우려 했고, 감히 1989년 천안문 학살의 현장에서 침묵시위를 벌였으며, 감히 비폭력과 불교를 설파했고, 감히 블로그에 '민주주의' 라는 단어를 사용했다. 우리가 보기에 후지아는 중국의 명예를 드높였지만 소위 판사라는 사람들은 그를 중국의 수치로 여기고 있다.

이런 상황에도 서구의 중국 숭배자들은, 어리석은 건지 아니면 돈에 눈이 어두워진 건지 중국이 자본주의에서 민주주의로 평화롭게 발전하고 있다고 믿고 있다. 하지만 유감스럽게도 지금의 중국 공산당은 모든 변화를 거부하고 있다. 독재만큼 편한 게 없기 때문이다. 지금 그들에게 가장 중요한 것은 돈과 권력 그리고 올림픽이다.

중국 공산정부와 가까운 베이징의 내 정보원을 통해 알게 된 사실이 있다. 후지아나 티베트 문제의 처리에 대해 공산당 수뇌부 내에서도 '강경파' 와 '온건파' 가 나뉘어 갈등하고 있다는 것이다. 그에 따르면 올림픽을 거부하는 행동은 자칫 '강경파' 들을 자극할 명분을 줄 수도 있다. 하지만 보이콧에 찬성하는 서방측 사람들을 혼란에 빠뜨리는 이런 논리를 나는 절반밖에 믿지 않는다.

애초 중국 공산당에 올림픽 개최를 허가해준 것 자체가 실수였다. 나는 몇몇 의식 있는 선수들이 시상대에서 올림픽의 명예를 살려주길 기대해 본다. 서방의 정치인들은 이미 명예를 포기했기 때문이다.

프랑스, 인권과 다시 손잡다

시위대들이 베이징에 있는 프랑스 매장을 공격한 사건이 일어났다. 공산당의 명령이 있었을 것이다. 하지만 이를 통해 프랑스는 인권국가로서의 위치를 되찾았다. 자크 시라크의 시절 프랑스는 중국과의 교역을 위해 중국 독재정권 앞에 비굴한 태도를 취했다. 프랑스의 이런 태도는 문화상대주의란 이름으로 합리화될 수 있었다. "중국인들은 자유를 경험해 본 적이 없다." 알랭 페르피트가 선구자 역할을 했던 아주 위험한 가정에 바탕을 둔 생각이었다.

중국의 지도자들은 이제 프랑스를 다시 보게 되었다. 그리고 조작된 프랑스 거부운동(중국에 자발적인 시위란 없다)은 당이 서양의 여론에 얼마나 민감한가를 보여준다. 좋든 나쁘든 중국의 이미지는 중국의 경제번영에 의존하며 그 번영은 서양이 얼마나 구매해 주느냐에 달렸다. 프랑스의 대형 마트 까르푸는 중국의 재래시장들을 무너뜨리며 살아남았지만 중국의 상표들은 서양의 매장들이 문을 닫으면 살아남을 수 없다. 중국이 없어도 유럽은 옷과 전자제품을 좀더 비싼 값에 사오면 그만이다. 그래도 안 되면 인도에서 사오면 된다. 하지만 우리가 없으면 중국 경제는 작동을 멈출 수밖에 없다.

새로운 힘의 관계를 이용해 우리는 중국에 새로운 전략을 구사해야 한다. 중국 공산당이 반대세력들을 석방하고, 티베트를 비롯한 중국 전역에 종교의 자유를 인정하는 조건으로 교역과 올림픽을 찬성하는 것이다. 이렇게 되면 서방세계가 중국의 성장을 두려워할 필요도 없어진다. 중국의 경제발전은 중국인뿐만 아니라 다른 나라에게도 유익한 일이 되는 것이다. 옆집이 부유해지면 우리도 함께 부유해지는 것과 같은 이치다.

더 이상 속아서는 안 된다. 중국 공산당은 중국을 대표하지 않는다. 중국 공산당은 중국인들에게 강요된 질서의 감시자일 뿐이다. 때론 이해관계 때문에, 때론 다른 선택의 여지가 없어서 그들은 당의 억압을 참아내고 있을 뿐이다. 중국 공산당은 중국 문화의 대변자도 아니다. 그들은 1949년 마오쩌뚱이 일으킨 시민전쟁이 만들어낸 결과물일 뿐이다. 중국의 혁명은 무력으로 성공한 것이지 공자님 말씀을 따른 것이 아니었다.

우리도 중국 공산당처럼 뻔뻔해질 필요가 있다. 그들이 무슨 거대한 문명이라도 구현하고 있는 것처럼 그 앞에 머리 숙이는 짓은 이제 그만두자. 중국 공산당 지도층들은 거칠고 야만적이다. 그들은 힘으로 모든 것을 이해하며 약자들을 경멸한다. 그들에게 아무것도 양보해선 안 되며 우리의 이익과 우리의 가치를 주장해야 한다. 그리고 중국 인민들이나 당에 반대하는 세력들과 연대해야 한다. 후지아와 달라이 라마를 파리 명예시민으로 위촉함으로써 파리 의회는 정의를 드높일 수 있었다. 후지아의 투옥 사건은 PCC(중국 공산당) 독재가 티베트 불교와 세속 중국인들의 충돌이 아니라 중국 인민들과 공산당의 충돌임을 명백히 보여주고 있다.

당이 병아리를 죽이다

오늘 저녁,《뉴욕타임스》 1면에는 중국 쓰촨성의 작은 마을 지방 관리가 부모 대표단에 무릎을 꿇고 있는 사진이 실렸다. 이 지방 관리는 부모 대표단에게 쓰촨성의 성도인 청두成都로 가지 말아달라고 애원하고 있었다.

사진의 사연은 이렇다. 부모들은 지난 지진 때 죽은 자기 아이들이 자연재해가 아니라 관리들의 잘못 때문에 희생되었다는 걸 알게 되었다. 부모들은 당에서 주는 보상금과 상관없이 당 관계자들의 처벌을 요구하고 있다. 부모들이 중국에서 할 수 있는 유일한 합법적인 항의는 상급 기관에 탄원하는 것이다. 평소 같았다면 탄원은 묵살되거나 심지어 항의한 사람들이 투옥될 수도 있었을 것이다. 하지만 엄청난 재앙 앞에서 분위기가 달라졌다. 부모들의 요구는 받아들여질 것이고 몇몇 지방 당국자들은 총살형을 당할 것이다.

하지만 부정부패의 주범인 독재체제는 여전히 굳건할 것이다. "원숭이를 겁주려면 병아리를 죽여라"라는 속담이 있다. 신문의 사진 속에서 무릎을 꿇고 애원하는 관리가 바로 병아리에 해당한다. 하지만 이런 희생양 정도로 중국 인민들의 분노를 진정시킬 수 있을까?

＊ 노트 : 몇 주 후, 희생자 가족들은 보상금을 받았고 그들 중 보상금을 거절한 사람들은 투옥되었다는 소식이 전해졌다.

우리가 몽테스키외를 죽였다

프랑스 헌법이 개정되었다. 터키의 유럽연합 가입 문제를 국민투표에 붙일 수 있게 하기 위한 조치였다.

헌법의 이념은 곧 프랑스의 이념이고 그 헌법의 아버지는 바로 몽테스키외다. 하지만 더 이상 우리에게 헌법은 없다.

몽테스키외에 의하면 헌법의 목적은 정부 권한을 제한하고 국가의 과도한 권력으로부터 사회를 보호하는 데 있다. 하지만 이러한 개념은 1958년 드골에 의해 수정되었다. 드골은 거의 반대되는 개념의, 시민 권력으로부터 국가를 보호한다는 내용의 법안을 공표했다.

1958년 헌법개정 이후 헌법은 수정에 수정을 거지며 현실의 상황을 반영해 왔다. 시라크 대통령 때는 '자연'을 인권에 맞먹을 정도의 중요한 가치로 격상시킨 헌장이 헌법에 추가되기도 했다.

그리고 이제 터키 문제가 헌법 개정의 화두가 되었다. 사르코지 대통령은 터키의 유럽 가입 문제 하나 때문에 헌법을 개정하는 걸 반대했다. 그래서 앞으로 일어날 유럽연합의 추가 가입국 문제에 대해서는 의무적으로 국민투표를 실시하자는 헌법 조항을 삽입했다. 터키에 대해 관심을 가진 이들은 많지 않을지 몰라도 터키의 인구는 유럽현재 인구의 5%를 넘는다. 트랜스니스트리아Transnistria[71] 같은 나라

---

71) 몰도바Moldova의 동부 지역에 위치하며 아직까지 미승인 국가지만 1991년부터 사실상 독립 상태인 나라.

와 비교할 바가 아니다.

터키의 유럽연합 가입에 대해선 긍정적일 수도 부정적일 수도 있다. 이런 문제엔 원칙적으로 정치적 논쟁이 따르지 않을 수 없는데 지금 그 때가 온 것이다. 하지만 헌법을 터키와 관련된 문제 해결에 이용하는 것은 헌법 제정의 의미 자체를 부인하는 것이며 헌법의 이름을 더럽히고 목적을 변질시키는 것이다.

이런 면에선 헌법이 없어도 아무도 침해할 수 없는 권리를 가진 영국인들이 부러울 따름이다!

이라크, 지지 않은 전쟁

오늘은 미국의 '메모리얼 데이Memorial Day' [72]다. 미국인들 중 일부는 바비큐파티를 하고 일부는 애국적 집회에 참여하며 하루를 보냈을 것이다. 이날은 또 미국의 언론들이 이라크 전쟁에 대해 3%밖엔 지면이나 방송시간을 할애하지 않았단 사실을 알게 해준 날이기도 하다. 그런데 미국이 과연 이라크 전쟁에서 승리할 수 있을까? 최소한 지금까지 패배하진 않았다. 지금 전쟁은 소강상태에 있기 때문이다. 바그다드의 미군 사령관 페트레이어스 장군의 말처럼 이 정도면 '만족할 만한 생존율'이다. 그것이 사상자 수를 세는 것보단 훨씬 마음이 편하지 않겠는가?

존 매케인은 미군이 반세기 넘게 독일과 한국, 일본에 주둔해 있었다는 사실을 상기시킨다. 아마 미군이 한 세기 이상 이라크에 주둔할 수도 있음을 암시하는 듯하다. 가능한 얘기다.

페트레이어스 장군(SMS를 통해 들어오는 질문에 그는 실시간으로 답변해 주고 있다)의 또 다른 말이 인상적이다. "대테러 전쟁에서는 아마 패배한 것 같다. 하지만 이것은 처음부터 절대 이길 수 없는 전쟁이었다. 왜냐하면 대테러 전쟁은 영원히 지속되는 전쟁이기 때문이다."

---

72) 매년 5월 마지막 월요일로 정해진 미국의 공휴일. 군사작전에서 희생된 모든 사람들을 기리는 날.

2008년 5월 27일

TV를 부끄럽게 한 웹

필리프 카르상티Philippe Karsenty라는 이름의 블로거가 샤를 앙데르랭Charles Enderlin 기자와 프랑스2 방송을 상대로 한 항소심에서 승소했다. 국영방송 프랑스2의 이스라엘 특파원이면서 팔레스타인 지지자로 유명한 샤를 앙데르랭이 취재했던 화면이 사실을 왜곡하고 카르상티 씨의 명예를 훼손했다는 것이다. 지난 2000년 가자 지구에서 이스라엘 군의 총격에 희생된 뒤 아버지의 품에 안겨 있던 무함마드 알-뒤라Mohammed al-Durra라는 소년의 사진이 사실은 연출된 장면이었다는 것이다. 이런 의혹을 내놓은 뒤 카르상티 씨는 프랑스의 거대언론들로부터 음모론자 취급을 받았었다.

이 블로거의 의도는 무엇이었을까? 어떻게 그는 감히 거대 텔레비전 채널의 유명 기자를 상대로 소송을 제기할 생각을 했을까? 하지만 프랑스2 방송사는 '믿을 만한' 팔레스타인인 카메라맨이 제공했다는 그 화면들이 사실이고 조작되지 않았는 증거를 대지 못했다.

이 화면은 전세계에 방송되었고 그 방송을 본 생트Saintes의 군수 부뤼노 기그 씨는 브로그를 통해 '계획적으로 아이들을 살해하는 이스라엘 군' 이라며 근거 없는 비난을 퍼붓기까지 했다.

지금 벌어지고 있는 영상 전쟁을 보더라도 구시대적인 미디어의 시대는 이제 끝난 것 같다. 신문에 사진을 싣는 것만으론 아무에게도 믿음을 줄 수 없다. 진실을 말하려면 이제 그것을 입증해야만 한다.

프랑스를 비껴간 디지털 혁명

아마존이 '킨들Kindle' 이라는 전자책 리더기를 출시했다. 이제 명실상부한 전자책 시대가 열린 것이다.

프랑스에서도 문화부장관이 전자책에 대한 보고서를 내놓았다.

지금 웹은 TV와 경쟁하고 있다.

프랑스에서도 샌-에-마른Seine-et-Marne 지역 국회의원이자 위원장인 장 프랑수아 코페의 이름을 딴 코페위원회73)가 미래가 불투명한 공영채널의 재정 안정을 위한 추가 세수 확보안을 내놓았다.

이제 디지털화될 수 있는 것들은 도두 디지털화될 것이다. 그러니 프랑스 기업들도 모두 각성하여 미래에 대비하길 바란다. 바이오테크놀로지 산업이 그랬듯이 조세 보베Jose Bove74) 같은 반反디지털적 인물이 나타나 연구자와 기업들을 모조리 몰아내기 전에.

---

73) 니콜라 사르코지 대통령이 출범시킨 프랑스 공영방송 개혁 특별위원회. 공영방송의 광고를 폐지하는 대신 민영방송의 광고수입과 인터넷 및 휴대전화 사업자에 부과되는 세금을 재원으로 충당토록 하는 세부방안을 제시했음.
74) 세계적 농민운동가로 WTO 반대운동에 앞장서고 있다.

2008년 6월 22일

아일랜드의 선택은 옳았는가?

아일랜드가 유럽연합의 새 기구들의 설립을 다룬 리스본조약[75]의 비준을 거부했다. 질문 자체가 잘못됐으니 거부 또한 옳은 선택이었다고 본다. 그들의 거부 의사엔 분명 조약 내용과는 상관없는 다른 이유도 있었을 것이다. 2년 전 프랑스와 네덜란드가 유럽헌법에 반대 의사를 표명했던 것도 비슷한 이유에서였다. 당시에도 반대 이유는 조금 모호했지만 국민들의 직감적인 선택은 정확했고 그 결과도 만족스러웠다. 민주주의란 종종 이런 식으로 진행되기도 한다. 모호한 동기들이 모여 합리적인 결과로 이어지곤 하는 것이다!

사실 수정 헌법을 추진했던 사람들조차 새 제도가 국민들에게 어떤

---

75) 유럽연합은 2004년 6월 18일 브뤼셀에서 열린 정상회담에서 유럽헌법조약에 대하여 합의하였지만 2005년 프랑스와 네덜란드의 국민투표에서 부결되어 무산되었다. 이에 유럽헌법조약에서 유럽연합에 초국가적 지위를 부여하기 위해 국가와 국기, 공휴일 등을 제정하기로 한 규정 등을 삭제하고 다른 조항들을 개정하여 새롭게 합의했는데 이것이 리스본조약이다. 유럽헌법조약이 무산된 전철을 밟지 않기 위하여 27개 회원국 중 26개 회원국은 의회의 비준을 거치는 절차를 선택하였다. 그러나 유일하게 국민투표로 비준 여부를 결정하기로 한 아일랜드에서 2008년 6월 국민투표를 실시한 결과, 찬성률이 47%에 그쳐 부결되었다. 하지만 이 글을 발표한 이후인 2009년 10월 3일 다시 실시한 국민투표에서 67.13%가 찬성하여 비준됨으로써 2009년 12월 1일 조약이 발효되었다.

혜택을 줄지 설명하지 못하고 있다. 그래서 국민들에겐 지도층들에게만 좋은, 나아가 자기들 세력을 키우려는 제도로밖에 비쳐지지 않고 있는 것이다. 리스본조약이 신속한 결정을 보장해줄 것이라고 그들은 말한다. 하지만 누구를 위해, 어떤 이유로 그렇게 해야 하는가? 아무도 알지 못한다.

찬성하는 측에선 반대 진영이 승리할 경우 어떤 문제가 발생할지에 대해 아무런 설명도 없었다. 그리고 실제로 반대측이 승리했지만 아무 일도 일어나지 않았다. 혼란스러운 세계정세에도 유럽은 여전히 잘 돌아가고 있는 것이다. 그러면 없어선 안 된다고 떠들던 새 제도들이 과연 뭐에 좋았단 얘긴가?

새 제도들에 대해 국가 지도자들이 열성을 보이는 이유 또한 장 모네가 애초 생각했던 유럽연합의 원칙과는 다르다. 장 모네는 유럽의 평화와 번영을 위해 이 일을 추진했다. 두 세기 동안 국가 간의 외교만으론 얻을 수 없던 것들을 자유무역을 통해 이뤄보자는 획기적인 생각이었다. 장 모네는 처음의 목표에 부합하는 최소한의 제도만을 제안했다. 유럽연합이 초기의 목표를 달성했다면 그것은 모네의 이런 방법론 덕분이었다.

유럽연합의 출범시의 '전당'이었던 평화와 자유무역을 통한 번영을 뛰어넘어 이제는 더 높은 이상에 도전해야 할 때인가? 이보다 더 높은 단계라면 미국식 연방제도밖엔 생각나는 게 없다. 가상 유럽헌법과 미니조약 등도 이에 필요한 조치로 보인다. 하지만 이런 계획이 명확히 표명된 적은 한 번도 없다. 대중들 또한 두 가지 유럽연합 형태 중 어떤 걸 선택하겠느냐는 질문을 받아본 적이 없다.

첫 번째 선택은 시장과 유로의 단일화에 바탕을 둔 자유주의의 유럽이다. 이 선택은 자유주의 유럽을 장기적으로 보장해 줄 수 있다. 또 평화와 자유교역을 전제로 하기 때문에, 장 모네의 계획처럼 국경

을 뛰어넘어 터키나 러시아 같은 나라들에게도 문호를 개방할 수 있
다. 이런 자유주의 유럽은 암묵적으로 미국에게 세계의 헌병 역할을
위임하는 것을 전제로 한다. 따라서 비교적 가벼운 제도들과 중립적
인 군대만을 필요로 한다.

또 다른 선택은 유럽 제국이다. 연방국이 되면 유럽은 중앙정부를
두고 미국이나 아시아의 신흥 세력들과 경쟁해야 한다. 이 유럽 제국
이 유지되려면 각 나라들은 통치권을 포기하고 공동의 군사예산을
편성해야 한다. 유럽의회와 행정부는 나라별이 아니라 지역적 여건
에 따라 선출될 것이다. 유럽인들이 과연 여기에 찬성할까? 국민들은
한 번도 이런 질문을 받아본 적이 없다. 통일 유럽 제국이 유지되려면
각자의 영토와 정체성을 포기하지 않으면 안 되는데 경계선은 확실
히 그어지겠지만 여기엔 분쟁의 위험도 따를 것이다.

아일랜드나 프랑스, 네덜란드의 거부권 행사가 유럽 제국에 반대하
고 자유주의 유럽을 선택한 것이라면 지나친 해석일까? 거부한 사람
들 중에는 자본주의를 반대하는 세력부터 극단적인 자유주의자들까
지 다양하게 섞여 있을 것이다. 뭐가 뭔지 몰라 거부를 행사한 사람들
을 비난할 수도 없다. 제대로 대답하기엔 질문 자체가 모호했기 때문
이다.

그럼 이런 모호함을 제거해 버리면 어떨까? 그래서 "자유주의 유
럽, 제국주의적 유럽 중 어느 쪽을 택하시겠습니까"라고 묻는다면?
하지만 너무 명확하면 유럽인들 각자가 자기 입장을 고수하면서 대
립하게 될 수도 있다. 어쩌면 모호함 자체가 유럽연합의 매력이고
'현상유지'가 덕목일 수도 있다. 1년 전 앙겔라 메르켈Angela Merkel
독일 총리는 니스조약[76]의 '낡은 틀' 안에서 오히려 유럽인들의 이익

---

76) 2000년 12월 유럽연합(EU) 15개국 정상들이 프랑스 남부도시 니스에서 신
    규 회원국의 가입과 유럽연합의 확대에 따른 제도개혁에 관해 합의한 조약.

은 더 잘 관철될 수 있다고 말한 바 있다. 이제 순번에 의해 프랑스가 6개월 동안 유럽 의장국이 되었다. 니콜라 사르코지 대통령이 자기 임무를 잘 해주리라 믿는다. 존재 자체에만 의미를 두는 복잡한 절차를 만들어내느니 계획 자체를 명확히 규정하는 게 더 필요할 때다.

이제 여권 없이 유럽 국경을 넘거나 우로화를 내고 물건을 살 때마다 우리 모두 장 모네를 기억하자. 그의 소박함이 가장 효율적이었다는 사실과 함께……

인종우월주의자와 인종주의자

인종우월주의는 인종주의와 다르다. 인종주의는 다양한 민족들이 각기 다른 운명을 가졌다고 생각한다. 다시 말해 인종주의는 '우리들의 안녕'과 반대되는 개념인 '당신들의 안녕'이다. 하지만 이것이 '당신들의 불행'을 의미하진 않는다. 그러니까 인종우월주의는 인종주의에 인종 간의 서열을 더한 개념이라 보면 되겠다.

사르코지의 인종주의는 6월 30일 '프랑스3' 텔레비전을 통해 드러났다. 사르코지는 이민 제한 문제에 대해 말하면서 서인도제도 출신으로 보이는 오드리 퓔바르라는 여기자에게 "당신이 왜 이 문제에 관심이 많은지 이해할 수 있습니다"라고 말했다. 그리고 자신도 외국 이민자 출신이기 때문에 이런 사안에 민감하다고 덧붙였다. 같은 이민자 출신이라 서로 이해할 수 있으리라는 뜻이었다. 하지만 오드리 퓔바르는 엄연한 프랑스인이다! 사르코지는 여기자를 인간 본연의 모습이 아니라 눈에 보이는 인종적 특징으로 판단하는 실수를 저질렀다. 이것이 중요한 포인트다. 사르코지의 눈엔 그녀가 프랑스 시민이라는 사실보다 피부색이 더 중요했던 것이다.

사르코지의 이런 발언에 돌아온 것은 여기자의 차가운 대답이었다. 사르코지의 잘못을 지적하며 여기자는 "나는 한 인간으로서 이 문제에 관심을 갖는 겁니다"라고 대꾸했다. 순간 당황한 듯 사르코지도 "물론입니다, 인간으로서죠"라고 덧붙였다.

사르코지는 이미 2007년 10월 9일 다카르에서 "역사 안으로 들어오
길 거부하는 아프리카인"이라는 표현으로 인종차별주의 논란을 일으
킨 적이 있다.

인종차별주의는 논거가 빈약한 이론으로 그 오류는 수천 번이나 증
명된 바 있다. 이 주제에 대해선 몇 주 후면 탄생 100주년을 맞는 클
로드 레비-스트로스Claud Lévi-Strauss의 글을 다시 읽어보아도 좋으
리라. 그는 이미 50년 전 『인종과 역사』라는 책에서, "인류는 인종에
귀착하지 않으며 모든 인간들은 하나의 역사를 가지고 있는 것"이라
고 썼다.

또 한 가지는 더 이상 대통령의 연설문 작성자인 앙리 귀에노에게
인종우월주의의 책임을 돌리지 말았으면 한다. 그날 저녁 TV 토론에
서 사르코지의 발언은 대신 써준 대본에 의한 것이 아니었다.

베이징의 수탉

사르코지가 베이징 올림픽의 개회식에 참석하든 말든 이는 중요한 문제가 아니다. 지난 2년 동안 중국 정부는 줄곧 티베트와 몽골의 분리에 반대해 왔고 타이완에 대해 호전적 태도를 거두지 않았다. 프랑스 대통령이 어떤 태도를 취하든 중국은 반정부 민주인사를 한 명도 풀어주지 않을 것이다. 사르코지는 프랑스의 실질적 이익을 위해 자신이 올바른 선택을 했다고 여길 것이다. 물론 이것이 대통령으로서의 임무이기도 하다. 하지만 그가 티베트인들뿐만 아니라 그들보다 전혀 나을 게 없는 중국인들에게 아무 빚도 진 게 없다고는 말하지 않기 바란다.

달라이 라마나 잉그리드 베탕쿠르Ingrid Betancourt[77]의 경우도 그렇다. 늘 그렇지만 사람들은 대통령이 이 모든 것들을 다 해냈다고 생각하곤 한다. 이를 두고 '샹트클레르Chantecler 신드롬'이라고 한다. 샹트클레르는 에드몽 로스탕Edmond Rostand의 희곡에 등장하는 수탉 이름이다. 이 수탉은 자신이 울기 때문에 해가 뜨는 거라는 착각 속에 살고 있었다. 운명의 어느 날 샹트클레르가 더 이상 새벽에 일어

---

77) 콜롬비아의 전 대통령 후보였던 여인으로 2002년 콜롬비아 혁명 무장 세력에 의해 납치되어 있다가 6년 만인 2008년 프랑스 특수부대 요원들의 도움으로 구출되었다.

나지 못하게 될 때까지도 그는 착각 속에서 빠져나오지 못했다. 하지
만 어느 날 그가 새벽에 울지 않았는데도 해는 멀쩡히 하늘 위에 빛나
고 있었다.

자, 샹트클레르의 최후에 대해선 여러븐의 상상에 맡기겠다.

오른쪽으로 방향을 튼 오바마

정권을 잡는 것보다 원칙을 더 중요시하는 미국의 좌파들이라면 이제 자기들 후보를 잃은 것이나 다름없다. 오바마가 자기를 민주당의 대통령 후보로 만들어준 원칙들을 하나하나 포기하고 있기 때문이다. 그는 선거비용을 개인기금으로 충당할 것이고(그의 주요 후원자들은 변호사, 은행가, 사업가들이 대부분이고 소액 기부는 전체 선거비용의 45%에 지나지 않는다), 어린이 성범죄나 도청, 무기 소지 등에 대한 극형에 찬성하고 있으며, 가정을 돌보지 않는 흑인 아버지들을 비난하고, 종교단체들이 사회구조에 참여해주길 바라고, 주둔군과의 협의 없이는 이라크에서 철수하지 않을 거라 밝히고 있다. 이는 우파들의 신념과 일치하는, 매우 '부시적'이고 '보수혁신적'인 생각이다. 오바마는 이런 신념들을 모두 수용하려 하고 있다.

오바마의 급선회에 당황한 보수파 매케인 지지자들은 블로그를 통해 오바마를 '가면 쓴 사회주의자'라 비아냥거린다. 그는 기회주의적 중도파로 표를 얻기 위해선 무슨 짓이든 하는 정치꾼이란 것이다. 또 블로거들은 오바마가 미국을 위해서도 세계를 위해서도 전혀 새로운 메시지를 주지 못하고 있다 말한다. 오바마도 결국은 미국인이며 자신을 지금의 위치에 있게 해준 미국을 사랑할 수밖에 없다는 것이다.

　《월스트리트 저널》은 만일 오바마가 당선되면 그것은 부시가 세 번째로 대통령에 당선되는 꼴이라 말한다. 앞으로 어찌 될지는 두고 봐야 알겠지만.

실리콘밸리에 관하여

실리콘밸리는 작동을 멈추지 않는다. 이곳에선 모든 것이 허용되며(프런티어 정신이 살아 있고 규제가 없으므로), 모든 것이 가능하다. 정보기술 분야의 주역들이 모두 입주해 있는 건 아니지만 (예를 들어 스카이프Skype사는 에스토니아에 본사가 있다) 어쨌든 이곳을 거치지 않으면 안 된다고 버클리에 거주하는 《르 몽드》의 블로거 프랜시스 피사니는 말한다. 기업가들은 실리콘밸리에서 기술을 개발하고 은행 직원들과 광고업자들과 문화 종사자들을 만나 대화를 나눈다. 《와이어드Wired》[78]의 창간자인 케빈 켈리는 실리콘밸리의 성공 비결이 이민자들에게 있다고 말한다. 밑에서는 멕시코인들이 유지를 책임져주고, 위에서는 최고의 연구자들이 세계를 누비며 미래의 웹 세계를 만들어낸다. 구글연구소를 이끌고 있는 앨런 어스테스 씨는 몇 개국 사람들이 이 회사에서 일하고 있느냐는 물음에 'UN 가입국 수만큼' 이라고 대답한다. 세상에서 읽을 수 있는 것들은 구글에 다 있다고 보아야 할 것이다.

여기서는 '기업' 이라는 말 대신 '캠퍼스' 란 말을 사용한다. 스탠퍼드 대학교 옆에 있는 마운틴뷰엔 캠퍼스들이 줄지어 들어서 있다. 담

---

78) 미국 월간 잡지. 1993년 3월 창간. 기술이 문화, 경제, 정치에 미친 영향을 주로 다루고 있다.

장 같은 건 찾아볼 수 없는 이곳에선 오락시설들과 미용실, 카페, 마사지숍들이 24시간 문을 연다. 부서는 따로 없으며 비슷한 분야들끼리 팀을 이루거나 혼자서 프로젝트를 수행한다. 앨런 어스테스에게 언제쯤이면 구글 검색이 연대순으로 정리될 수 있느냐고 물어보았다. 구글에선 대부분 도큐먼트가 날짜별로 정리되어 있지 않다. 구글도 이 작업을 벌이고 있지만 그리 간단하지 않으며 하루 이틀에 해결될 것 같지 않다는 게 앨런 어스테스의 대답이었다.

그에게 다른 질문을 던졌다. "구글이 전문가들의 검증을 거치지 않은 자료들을 인기순으로만 분류하는 게 지나치게 미국적이라 생각하지 않습니까?"

"그렇긴 합니다. 하지만 'Wisdom of the crowd' 즉 대중의 지혜가 전문가들의 지식을 압도할 때도 있습니다." 어스테스의 답변이다.

구글이 약속해 줄 수 있는 것은 여기까지다. 구글은 지식의 대결장이 아니라 검색엔진일 뿐이기 때문이다. 그것도 20개의 언어로 이루어진…… 대중의 지혜가 미국만의 것이 아니라는 걸 구글은 증명해 주고 있다.

구글도 언젠간 임자를 만나게 될 것이다. 이제 더 이상 독점이 불가능해진 마이크로소프트처럼 말이다. 그 상대는 물론 실리콘밸리의 어딘가에서 성장하고 있을 것이다. 실리콘밸리에 다 모여 있는데 다른 어디에서 상대를 찾겠는가? 베이징? 파리? 방글로르[79]? 이렇게 안락한 삶과 좋은 날씨, 높은 보수, 거기에 코스모폴리탄의 지위까지 제공받을 수 있는 곳이 세계 어디에 또 있을까?

스탠퍼드 후버연구소의 경제학자 마이클 베른스탐은 일단 자본이 한 곳으로 집중되기 시작하면 계속 몰리는 특성이 있다고 말한다. 미

---

79) 인도 남부의 도시.

국의 일인당 국민소득은 1820년 이미 유럽을 포함한 모든 나라들을 앞섰다. 미국에도 여러 번의 경제위기가 닥쳐왔었지만 이후 어떤 나라도 미국을 따라잡은 적이 없다. 미국의 성장 '트렌드'는 연 2%를 유지하고 있으며 1%의 인구증가율까지 계산하면 장기적으로 연 3%의 성장 트렌드를 기록하고 있다. 1930년, 1975년, 그리고 2007년의 경제위기 때도 마찬가지였다. 몇몇 나라들이 분발하여 이런 '트렌드'를 뒤쫓으려 했지만 결국 미국을 넘어서는 데 실패했다. 미국을 앞지르기 위해선 미국보다 더 월등한 기술개발을 이뤄내야 하지만 아직 어떤 나라도 그렇게 하지 못하고 있다. 지식이나 경제에서 미국과 같은 여건을 갖추지 못한 때문이다. 미국을 따라잡기 위해선 국가의 통제보다는 더 야생적인 자본주의가 필요하다.

"미국의 특성과 장점은 바로 혁신의 능력에 있습니다. 유럽의 특성이 전통에 있는 것처럼 말입니다." 베른스탐의 지적이다.

각자는 다 자기만의 특기를 가지고 태어난다.

대륙간의 충돌

오늘 버펄로에서 나는 나노 산업 쪽의 한 젊은 회사를 만났다. 나노다이내믹스Nanodynamics라 불리는 이 회사는 아마 조만간 시장을 석권하게 될 것이다. 이 회사를 통해 유럽인들이 명심해야 할 중요한 교훈 세 가지 얻을 수 있었다.

이 회사의 창업자인 케이스 블레이클리Keith Blakely 씨에 따르면 기초분야 연구에서는 유럽이나 일본도 미국 못지않으며 오히려 나은 면도 있다. 그 뒤를 한국이 바짝 쫓고 있으며 인도가 뒤따르고 있다. 이 분야에서 중국은 많이 뒤처져 있다. 하지만 미국의 기업들과 시장엔 남다른 열정이 있다. 프랑스 사람들이 학문적 업적을 이룩한 데 만족하는 대신 미국인들은 이것이 상품이 되어 팔리기 전까지 결코 만족하지 못한다. 그러니까 미국인의 장점은 기술 자체보다 기술을 응용하는 능력에 있다. 옛날 에디슨이 그랬던 것처럼, 블레이클리도 새 기술이 나오면 그것을 어디에 어떻게 팔까 고민한다고 한다. 그에겐 시장이 연구와 노력에 대한 보상이자 최종 심판자인 셈이다. 이것이 일인당 국민소득에서 유럽을 추월한 1820년부터 줄곧 유지되어온 미국의 성장동력이다.

또 다른 교훈은 대학 연구기관들과의 긴밀한 연관성이다. '나노다이내믹스' 도 연구개발을 지역의 대학에 위임하고 있으며 그 대학 교수들을 연구고문으로 위촉하여 보수를 준다. '나노다이내믹스' 가 제품을 생산하는 사이 대학들은 연구를 한다. 두 분야가 완벽한 공조를 이루면서 폐업한 공장(섬유 공장, 제련 공장들)들로 넘쳐나던 뉴욕 북부지역이 다시 활기를 찾고 있다.

'나노다이내믹스' 도 '창조적 파괴' 의 상징적 기업이라 할 수 있는 포드의 옛 공장에 자리를 마련했다.

세 번째 교훈은 문화의 다양성이다. '나노다이내믹스' 는 구글이나 IBM처럼 UN 회원국 수에 맞먹는 나라에서 온 직원들이 일하고 있다. 방글라데시 출신으로 이제는 코스모폴리탄이 된 나노 기술자 수반카르 센굽타Suvankar Sengupta 씨는 정수淨水 분야의 연구원이다. 그는 다양한 다문화권 출신 연구자들이 서로 부딪치는 가운데 연구가 더 빨리 진전될 수 있다고 말한다. 사고방식이 다른 사람들이 다양한 각도로 문제를 바라보기 때문에 '나노다이내믹스' 가 더 빨리 발전할 수 있다는 것이다.

2008년 7월 22일

인도-미국 대연합

주목할 만한 사건이 일어났다. 공산주의자들과 민족주의자들의 반대에도 불구하고 인도 의회가 미국과 핵 공조 조약에 합의했다. 인도가 핵무기를 포기하지 않을 것이란 얘기다. 오랜 세월 적대관계였던 두 나라는 이제 협력관계로 돌아섰다. 조지 부시 대통령이 이루어놓은 이 성과는 리처드 닉슨이 중국 공산당을 인정했을 때만큼이나 역사적이다.

이 두 나라를 맺어준 것은 무엇일까? 그것은 민주주의와 자본주의이다. 그리고 인도와 일본, 남한에 포위돼버린 중국을 함께 견제하겠다는 공통된 생각이다. 이번 인도와 미국의 조약은 매케인 상원의원이 기획하고 있는 '민주주의 세계연합' 에 새로운 힘을 줄 것이다.

인도의 태도 변화는 프랑스에게 있어선 횡재나 다름없다. 아레바 Areva[80])도 이제 인도에 핵 기술을 팔 수 있게 된 것이다. 물론 미국 회사들과 경쟁을 거쳐야 하겠지만. 따라서 이제 프랑스 외교 대표단들도 중국 공산당 앞에 굽신대는 대신 서둘러 인도 쪽으로 발걸음을 돌려야 할 것이다.

---

80) 프랑스의 원자력 회사.

"방해가 됐나요?"

에릭 랑주Eric Lange의 초청으로 프랑스 엥테르France Inter[81]의 한 프로그램에 출연하게 되었다. 프로그램의 제목은 〈방해가 됐나요?〉였다.

우리들은 한 시간 동안 경제와 대학, 중국 등 급부상 중인 나라들, 이스라엘과 이슬람 문제 등 여러 가지 주제를 놓고 얘기를 나누었다. 주제가 너무 많기는 했지만 모두 내가 관심을 가지고 있던 문제들이다. 또 우리는 유전자변형작물에 대해서도 이야기했다. 이 주제에 대해선 필자와 양돈업자 한 사람만 찬성하는 입장이었다. 전체 한 시간 중 이 문제에 대해선 겨우 3분밖에 할애되지 않았다. 그리고 바로 프랑스엥테르 웹사이트에 대한 논쟁으로 넘어갔다. 그 자리에 있던 패널들은 유전자변형작물을 찬성하는 내 입장에 일제히 비난을 퍼부었다. 하지만 늘 당하는 '일상적인' 모욕을 빼고 귀에 남는 말은 없었다. 우리가 이런 종류의 토론에 굳이 당파적, 종파적 액션을 취해야 하는 이유를 모르겠다. 조세 보베는 프랑스에서 1%의 표만을 얻었지만 내가 보기엔 그 이상의 조직력을 갖고 있다. 솔직히 나는 발전에

---

81) 프랑스 공영 라디오 방송국인 라디오 프랑스Radio France가 보유한 채널 중 하나.

대한 증오와 새로운 것에 대한 두려움으로 똘똘 뭉친 이런 세력들을 도저히 이해할 수 없다. 비관주의가 오늘날 프랑스를 갉아먹고 있는 건 아닌가 싶다. 대체 프랑스가 자랑하던 계몽주의 정신은 어디로 사라져 버렸단 말인가?

생물학자들이 왜 프랑스를 떠나고 있는지 이해할 수 있을 것 같다. 루이 파스퇴르가 지금 시대를 살고 있다면 어떤 선택을 했을까? 아마도 뤽 몽타니에Luc Montagnier[82]처럼 뉴욕으로 떠나 버렸을지도 모른다.

[82) 프랑스의 바이러스 학자. 인간의 면역결핍증을 일으키는 HIV 바이러스를 발견한 공로로 2008년 노벨생리의학상을 공동수상했다.

제스 오웬에서
로페즈 로몽까지

제시 오언스Jesse Owens은 1936년 베를린에서 육상 100m를 포함 4개의 금메달을 땄다. 당시 히틀러는 이 미국 흑인 선수를 축하하기 싫어 서둘러 올림픽 스타디움을 떠났다.

2008년 베이징에서는 육상 선수인 로페즈 로몽Lopez Lomong이 미국 대표로 미국 국기를 들고 입장할 예정이다. 수단 출신으로, 다르푸르 해방을 위한 미국 위원회 회원이기도 한 로몽은 18개월 전 미국으로 망명하여 미국 국적을 얻었다.

히틀러와는 다르지만, 중국 공산당 주석이 되기 전 티베트 지역 당 서기를 지냈고 수단의 독재자와도 긴밀한 관계를 유지하고 있는 후진타오는 미국의 자랑인 로몽의 손짓 하나하나를 유심히 지켜볼 것이다.

후진타오가 '마오 왕조' 마지막 군주가 되길 바란다.

만족한 중국인들

10억의 중국인들 중 단 77명만이 베이징 올림픽 기간 동안 저지선 안에서 시위를 하겠다는 신고서를 제출했다. 그러나 이 요구는 불법이라는 이유로 당에 의해 모두 거절당했다.

탄원서를 제출한 사람들 중 77세와 79세의 두 노인이 있었다. 자신들의 집이 몰수당한 것에 항의하기 위해 신고서를 제출했는데 두 사람 모두 1년간 '노동을 통한 재교육' 이라는 형벌을 받게 되었다.

소련의 끝나지 않은 고민

러시아 군대가 그루지야 북부를 침공했다. 우연인지 몰라도 1917년부터 러시아의 지도자들은 언제나 먼저 총을 쏘고 나서 나중에 협상을 요구했다. 이런 러시아의 폭력에 러시아인들 자신을 포함해 우크라이나, 발트해 국가들, 타타르, 헝가리, 아프가니스탄, 체첸 그리고 그루지야까지 많은 나라의 국민들이 희생을 치러야 했다.

러시아 지도자들 중 고르바초프만이 1989년 발트해 연안 국가들과 동독에 대한 침공 요청을 거부했다. 그리고 이때부터 소련은 몰락하기 시작했다.

한때 제국의 국민이었던 약 2천 5백만에 이르는 러시아인들이 갑자기 '피에 누아pied-noir'[83)]가 되어 신생 독립국에 남게 되었다. 이들 구소련 독립국들의 현 국경은(식민지에서 독립한 사하라 이남의 아프리카의 국경처럼) 스탈린이 통치하던 때 그가 멋대로 선을 그어 정한 것이었다.

이제 언제 추방당할지 모를 위협에 처하게 된 러시아인들은 졸지에 독립국가 내 소수민족으로 전락한 자신들의 처지에 당황하고 있다. 카자흐스탄처럼 러시아인들이 아직 힘을 가진 곳도 있지만 다른 대

---

83) '검은 발'이라는 뜻의 불어로 프랑스 식민지 시절 알제리 출신의 프랑스인을 말함.

부분의 독립국에선 그렇지 못하다. 레토니아에서는 러시아인들이 공직에 몸담을 수 없으며 우크라이나에서는 나라 안에 자신들만의 구역을 만들어 살고 있다. 그럼 그루지야에서는 어떨까? 그루지야 내 러시아인들은 그루지야에 강제로 동화될까봐 두려워하고 있다.

물론 이런 변명들이 러시아의 그루지야 공격을 조금도 정당화시켜 주지 못한다. 하지만 이를 해석해 보면 이렇다. 남오세티아에 대한 공격이 고립된 러시아인들을 보호하기 위해서라고 하지만 그 너머엔 나토 국가들에 포위당할지도 모른다는 러시아의 불안이 자리잡고 있다. 방법은 치졸했지만 어쨌든 모든 협상안은 고립된 러시아인들의 상상인지 현실인지 모를 지위 문제에 초점이 맞춰졌다. 누군가가 썼듯이 지금 우리는 러시아 식민지 해체를 넘어 다시 구소련의 재결합이란 새로운 국면으로 넘어가고 있는 건지도 모르겠다.

"내가 그루지야를 줄였어요"

니콜라 사르코지가 미국 영화 〈애들이 줄었어요(원제:Honey, I Shrunk the Kids)〉를 보고 깊은 인상을 받은 모양이다. 사르코지는 러시아에게서 그루지야의 국경은 인정 못 해도 자치는 인정하겠다는 동의를 받아냈다고 말한다. 대부분의 사람들은 그루지야가 어디에 붙어 있는지조차 모른다. 이미 없어진 나라거나 아니면 폴란드의 'Père Ubu' [84]처럼 록 밴드 이름일 거라고 생각하는 정도다. 하물며 오세티아는 어떨까? 오세티아 사람들이 무슨 생각을 하는지 아는가? 오세티아 사람이 자기 나라 말로 뭔가 주장하는 걸 들어본 적이나 있는가? 그들은 러시아 덕분에 그루지야의 압제로부터 해방되었다고 여길까, 아니면 반대로 생각할까? 그루지야인들이 불 같은 성격의 대통령 뒤에서 분열을 겪고 있듯이 아마 오세티아 사람들도 우왕좌왕하고 있을 것이다. 그루지야의 사카슈빌리 대통령이 미국에 자꾸 손을 벌리는 것도 미국은 부담스럽기만 하다. 그의 친미 감정은 어딘가 비정상인 데가 있기 때문이다!

옛날 역사를 보면 이렇게 복잡하게 얽힌 민족문제를 정치적으로 해결하기 위해 '제국' 을 건설했다. 예전 오스만제국이나 러시아제국,

---

84) 1970년대 미국에서 활동했던 실험적 록 밴드.

프랑스, 오스트리아-헝가리 제국 등이 그런 경우였다. 하지만 현재 이런 제국을 대신할 만한 제도로는 '유럽연합' 정도가 유일하다. 하지만 유럽연합이 제국과 다른 점은 정치가 아닌 경제적으로 통합을 이루었다는 점이다. 따라서 우리는 유럽연합이 멀리 러시아, 터키까지 뻗어나갈 것을 기대해야 한다. 나토보단 유럽연합이 이 지역의 복잡한 문제를 해결하는 데 훨씬 좋은 방법을 제공해주기 때문이다.

이제 런던으로!

중국 올림픽에 분노했던 사람들에게 나는 스포츠에 대한 현대인들의 열광이 파시즘이나 반反지성주의와 늘 연관이 있었다는 이야기를 들려주고 싶다. 이 주제에 대해 알고 싶다면 '부르주아들의 아페리티프' 대신 '캠핑과 스포츠의 프랑스'를 찬양했던 드리외 라 로셀Drieu la Rochelle[85]의 책을 읽어 보아도 좋을 것이다.

미국 역시 이런 스포츠의 '부작용'에서 비껴설 수 없었다. 미국은 1920년대 유명 대학의 입시에 운동경기를 도입하기도 했는데, 이는 스포츠에 약하다고 여겨지는 유대인들의 입학의 막기 위해서였다고 한다. 물론 이런 속설은 잘못된 것으로 밝혀졌지만.

올림픽의 최종 메달 집계(특히 중국과 러시아가 심하다)에 대한 집착은 이 경쟁 스포츠(올림픽은 진정한 아마추어 스포츠라 할 수 없다)가 독재 이데올로기와도 깊은 관련이 있음을 드러내준다.

우리는 언제나 돈과 군사력(베이징에서는 모든 것이 군대에 의해 통제된다)으로 얼룩진 올림픽에 종지부를 찍을 수 있을까? 2012년에

---

85) 20세기 중반 프랑스의 소설가. 1930년대에 파시즘의 대두와 함께 우익화하여, 독일과 제휴한 프랑스의 재건을 주창하였다. 제2차 세계대전 중에는 《NRF 신프랑스 평론》지 편집자로서 나치스에 협력했으며 대전 후 책임을 지고 자살했다.

열릴 런던 올림픽에서는 나치스가 '뉘른베르크 횃불행진' 으로 길을
열었던 '과시용 올림픽' 의 끔찍한 행진이 멈추어주길 바랄 뿐이다.
그래서 올림픽이 진정한 인류의 축제가 될 수 있도록!

솔제니친이 옳았다

1991년 소련의 붕괴로 솔제니친은 선지자가 되었다. 그는 글에서 소련에 의해 집단적으로 고통을 받은 최고 피해자들은 바로 러시아인들이라고 했었다. 덧붙여 그는 연방들이 독립할 때를 대비해 미리 러시아 국경을 그려놓아야 한다고 했다. 스탈린이 하나의 민족을 둘로 가르거나 소수민족을 편입시키는 식으로 연방들의 국경을 제멋대로 나눈 바람에 국경과 민족 분포가 일치하지 않았던 것이다. 스탈린은 러시아에 예속된 연방들이 안정된 국가를 이루지 못하도록 이런 식으로 국경을 나누었다.

하지만 사람들은 솔제니친의 말을 귓등으로 흘린 채 죽은 스탈린의 생각을 그대로 따랐다. 새로 생기거나 재구성된 독립국들 안에서 2천 5백만 명의 러시아인들이 갑자기 조국을 잃고 망명객 신세가 되었으니 어떻게 안정된 국가를 이룰 수 있겠는가? 이렇게 해서 우크라이나나 그루지야와 같은 나라에 포함돼 버린 러시아인들은 그 나라 독재자들이 민족주의를 주창하자 마지막 수단으로 모스크바에 도움을 청하게 된다. 그루지야인들보다도 러시아에 더 감정이 많은 아제르바이잔 사람들도 자국 내 러시아인들을 공격하는 일은 없었으며 라트비아도 마찬가지였다. 하지만 그루지야에서는 다혈질 대통령의 선동으로, 유고슬라비아의 밀로세비치가 코소보의 알바니아계 주민들에게 했던 것만큼 잔인하진 않아도, 압하지아나 남오세티아 자치구의 러시아인들에 적대적인 행동을 취했다. 문제는 그루지야 대통령이 이런 눈먼 증오에 만족하지 못하고 오세티아를 완전히 병합하겠다는 야심을 품었다는 것이다. 그의 이런 행동은 광적으로 전쟁을 좋아하는 푸틴(필자가 만나 본 여러 나라의 수장 중 섬뜩하다고 느꼈던 유일한 인물이다)에게는 주머니에 굴러들어온 횡재나 다름없었다.

만약 우리가 솔제니친의 말에, 그리고 그의 민주화 구상(『어떻게 우리 러시아를 쇄신할까?』, 1990년 Fayard 출판사)에 미리 귀를 기울였다면 그루지야 전쟁은 일어나지 않았을 것이다. 아니, 러시아에 공격당하고 있는 그루지야를 지원하면서도(다른 선택이 없기에) 최소한 거부감을 느끼진 않았을 것이다. 하지만 그루지야를 지원하는 일은 하나의 제스처일 뿐 근본 해결책은 되지 못한다!

누가 인권을 지켜줄까?

엘리제궁에서 일어난 일이다. 니콜라 사르코지가 미리 준비한 원고를 읽지 않고 즉석연설을 했다. 이 연설에서 그는 인권단체들, 특히 자신이 인권을 짓밟았다고 비난하는 이들을 향해 맹공을 퍼부었다. 기백 넘치는 우리의 대통령께서는 자신의 활동이 NGO들보다 더 영향력을 갖고 있다고 생각한 모양이다. 그는 불가리아인 간호사들[86]과 잉그리드 베탕쿠르의 석방을 그 예로 들었다. 더불어 자신이 직접 개입해 수천 명의 생명을 살린 그루지야에 대해서도 얘기했으며 러시아와 중국에 대해서도 언급했다. 그러고 나서 마음에 차지 않아도, 러시아나 중국 국민들이 자기 정부를 지지하고 있으며 경제발전을 이뤄준 데 감사하고 있는 걸 인정해야 한다고 말했다. 그날 그의 연설을 듣기 위해 모인 프랑스 내 외교관들은 아무 반응도 없었다. 하긴 그게 그들의 직업이니까.

---

86) 1999년 리비아의 벵가지 아동병원에서 불가리아 간호사들이 438명의 어린이들에게 고의로 에이즈 바이러스에 오염된 혈액을 수혈한 혐의로 체포된 뒤 사형선고를 받고 2007년까지 구금되었다가 석방되었다. 이들은 구타와 전기 충격 등 리비아 당국의 극심한 고문을 못 이겨 허위로 혐의를 시인했다고 주장했으며, 이들의 얘기가 국제 인권단체들과 유럽연합(EU)에 알려지면서 본격적인 구명운동이 벌어졌었다.

그의 말이 다 옳다 쳐도 그가 내린 인권의 정의는 납득할 수 없는 것이었다. 그는 마치 중국과 러시아의 지도자들을 대신해 연설하듯 말했다. 중국과 러시아 지도자들은 이렇게 말한다. "우리 국민들 모두는 경제발전에 만족해하고 기뻐하고 있습니다." 하지만 그 나라 국민들이 그렇게 느끼는지 어떻게 안단 말인가? 그들이 그렇게 만족한다면 왜 투표나 여론을 통해 의견을 표현할 수 있는 길을 열어주지 않는 걸까? 정부가 국민들의 행복과 만족을 표현하지 못하도록 막고 있다는 건 정말 우스운 일이 아닌가?

대다수 국민들이 푸틴과 후진타오의 정권을 지지하고 있다는 사르코지의 말이 백번 맞다 치자. 그렇다 해도 반대하는 소수들의 문제는 그대로 남는다. 인권이란 이런 소수와 반대파들의 의견과 권리를 존중하기 위해 존재하는 것이다. 그리고 이런 소수파들과 반대파들이 중국과 모스크바에 분명 있다는 걸 우리는 알고 있다.

니콜라 사르코지는 자기 임무대로 한 것이고 대사들도 자신들의 임무를 수행한 것이다. 그렇다면 이제 주제넘은 사람이 나서서 원칙과 가치를 상기시켜 주어야 할 때다. 민주주의의 좋은 점은 나 같은 사람도 엘리제궁에 초대될 수 있다는 것이다. 중국이나 러시아였다면 나는 아마 감옥에 있거나 더 험한 꼴을 당하고 있을 것이다.

미국 경제의 저력

최근의 신용담보대출 위기나 경기침체 등과 상관없이 경제학에서 정말 중요한 것은 장기적 흐름(트렌드)이다. 그러면 때로 나라 전체가 혼돈에 빠져도 다시 일어서게 만드는 미국의 활력은 어디에서 오는 걸까? 이를 이해하기 위해서는 과거로 거슬러 올라가볼 필요가 있다. 경제는 언제나 긴 역사 속에서 그 모습을 드러내기 때문이다.

사람들은 잘 모르고 지나갔지만 1820년은 실제로 큰 의미가 있는 해였다. 이 해에 미국의 일인당 국민소득이 처음으로 유럽을 앞섰으며 이후론 유럽이 한 번도 미국을 따라잡지 못했다. 이렇게 된 것은 두 대륙을 갈라놓은 대서양의 거리만큼이나 큰 문화적 차이 때문이었다.

민주적이고 평등한 미국 사회에서 생산자들은 국민들의 동일한 취향을 만족시켜주지 않으면 안 된다. 그런데 규격화와 기계화는 이런 '정치적' 요구에 대한 '경제적' 해답이 될 수 있다. 이런 민주주의적 열정은 오늘날의 체인점 형태에서도 잘 나타난다. '신 경제'[87]에서도 이런 면들은 쉽게 찾아볼 수 있다. 예를 들어 구글에서 검색되는 사이트들은 전문성이 아니라 방문자 수에 따라 분류된다. '집단의 지혜'

---

87) 정보통신 분야의 기술 혁신을 통해 생산성을 지속적으로 증가시키는 경제를 말한다.

가 전문가들의 선택보다 우선시되고 있는 것이다.

반대로 유럽은 엘리트와 전문가들이 지배하는 사회다. 귀족사회였던 유럽에선 엘리트들이 자신의 능력으로 기업들을 운영해 왔다. 그래서 물건에선 완벽성을 추구했지만 규격화되지는 못했다. 때문에 유럽은 늘 고가품과 명품의 대륙으로, 혁신보다는 보수의 대륙으로 남아 있다.

유럽인들이 본능적으로 과거에 집착하는 반면 미국인들은 '혁신', '위험', '미지' 등의 단어에 매료된다. 미국에선 새로운 것이라면 뭐든 열성적으로 받아들이지만 유럽에선 일단 경계부터 하고 본다. 현대 경제학 용어에서는 혁신을 추구하는 성향을 '창조적 파괴'의 원칙이라 부른다. 미국에선 쉴새없이 혁신이 이루어져 낡은 것은 늘 새로운 것으로 대체된다. 경제가 도약을 통해 성장하기 때문에 때론 투기성 거품에서 다른 거품으로 건너뛰기도 한다.

20세기 초 미국엔 3천여 개의 자동차 업체들이 있었지만 지금은 2천여 개밖에 남지 않았다. 2000년 당시 실리콘밸리엔 5천여 개의 인터넷 소프트웨어 기업들이 있었지만 지금은 그 중 80%가 없어졌다. 서브프라임 사태도 이런 과정의 하나로 볼 수 있다. 수천 개의 은행들이 파생상품인 서브프라임을 기획하여 혁신을 꾀했고 이 중 수백 개가 사라진 것이다. 거품은 붕괴되었지만 앞으로도 더 많은 미국인들이 자동차를 구입하고 인터넷을 이용할 것이며, 지금의 신용담보대출 위기를 극복하고 더 많은 집들을 구입할 것이다.

이 '창조적 파괴'의 대차대조표를 작성해 보면 전체적으로 낙관적이다. 위험에의 도전, 혁신에의 열정 그리고 대량 구매시장이 바로 미국 경제를 이끄는 힘이기 때문이다.

혁신을 위해선 많은 달러가 필요하지만 지금까지 달러가 부족한 적은 없었다. 서브프라임이나 달러화 약세에도 불구하고 자본은 언제나 미국으로 몰려든다. 그래서 대체할 통화가 필요하다고 말할 수도 있다. 하지만 이 경제의 '리바이어던'[88]을 먹여 살리기 위해 미국은 안정된 법제도 그리고 다른 곳에선 찾을 수 없는 부를 약속해준다.

그리고 또 하나 덧붙여야 할 것이 바로 지식이다. 미국의 혁신은 대학과 기업 간의 협력체제에서 나온다. 유럽에선 생소한 개념으로서 의심의 눈초리로 쳐다보는 산학협력은 결국 기업과 대학 모두에게 이득을 가져다준다.

미국에서 국가는 있으나마나한 존재가 아니다. 국가 자체가 경제성장의 원동력인 적은 없었지만 사회적 간호사나 최종적 구제자의 역할을 충실히 해왔기 때문이다.

미국 경제가 지나온 과정은 유럽하고는 너무 많은 차이가 있기 때문에 유럽에선 사진의 모델로 적용할 엄두도 내지 못한다. 그렇기 때문에 미국의 리더 자리를 아무도 빼앗을 순 없을 것이다. 1930년 대공황 당시 프랭클린 루즈벨트가 미국 경제를 사회주의화(이로 인해 위기는 더 깊어졌다)했던 걸 제외하고 미국의 어떤 선거도 미국의 경제모델을 근본적으로 바꿔놓지 못했다. 버락 오바마도 자본주의 자체나 물가의 안정을 책임지는 연방은행제도에 대해서는 이의를 제기하지 못한다.

하지만 사람들은 미국의 이런 경제 활력에 대해 부인하고 싶어 한다. 니콜라 사르코지는 아마르티아 센Amartya Sen(영국계 인도인, 옥스포드 · 하버드 · 케임브리지 대학 교수, 1998년 노벨 경제학상 수상)과 조셉 스티글리츠Joseph Stiglitz(미국인이며 변형세계화주의자, 컬럼비아 대학 교수, 2001년 노벨 경제학상 수상) 두 경제학자들에게

---

88) 구약성서에 나오는 괴물. 홉스는 『교회 및 시민 공동체의 내용 · 형태 · 권력』이란 책에서 교회권력으로부터 해방된 국가를 리바이어던에 비유했다.

기존 경제지수와는 다른 프랑스의 행복지수를 측정해 달라고 의뢰했
다. 이런 시도는 전에도 여러 번 있었는데, 특히 미국식 자본주의를
탐탁하지 않게 여기는 UN에서 많이 쓰던 방법이다. 하지만 안타깝게
도 결과는 경제적으로 활기 있는 나라가 침체된 곳 국민들보다 훨씬
행복한 것으로 나타났다. 경제성장이 세상 모든 문제들을 해결해 주
지는 못한다. 하지만 활기를 잃어버린 경제는 아무 문제도 해결해줄
수 없다.

태평양 수호대

역사의 현장은 어디인가? 오늘 아침 미국의 핵 항공모함 조지 워싱턴 호가 5천 명의 해군을 태우고 일본 도쿄 남쪽 요코스카 주둔지로 들어왔다. 조지 워싱턴 호는 태평양의 평화를 책임지고 있는 제7함대의 새로운 중심 역할을 할 것이다. 선상에는 미국 해군사령관과 일본 해군사령관 그리고 두 나라의 참모들이 자리를 함께했다. 군 담화문에서는 일본과 미국의 변함없는 우호관계를 특별히 강조했다. 중국과 최근 핵실험을 감행한 북한의 그림자가 이 날의 행사장을 무겁게 짓누르고 있었다.

제7함대의 역할은 이곳의 잠재적인 충돌 위험 지역에서 마찰이 일어나지 않도록 안전을 지키며, 세계무역의 통상로의 안전을 보호해 주는 것이다. 컴퓨터나 텔레비전, 아이팟 같은 물건들은 서방에서 기획되어 한국에서 보완되며 일본에서 다듬어지고 중국에서 조립되어 홍콩이나 싱가포르를 경유하여 수출된다. 물건 가격을 낮추고 많은 이들에게 일자리를 나누어주는 이런 ‘분업’은 제7함대와 같은 조용하고도 막강한 ‘경찰’이 경계를 늦추지 않고 지켜주기 때문에 가능한 것이다. 이런 사실은 아시아가 다 알고 일본이 인정하지만 유럽만은 애써 외면하고 있다.

마치 미국식 드라마 각본처럼, 워싱턴 호에서 가장 먼저 하선한 사람들은 막 아이 아빠가 된 병사들이었다. 이들은 항해 중에 아이가 태어나는 바람에 한 번도 아이의 얼굴을 보지 못했다. 선착장에 나온 아내들은 갓 태어난 아기들을 안아서 아빠들에게 보여주었다. 항공모함에 오르기 위해 나는 이동식 플랫폼에 올랐다. 아래쪽 갑판에서 이륙장까지 비행기를 옮기는 장치였다. 마침 승강기가 고장이 나서 플랫폼을 이용할 수밖에 없었다. 조지 워싱턴 호 같은 배도 완벽할 수는 없는 모양이다. 하지만 조지 워싱턴 호가 없다면 언제 중국이 타이완과 전쟁을 벌이거나 남북한이 충돌하거나 해적들이 말라카 해협을 점령할지 모른다.

제7함단을 지휘하는 버드Bird 장군이 동쪽의 하와이에서 서쪽의 마다가스카르까지 모든 배의 움직임을 감시할 수 있는 레이더 영상을 내게 보여주었다. 레이더 영상엔 중국 함대의 움직임도 선명하게 포착되었다. 무기를 적재한 중국 함대는 해안에서 멀지 않은 곳에 정박해 있었다. 독도 영유권을 둘러싼 충돌에 대비해 대치하고 있는 일본과 남한의 전함이 중국 선박을 저지하기 위해 대만해협으로 달려가거나 중국과 베트남, 필리핀이 분쟁을 벌이고 있는 스프래틀리 군도로 향하고 있는 모습도 보였다. 더 서쪽의 인도양에서는 최근 미국과 좋은 관계를 유지하고 있는 인도 선박들의 이동 모습도 볼 수 있었다.

버드 장군은 충돌에 개입하지 않는 것이 이 함대의 최종 목표라고 말한다. 함대는 그 존재를 알리는 것만으로도 충분히 임무를 다한 것이며 만약에 전투를 벌인다면 이미 임무 수행에 실패한 것이란 말이다. 따라서 제7함대의 임무를 요약하던 '각 나라의 평화적 통상 교류를 보호해주는 것'이라고 버드 장군은 말한다.

요코스카 항이 1860년대 프랑스 회사에 의해 지어졌다는 사실에 나는 애국적 자부심을 느꼈다. 이때부터 일본 왕실에 프랑스 요리가 제공되기 시작했다고 한다.

두 노벨상 수상자의 근황

지금 장 마리 르 클레지오는 뉴멕시코에 살고 있으며 뤽 몽타니에는 뉴욕에서 살고 있다. 우연인지 몰라도 올해 노벨상을 받은 두 명의 프랑스인들이 모두 미국에 머물고 있다. 물론 그렇다고 그들이 프랑스인이 아닌 것은 아니지만.

흑인 문제의 종식

미국의 흑인들은 오바마 대통령을 자신들과 같은 부류로 생각할까? 흑인 십대들은 잘 교육받은 오바다의 딸들을 보면서 자신의 롤모델로 삼을까? 그렇다고 말할 수 없는 것이, 오바마 자신도 완전한 흑인은 아니기 때문이다. 그는 흑인들의 굴곡진 역사나 문화를 직접 공감해보지 못했다. 하지만 미셸 오바마는 다르다. 그녀는 자신의 의지와 노력으로 흑인이라는 불리한 조건을 극복하여 지금 위치에 올랐다.

오바마가 앞으로 어떤 정치를 펼칠지, 어떤 평가를 받게 될지 몰라도, 오바마가 대통령이 됐다는 사실만으로 80% 이상의 미국 흑인들이 겪고 있는 사회부적응, 폭력의 악순환(미국에서 벌어지는 대부분의 범죄는 흑인들 사이에서 일어난다), 아빠 없는 가정, 사회적 적대감(또는 사회가 보이는 적개심) 등의 문제들에서 헤어날 수 있게 되었다. 만약 오바마가 흑인 문제를 종식시킨다면 그는 당선되었다는 것만으로 미국을 변화시키고 인종편견에 의한 국가 분열을 해소한 대통령으로 기억될 것이다.

오바마, 열정과 낡은 횃불 사이에서

오바마 주변은 늘 신비로운 열정으로 둘러싸여 있다. 유럽인의 눈에 그는 인종이란 장벽을 뛰어넘은 영웅적 인물이다. 실제로 겪어보지 못했기 때문에 우린 인종차별이 어땠었는지 잘 알지 못한다. 또 우리 유럽인들은 미국인들에게 종교적 정서가 얼마나 크게 작용하는지 잘 이해하지 못한다. 미국은 법적으로 분명 국가와 종교가 분리된 나라지만 실제 사회생활에서는 다르다.

하지만 정권 교체를 준비하고 있는 오바마를 들여다보면 그 밥에 그 나물이란 생각이 든다. 그만큼 오바마의 선택은 실망스럽다. 구태 정치인과 클린턴 정부가 보였던 판에 박은 모습을 그도 보여주고 있는 것이다. 그의 주변에 곤돌리자 라이스 같은 인물은 찾아보기 힘들다. 경제 분야에선 뉴딜 정책밖엔 아는 게 없는(게다가 이 정책이 성공했다고 믿는) 케인지언들밖엔 보이지 않는다.

이미 실패가 증명된 뉴딜정책에 대해서 이제 막 노벨상이라는 이력을 획득한 폴 크루그먼Paul Krugman은 과거 루즈벨트가 충분히 공적 자금을 투입하지 않아서 미국을 경제위기에서 구해내지 못했다고 주장하고 있다. 그는 공공지출의 효용성에 대한 증거로 제2차 세계대전 후 세계경제가 다시 회복되었던 예를 들고 있다. 노벨상으로 이성을 잃어버린 걸까? 그래도 우린 오바마 주변에서 보다 혁신적인 인물들을 기대했는데 말이다.

곧 대통령직을 물러나는 조지 부시에게 제안한 오바마의 희망 정책 또한 너무나 낡아빠진 것들뿐이다. 오바마는 디트로이트의 자동차 산업에 대한 막대한 자금지원을 요청했다. 미국 남부의 십만여 미국 인들을 고용하고 있는 혼다, 도요타, 스즈키 같은 일본 자동차 회사들은 어려움에 처하지 않았으니 자금지원을 받을 일도 없을 것이다. 대체 이들이 미국 회사들과 어떤 차이가 있는 걸까? 미국 내 일본의 자동차 회사들은 '자동차노동자연합United Auto Workers' 라는 미국 노동조합의 강력한 그늘 바깥에 있다. 더구나 UAW는 오바마의 당선에 지대한 공헌을 한 조직이다. 이 조직은 조직원 수만큼 표를 얻을 수 있다 할 만큼 후보자들에게 표밭으로 통했다. 전에 제너럴모터스의 임원 중 한 사람이 내게 한 말이 생각난다. "제너럴모터스는 부업으로 자동차를 생산하는 사회보장기구 같다"고.

모든 정치인들처럼 우리 도두는 오바마에게 행운이 깃들기를 빌고 있다. 그리고 한 가지 덧붙인다면 그가 나라를 통치하는 데 더 새로운 생각으로 임하길 바랄 뿐이다.

조지 부시의 유언

"지금의 위기가 왔다고 절대 지난 60년 동안 자본주의가 이룩해낸 성공을 망각해선 안 된다." 조지 부시가 한 말이다. 마지막 순간까지 부시는 인기에 신경을 쓰지 않는 모습이었다. 그가 이루어놓은 많은 일들이 그가 옳았다는 걸 얘기해줄 것이다.

"국가가 개입해서 상황이 나아졌다고 해서 시스템이 불완전했다는 걸 증명해주는 것은 아니다." 로버트 사무엘슨이 《워싱턴 포스트》지에서 했던 논평이다.

아메리카 인종 오바마

1782년, 아메리칸 드림 1세대로 알려진 프랑스 출신 비평가 세인트·존 드 크레브쾨르는 〈미국 농부로부터 온 편지〉라는 글에서 이렇게 묻고 있다. "아메리카인들은 누구일까? 그들은 과연 신인류일까?" 그리고 스스로 대답한다. "이들은 유럽 사람들이거나 유럽 사람들의 후손이지만, 이토록 이상스런 혼혈은 유럽 어떤 나라에서도 찾아볼 수 없다. 예를 들어 어느 가족의 할아버지는 영국인이고 할머니는 네덜란드인이다. 그런데 아들은 프랑스 여자와 결혼했고 다른 형제들은 각기 다른 국적의 여자들과 결혼을 했다." 유럽에서는 보기 힘든 혼혈에 놀라워하며 그는 덧붙인다. "이 아메리카인들은 오랜 편견이나 방식들은 뒤로 한 채 새로운 삶의 방식을 채용하고 새로운 통치방식을 따르며 자신들만의 새로운 계급을 만들어가고 있다."

당시 미국의 나이는 열 살밖에 되지 않았지만 이미 그들이 지향하는 국가의 틀은 거의 만들어져 있었다. 다만 시대적 한계 때문에 흑인과 인디언들은 국가에서 배제되고 있었다.

19세기 말이 되자 미국에서 유럽인들 사이의 장벽마저(유대인, 이탈리아인, 러시아인, 아일랜드인들은 그때까지만 해도 이 '멜팅팟' 에서 제외되어 있었다) 무너지기 시작하고 마침내 '유러피언' 이라는 새로운 신분이 형성되었다. 이 유러피언이란 말은 유럽 대륙에서조차 생소한 개념이었다.

그러면 이 유러피언은 크레브쾨르가 두 세기 전 생각했던 대로 민족을 넘어선 세계적인 개념으로 이종교배할 수 있을까? 그렇다면 이런 새로운 인종은 무어라 불러야 할까? 골프 선수인 타이거 우즈는 여러 피가 섞인 자신의 혈통에 '캐블리네이시언Cablinasian(코커서스인, 흑인, 아시아인의 합성어)' 이란 새로운 이름을 붙인 적이 있다. 백인도 흑인도 아니면서 약간의 '캐블리네이시언' 적 요소도 지닌 버락 오바마가 어쩌면 크레브쾨르가 생각한 '새로운 미국인' 의 모습이 아닐까 나는 생각한다.

두 개의 라틴아메리카

상파울로에서 부에노스아이레스를 거처 칠레의 산티아고까지 가다 보면 마치 완전히 다른 두 개의 문명권을 통과하는 느낌이다. 우리가 아는 것과는 달리 세상엔 "적어도 두 개의 라틴아메리카가 존재한다." 브라질 국민들에겐 카르도소Cardoso라는 이름으로 잘 알려진 페르난도 엔리케Fernando Enrique 전 브라질 대통령을 상파울로에서 만났을 때 그가 내게 한 말이다. "라틴아메리카라는 단어는 혼란과 가난, 코디요[89]를 떠올리게 했습니다." 그는 말한다. 하지만 이제 브라질은 그렇지 않다. 카르도소가 정권에서 물러난 뒤에도 후임자인 룰라는 그의 자유주의와 세계화 정척을 그대로 유지하고 있다. 통화는 안정을 찾고 국가는 개방되었으며 지속적인 경제성장이 이루어지고 불평등도 줄어들었다. 지난 지방선거에서는 룰라의 좌파가 패배함으로써 다음 대선 때는 우파의 승리가 예상된다. 하지만 이러한 일은 브라질에 아무런 동요도 가져오지 않을 것이다. 브라질에서 정권교체는 이미 당연한 것이 되었다.

상파울로에서 카드로소를 만나던 날, 부에노스아이레스에서는 키르히너 대통령이 '자본주의 세계 위기로부터 노동자들을 보호한다'

---

89) 19세기 스페인과 라틴아메리카에서 쿠테타로 정권을 잡은 군사 독재정권을 가리키는 말.

는 명분으로 개인연금을 국유화했다는 소식이 들려왔다. 내가 아르헨티나에 도착할 때쯤 이들 페론당에 반대하는 대규모 시위가 벌어지고 있을 거라고 나는 예상했다. 하지만 아르헨티나는 조용했다. 지도자들의 계속된 철권정치에 아르헨티나인들은 이제 거의 무감각해진 것 같다. 소유권에 대한 침탈행위(2001년엔 은행의 달러 보유고가 3분의 1까지 떨어지기도 했다)는 가난한 사람들까지 미국 달러를 사기 위해 줄을 서게 만들고 있다. 아르헨티나 사람들조차 자기 나라에 투자하길 꺼리고 있으며 수출업자들도 벌어들인 돈을 본국으로 가져오려 하지 않는다. 대부분 칠레인들이었던 마지막 외국인 투자자들마저 아르헨티나를 떠나고 있다. 35%의 아르헨티나 국민들이 최저생계비 이하의 빈곤 속에서 살아가고 있는데 1975년 당시만 해도 이 비율은 10%에 불과했다.

경제엔 포퓰리즘이, 정치엔 카우디즘caudillism이 빈곤을 만들고 이 빈곤은 득표머신과도 같은 페론주의자들에게 표를 몰아주고 있다. 이렇게 아르헨티나는 아직 '낡은 라틴아메리카'에 머물고 있다.

다시 산맥을 넘어 칠레에 이르자 새 세상에 온 기분이다. 수도 산티아고에서는 자유의 공기가 흐른다. 이들이 번영을 시작한 것은 아이러니하게도 독재자 피노체트 때부터였지만 뒤를 이은 사회주의자 지도자들은 아옌데가 그랬던 것처럼 네오마르크시스주의적 유토피아를 꿈꾸지 않고 자유주의 경제체제를 그대로 유지하고 있다. 과거 구리 수출에 의지하며 겨우겨우 살아가던 칠레는 이제 라틴아메리카에서 아시아의 타이완이나 한국처럼 '경제의 용'으로 떠올랐다.

'칠레 모델'은 구 라틴아메리카에서 벗어나 신 라틴아메리카로 진입한 모든 나라에 적용되고 있다. 현재 민주주의와 세계화에 동참하고 있는 나라들은 브라질과 칠레를 비롯하여 우루과이, 페루, 파라과이, 콜롬비아, 코스타리카, 파나마, 도미니카공화국 등을 들 수 있다.

반면 아직까지 포퓰리즘과 선동정치에 매달려 사는 아르헨티나와 볼리비아, 베네수엘라, 쿠바와 같은 나라들은 근근이 생계를 유지하고 있을 뿐이다.

세계적 경제침체는 수출 급감으로 이어져 이 대륙에도 영향을 주겠지만 한편으로는 포퓰리즘과 자유주의를 시험할 좋은 계기가 될 것이다. 어느 쪽이 살아남을 것인가? 차베스와 모랄레스, 키르히너, 이 세 명의 코디요들은 자본주의의 위기를 맞아 자신들의 혁명가로서의 선택을 합리화시키는 데 모든 것을 걸 것이다. 하지만 '새로운' 라틴아메리카에선 아무도 반자본주의 선동에 귀를 기울이지 않을 뿐더러 아무도 민주주의에 등을 돌리려 하지 않는다. 상파울로나 산티아고의 정치지도자들과 경제학자, 기업인, 언론인들은 더 엄격한 금융시스템과 '창조적 파괴'의 혁신으로 위기에 대처하라 촉구하고 있다. 그리고 이들은 콩이나 구리 같은 1차 생산품 수출에서 벗어나 더 다양한 산업으로 뛰어들기 원한다. 아직 약하긴 하지만 라틴아메리카의 실용적인 사회보장제도는 취약계층들이 받을 충격을 완화시켜줄 것이다. 또한 브라질처럼 칠레에서도 경제정책에 더 능숙한 우파들이 선거에서 약진할 것으로 예상된다.

하지만 '낡은 라틴아메리카'에서는 1차 생산품(아르헨티나의 콩, 볼리비아의 가스, 베네수엘라의 석유)의 가격이 붕괴하면서 코디요들의 입지는 점점 줄어들 것이다. 석유에 열광하던 차베스주의자들과 콩에 의존하던 키르히너주의자들은 세계 경제위기의 첫 희생자들이 될 것이다. 결국 경제위기는 라틴아메리카를 낡은 망령으로부터 해방시키고 그 자리에 칠레의 모델이 일반화된 사회를 만들어낼 것이다.

2008년 11월 27일

아무도 테러를 피해갈 수 없다

봄베이의 테러사건으로 우리는 이슬람 근본주의가 지역정세나 문화 또는 이슬람 국가들의 정치 경제 사회 상황과 상관없는 하나의 이데올로기라는 사실을 알게 되었다. 봄베이의 무슬림들은 민주화된 사회에서 살고 있으며 그 중 상당수가 부유한 삶을 누리고 있다. 발리우드의 상당 지분을 무슬림들이 소유하고 있다. 하지만 지역의 상황과는 별개로 무슬림 사회마다 칼리프 체제를 동경하며 단일한 교리와 단일한 방법으로 무슬림들을 결집시키려는 소수 행동파들이 존재한다. 필자는 봄베이와 뉴델리에서도 이러한 이슬람주의 급진파들을 만날 수 있었다. 그들은 쉽게 접근할 수 있는 웹사이트들을 통해 인도네시아나 프랑스, 모로코에서 활동하는 급진주의자들의 설교를 청취하고 있었다.

급진적 이슬람주의를 양산하는 객관적인 사정들이 분명 있다. 그 중 가장 결정적인 것은 그들이 뿌리를 잃어버렸다는 사실이다. 급진주의는 이 뿌리 뽑힌 젊은이들을 상대로 세력을 확장하고 있다. 이 젊은이들은 옛날처럼 지역공동체 중심의 무슬림들이 아니다. 이들은 웹사이트를 통해서 신앙공동체를 이룬다. 그들의 증오를 유발하는 것은 서구인들이 아니며 그 증오는 자기발생적이다. 하지만 온건파 무슬림들은 이슬람의 목소리에서 늘 제외된다. 이제는 그들이 목소리를 내야 할 때다.

무대응을 찬양함

이른바 '합리적 선택이론'을 창안한 시카고학파 경제학자 게리 베커Gary Becker의 두 제자가 얼마 전 페널티킥을 앞둔 골키퍼들의 행동에 대한 논문을 발표했다.

페널티킥에서 95%는 골키퍼가 공을 막아내지 못하는 것으로 알려졌다. 하지만 대부분의 경우 골키퍼들은 상대방이 공을 차기 전 오른쪽이나 왼쪽으로 몸을 날린다. 얼핏 이런 전략은 잘못된 것으로 보인다. 골을 막을 기회를 조금이라도 높이려면 골대의 중앙에서 공을 찰 때까지 기다리는 게 맞다.

그런데 왜 골키퍼들은 왼편이나 오른쪽으로 미리 몸을 날리는 것일까? 공을 막아내지 못할 걸 미리 알고 관중들을 향해 취하는 일종의 제스처일 가능성이 크다. 만약 골키퍼가 골대 가운데 가만히 서 있으면 아무 대응도 하지 않았다고 비난을 받을 것이다. 따라서 페널티킥에서 골키퍼가 취하는 이런 액션은 잘못된 것임에도 관중의 눈엔 올바른 행동처럼 보인다.

이런 분석이 정말 맞는지는 잘 모르겠다. 분명 이 분석이 잘못되었다고 반박할 사람도 있을 것이다. 하지만 이 이론은 경제위기를 맞은 세계의 정부들을 적절하게 비유하고 있다. 공을 차기 전 미리 뛰쳐나가는 행동은 거의 쓸데없는 짓이지만 선수들이나 관중을 만족시켜줄 수는 있다. 그리고 이것을 우리는 '경기부양책'이라고 부른다.

아시아가 걱정스럽다

2009년엔 중국과 인도가 조금 시끄러울 것 같다. 세계 경제위기 때문만은 아니다. 2009년엔 이들 신흥 개발국들의 복잡한 속사정이 드러날 것 같기 때문이다. 급속한 경제성장이 이루어질 때 그 영향은 가난한 국민들에게까지 미친다. 또한 경제성장은 그 나라의 전통을 흔들어놓는다. 10여 년 전부터 두 신흥 개발국은 경제성장으로 고질적인 빈곤문제가 해소되기 시작했다. 하지만 경제성장 때문에 사회적 결속력이나 가족애, 공동체 의식, 종교적 결속력 등은 파괴되고 있다. 인도와 중국 정부는(아니 아시아의 모든 정부들이) 훌륭한 경제체제가 새로운 사회를 만들어냄과 동시에 새로운 욕구도 생산해낸다는 걸 알고 있다. 가난 속에서 전통적 관계나 마을 공동체, 종교, 카스트제도, 대가족 등에 안주하던 국민들은 이제 더 이상 그런 전통 가치에 만족할 수 없다. 젊고 활동적인 사람들은 넓은 노동시장을 찾아 현대화된 도시로 몰려든다. 그리고 전통적인 관계는 서서히 무너진다. 도시집중화와 각종 미디어, 인터넷의 영향으로 인도와 중국의 젊은이들이 세계를 보는 눈은 점점 넓어지고 있으며 새로운 의문과 요구사항들도 함께 늘어났다. 이왕 발전을 하는 거라면 왜 좀더 속도를 내지 못하는가, 왜 더 공평하게 발전하지 못하는가, 등의 의문이 생겨나는 것이다. 이렇게 더 많은 수입에 대한 요구와 함께 수입이 공평하게 돌아가도록 해달라는 요구가 덧붙여진다. 2008년 중국 전역의 농촌과 도시 근로자들 사이에 일어난 소요사태의 원인은 바로 이런 것들이라 할 수 있다. 그리고 이미 사라졌다고 믿었던 마오주의 게릴라(혹은 낙살라이트[90] 게릴라)가 인도 북동부에 다시 출몰해 땅 없는 소작인들을 모으고 가진 자들에 대항하는 사태도 같은 상황으로 설명할 수 있다. 심지어 비하르Bihar 주에서는 군인과 마을 민병대가 게릴라들과 충돌하는 사태가 벌어지기도 했다.

압제와 가난에서 어느 정도 벗어났다 싶으면 사람들은 정권의 본질에 대해 생각하게 된다. 인도 정부는 민주적이긴 하지만 부정부패가 심하다. 중국에서는 인터넷에서 정보를 얻는 국민들이 중국 공산당이 민주적이지 않고 정직하지도 않다는 사실을 알아가고 있다. 그래서 당은 국민을 무서워하기 시작했다. 2008년 쓰촨성의 지진은 당국의 부정부패(부패 때문에 쓰촨성의 많은 학교들이 싸구려 날림으로 지어졌다)가 자연재해보다 더 긇은 아이들의 목숨을 앗아갈 수도 있음을 보여주었다. 베이징 올림픽은 어떤가? 안방에서 TV로 올림픽을 접했던 대부분의 중국인들은 올림픽이 준 자부심만큼이나 엄청난 낭비의 부담을 떠안게 될 것이다.

인도나 중국과 관련하여 더 걱정스런 사실은 미국발 경제위기로 인해 아시아의 경제발전이 얼마나 서방세계에 의존적이었는지 드러난 것이다. 경제성장이 아시아의 문제를 해결해주는 게 아니라 새로운 문제를 만들어내고 또 성장의 둔화가 갈등을 악화시킬 수도 있음을 사람들이 알게 된 것이다.

그러면 중국과 인도 중 어느 나라가 더 큰 혼란을 겪게 될까? 인도에서는 이슬람주의가 가장 큰 위협이 될 것이다. 인도 지도자들은 인

---

90) 인도의 극좌파 혁명그룹.

도인들에게 이슬람주의란 있을 수 없다고 확신했었다. 그래서 인도
에서 일어난 모든 테러들이 외부세력(파키스탄)의 사주에 의해 일어
났다고 말했었다. 하지만 2008년 12월에 봄베이에서 일어난 테러는
인도 내부 세력의 소행으로밖에 볼 수 없다. 1억에서 2억 명에 이를
것으로 추정되는 인도의 무슬림들은 언젠가부터 이슬람 근본주의를
표방하는 사병단 모집에 속속 지원하고 있다. 여기에도 역시 경제발
전이란 동인이 작용하고 있다. 경제발전은 젊은 청년들이 고향을 떠
나도록 만들었고 이슬람과 힌두교가 공존하던 마을의 전통으로부터
그들을 떼어놓았다. 경제발전과 함께 메마른 도시로 밀려난 청년들
은 인터넷 사이트를 통해 글로벌한 이슬람주의 포교를 접하게 되었
다. 이슬람의 이름으로 저질러지는 테러도 무섭지만 급속도로 번져
나가는 폭력의 효과는 더 무서운 것이다.

힌두교 민족주의 정당들도 인도 힌두교의 정체성을 확고히 하기 위
해 더 열을 올릴 것이다. 이렇게 되면 인도 정부는 파키스탄과의 충돌
을 감수하고라도 호전적인 태도를 유지할 수밖에 없다.

하지만 인도는 민주주의 국가이다. 따라서 다소의 문제가 있더라
도 대세에는 크게 지장이 없다. 인도의 제도들이 전쟁과 소요사태, 빈
곤 등이 주는 충격을 충분히 흡수할 수 있기 때문이다. 인도 사람들은
모두 민주주의만이 다양한 민족의 인도가 함께 살아갈 수 있게 하는
유일한 제도라는 걸 알고 있다. 인도 민주주의의 뿌리는 이렇게 단단
한 것이다.

하지만 중국의 경우는 인도보다 훨씬 불확실하다.

중국 공산당은 자신들의 정당성을 경제성장에서 찾으려 하지만 이
는 매우 단순한 생각이다. 중국의 또 다른 정당성은 혁명의 세기 이후
지금까지 시민사회의 평화를 유지해온 데 있다. 하지만 2009년엔 공
산당을 정당화했던 근거들이 한꺼번에 흔들릴 수도 있다. 공적자금

을 투입하여 경제를 활성화하려는 노력이 별다른 효과를 보지 못할지도 모르기 때문이다. 중국의 산업은 중국 소비자를 위한 것이 아니라 수출을 위한 것이다. 그리고 중국 공산당은 어마어마한 자산들을 국내에 투자하지 않고 달러로 외국에 예치해놓고 있다. 왜 그럴까? 그것은 중국 지도자들이 자신들의 미래에 확신이 없기 때문일 것이다. 외국인들은 끊임없이 중국에 투자하는데, 정작 당에서는 미국의 국채를 사들이고 있다. 이러한 흐름은 당분간 바뀌지 않을 것이다. 중국의 성장률이 연 8% 이하로 떨어지면 수백만 노동자들이 해고될 게 뻔하고, 일자리에서 밀려난 노동자들은 자신들의 고향으로 돌아갈 수밖에 없을 것이다.

하지만 토지를 소유할 수 없는 중국의 시스템에서 고향은 그들에게 가난한 미래밖엔 보장해줄 게 없다. 땅을 소유하지 못한 농민은 신용대출이 불가능하니 현대적 영농을 위해 투자도 할 수 없다. 그래서 공장이나 작업장에서 해고된 노동자들은 고향으로 돌아가길 거부하고 돈벌이를 위해 도시 주변을 떠돌게 될 것이다. 이러한 '프롤레타리아화'는 이미 2008년부터 시작되었으며 경찰에 붙잡힌 떠돌이 생활자들이 소요를 일으킬 정도로 문제가 심각해졌다. 하지만 이러한 소요가 더 이상 확대되지는 않았다. 소요가 혁명으로 확대되지 않은 이유는 그들을 이끌만한 지도자가 없기 때문이다. 리더가 될 만한 민주주의자나 사제, 수도승들, 티베트와 동투르크스탄의 분리주의자들은 모두 망명했거나 감옥에 갇혀 있다. 올림픽이 있기 전 예방 차원에서 엄청난 수의 사람들을 체포한 당국은 올림픽이 끝난 후에도 그들을 풀어주지 않고 있다. 따라서 2009년은 당을 반대하는 모든 이들에게는 더욱 험난한 시기가 될 것이다.

2009년 중국 공산당은 더 심한 압제를 가하든지 아니면 공산주의를 포기하든지 둘 중 하나를 선택해야 할 것이다. 그러면 어떻게 대처해야 할까? 그 방법은 8억 농민들에게 땅을 돌려주는 것이다. 마지막 남은 마르크시즘의 유산을 포기함으로써만 중국은 시민의 평화를 되찾을 수 있다. 토지 사유화는 농촌에 비약적인 생산증대를 가져올 것이고 도시와 농촌 간의 엄청난 격차도 줄여줄 것이다. 그런데 이렇게 사유 체제로 전환하고도 공산당은 건재할 수 있을까? 2009년 공산당 내부에서 그리고 중국 전역에서 이런 명운을 건 논쟁이 벌어질 것이다. 논쟁은 이미 시작되었다.

내부적으로 혼란을 겪은 중국이나 인도 정부가 혹시 전쟁을 통해 국가 통합을 이루려 하진 않을까? 인도와 파키스탄 사이엔 미국이 버티고 있다. 타이완과 북한을 노리는 중국 주변엔 미국 해군이 늘 감시의 눈길을 떼지 않고 있다. 하와이에서부터 마다가스카르까지 바다를 감시하는 제7함단이 없었다면 세계는 두려움에 떨어야 할 것이다.

2008년 세계 경제위기는 미국에서 시작되었지만 역설적이게도 이것이 미국의 평화지킴이 역할을 더욱 굳건히 해주는 계기가 되었다. 우리는 2008년이면 인도와 중국이 미국의 주도권을 대신하면서 아시아로 세계의 중심축이 이동할 것이라 예상했었다. 하지만 이런 예상은 전혀 들어맞을 것 같지 않다. 인도와 중국의 자본은 계속 미국으로 흘러들어가고 있다. 원하든 원치 않든 버락 오바마는 아무도 대신할 수 없는 국제질서의 헌병대 역할을 물려받게 되었다.

중국과 인도의 불확실성은 세계인들의 시선을 일본으로 돌리게 한다. 잠시 잊혀졌지만 일본은 여전히 유럽에 앞서 세계 2위의 힘을 가진 나라다. 일본의 연구자들은 매년 유럽 전체에서 내는 것보다 더 많은 수의 특허를 내놓고 있으며 중국이나 인도보다 앞선 군사력을 가지고 있다. 일본은 미국으로부터 세계 동쪽 지역의 안전을 책임질 역할을 이어받았다. 전통과 현대의 조화라는 인도와 중국의 염원을 일본은 이미 반세기 전부터 실현해 왔다. 일본은 이미 1868년부터 그 길

을 닦기 시작했지만 중국은 1979년, 인도는 1991년에야 시작했다. 중
국과 인도인들이나 이들을 지켜보는 많은 유럽인들은 단계를 뛰어넘
은 변화가 가능하다는 환상을 품었었다. 하지만 발전의 길은 늘 험난
하고 불확실하며 천천히 나아간다는 걸 우린 알아야 한다.

엉터리 예언가들

연말이 되면 모든 언론들이 앞다퉈 다음해의 전망을 묻곤 한다. 내가 만약 위대한 예언자라면 천 년 후를 예언할 수 있을 것이고, 그보다 못한 예언자라면 한 세기 후 정도는 예언할 수 있을 것이다. 하지만 독자들은 두 경우 다 그게 맞는지 확인할 기회가 없다. 그러니 여러분은 내가 진짜 예언자인지 엉터리 사기꾼인지도 알 길이 없을 것이다.

이런 말을 꺼낸 것은 우리 인간들에게 미래란 존재하지 않는다는 걸 말하고 싶어서다. 정의상 내일은 예측할 수 없으며 단지 계획할 수 있을 뿐이다. 삶이란 순간의 연속일 뿐이고 이런 생각을 가지고 매순간을 즐기라 말하는 엘리 위셀Elie Wiesel[91]의 말에 그래서 필자는 전적으로 동감한다.

그렇지만 미래를 알고 싶어 하는 것은 인간의 피할 수 없는 욕망이다. 이런 모순을 극복하기 위해 우린 절대적으로 예측 불가능한 것과 불확실한 것을 구분해야 한다. 또는 수학자인 베노이트 만델브로트Benoit Mandelbrot가 말한 '순한 우연hasard benin'과 '거친 우연hasard malin'을 구분해야 한다.

---

91) 루마니아 태생 미국 소설가.

수많은 인재들과 투자가 쌓이면 내년엔 어쨌든 과학에서 더 많은 발전이 이루어질 거라 우리는 확신할 수 있다. 칼 포퍼Karle Popper도 과학이란 말엔 이미 '발전'이란 개념이 포함되어 있다고 말하지 않았던가. 그의 말대로 과학은 곧 발전인 것이다. 반대로 예술은 정의상 발전이 불가능하다.

이런 발전은 우리의 생명을 연장시켜 주었으며 삶의 고통도 덜어주었다. 예전에 많은 사람의 생명을 앗아갔던 말라리아 같은 병들도 발전 덕분에 피할 수 있게 되었고 에이즈처럼 많은 사람들의 생명을 앗아가는 병을 뿌리뽑아줄 백신 개발도 가능해졌다.

또 유전공학이 발전하면서 인류 전체 특히 가난에 굶주린 사람들이 보다 싼 가격에 좋은 식품들을 구입할 수 있게 되었다.

통신수단의 발달은 우리 일상의 삶을 보다 편리하게 만들어주었다. 우리가 사용하는 휴대폰은 머지않아 우리 인간보다 훨씬 똑똑해질 것 같다.

하지만 세계의 평화나 전쟁, 경제 문제 등은 과학 분야보다 예측하기가 어렵다. 그래도 경제에 대해 예상하라면, 필자는 다음의 일들이 앞으로 일어나리라는 데 100유로를 걸겠다. 즉 모든 나라 정부들은 경제를 다시 살리기 위해 엄청난 자금을 쏟아붓겠지만 아무 효과도 없을 것이다. 그리고 그 실패는 "기업인들이 알아서 기업을 하게 두면 성장은 저절로 따라온다"는 경제학의 불변의 법칙을 새삼 깨닫게 해줄 것이다.

마지막으로 기후에 대해 한마디만 하겠다. 내년 지구는 더 추워지지도 더워지지도 않을 것이다. 그래도 많은 사람들은 확인할 수 없는 먼 미래의 지구 기후변화에 더해 끝없이 예언을 늘어놓을 것이다.

탈무드 학자인 마니투Manitou도 여측이 불가능한 시대에 예언을 하려면 미치지 않고서는 불가능하다고 말하지 않았는가.

2009

Guy Sorman

미국이 몰락하고 있다고?

2008년 한 해, IBM사는 미국 내에서단 4천 개의 특허를 등록했다. IBM사 스스로는 물론 세계 경제의 역사에 기록된 모든 기업들을 통틀어 역사적인 기록이다. 그 뒤를 이어 두 번째로 특허를 많이 낸 회사는 한국의 삼성이다. 하지만 같은 시기 IBM 노트북컴퓨터 공장을 사들인 중국의 레노보Lenovo는 대만 기업 에이서Acer보다 훨씬 적은 특허를 등록했다. 이렇게 특허는 미래의 경제를 예측하게 해주는 청사진이라 할 수 있다.

이를 통해 볼 때 창의성과 민주주의 사이엔 상관관계가 있음에 틀림없다.

＊ 노트 : 이 원고를 쓴 것은 타이베이 공항에서였다. 중국과 타이완의 60년간의 교류 단절 이후 상하이로 가는 직항로가 개설되었다는데 별로 의미 있는 사건은 아닌 것 같다……

경제위기에도 기술 혁신은 계속된다

1831년 노르망디 출신의 젊은 법관 알렉시 드 토크빌Alexis de Tocqueville은 아홉 달 동안 신생국 아메리카연방공화국을 여행했다. 여행을 하면서 그는 이 새로운 사회와 문명을 관통하는 원칙이 무엇인지를 알아냈다. 그것은 평등에의 열정이었다. 여행에서 돌아와 4년 뒤 출간한 『미국의 민주주의』란 책에서 그는 미국이 당시 막 시작된 민주주의 사상의 실험실이 될 거라 예상했다. 예상대로 미국에서 싹튼 민주주의는 유럽을 거쳐 지구촌 구석구석까지 퍼져나갔다.

하지만 예언자 토크빌도 모르고 지나간 게 있다. 그가 미국을 여행하는 동안 당시 미국의 1인당 국민소득이 막 유럽을 뛰어넘었다는 것이었다. 이 때 벌어진 소득 격차는 그 뒤 한 번도 바뀌지 않고 지금까지 유지되고 있다. 경제력에 대한 분석이나 통계가 없었던 당시엔 이를 알아채는 것 자체가 불가능했을 것이다. 구대륙과 신대륙의 경제 격차에 대해 알게 된 것은 최근에 이르러서였다.

유럽 사람들이 미국의 기술력과 경제력을 의식하기 시작한 것은 1904년, 유럽의 기업 대표단이 미국 미주리 주의 세인트루이스에서 열린 박람회를 구경하고 나서부터였다. 그때부터 유럽 사람들은 미국인들의 생활방식과 상품 생산 방식에 큰 관심을 갖기 시작했다. 이후 위기 때나 아닐 때나(미국 역사에서 경제위기는 주기적으로 나타났다) 미국의 생활수준은 유럽보다 항상 20% 이상 앞서 있었다. 그러면 미국의 어떤 힘이 그들을 성큼성큼 앞서가게 만드는 것일까?

토크빌이 살던 시대부터 미국 경제는 유럽과는 다른 원칙을 따르고 있으며 이것은 오늘날까지 이어지고 있다. 미국이 다른 점은 그들이 평등사회를 지향하며(미국에서 민주주의는 곧 평등을 의미한다) 기업들이 대량생산을 통한 균일화된 서비스를 제공한다는 것이다. 19세기 유럽의 귀족사회가 완벽하고 특별한 물건들을 고집하는 동안 미국의 대중들은 규격화된 편리함을 원했다. 미국인들의 평등 추구는 제품 표준화와 마케팅으로 이어졌다. 표준화로 제품 가격이 낮아지고 마케팅 덕분에 기초연구가 즉시 대량 생산품으로 이어질 수 있었다. 전화기와 영화, 비행기 등은 모두 유럽에서 발명되었다. 하지만 미국에선 벨과 에디슨, 포드가 나타나 이들을 사용이 가능한 제품으로 만들어냈다. 포드사의 T모델[92]이 자동차의 역사가 된 것도 모두 표준화 덕분이었다. 맥도날드와 아이팟, 힐튼, 스타벅스, 윈도우 등이 모두 이런 논리를 따랐다. 이를 오랫동안 무시해 오던 유럽도 뒤늦게 미국의 이런 추세를 뒤따르고 있다. 이렇게 대서양을 사이에 둔 시장 혁신의 흐름은 아직까지 서쪽에서 동쪽으로 흘러가고 있다.

표준화와 마케팅보다 앞서 미국 경제의 기둥이라 할 수 있는 것은 기술 혁신이다. 미국적 현상이라 할 수 있는 기술 혁신을 다시 정의한다면 새로움에 대한 추구와 위험을 무릅쓴 도전, 모험에의 열정으로 요약할 수 있을 것이다. 미국인들은 "What's new?"라고 인사를 건네며 바로 어제의 것도 '역사'로 취급해 버린다. 미국에서 역사란 단어엔 부정적 의미가 강하며 이곳 사회에선 기업가가 학자나 정치인보다 서열상 위에 있다.

---

92) 포드가 만든 세계 최초의 대량생산 자동차.

하지만 기술 혁신에 대한 의지나 기질만으로 미국의 모든 걸 설명할 순 없다. 오늘날 세계 전체의 특허 중 40%가 미국에서(23%가 유럽, 20%가 일본, 나머지가 그밖의 나라에서) 출원된다. 이것은 혁신을 만들어 내는 너무나 훌륭한 장치, 즉 우수한 대학들 그리고 그들과 긴밀한 연관을 맺고 있는 기업들이 있기 때문이다.

경제가 위기에 처했을 때도 미국의 기술 혁신은 결코 멈추지 않았다. 기술 혁신이 대학-비즈니스라는 조합에 의해 이루어지기 때문이다. 기업가들은 개인적으로 또는 재단을 만들어 고등교육기관의 재정을 지원하고, 대학들은 이런 식으로 실물경제와 공생관계를 맺으며 끊임없이 서로 교류한다. 그들의 긴밀한 관계는 문화, 재정, 지리적으로 뒷받침된다. 산업체 밀집 지역 바로 옆엔 대부분 대학 캠퍼스들이 몰려 있다. 실리콘밸리가 스탠포드 대학교 주변에 자리잡고 있는 것도 한 예라 할 수 있다. 실리콘밸리를 비롯한 산업단지들은 이렇게 모두 큰 대학 주변에 자리잡고 있다.

다른 나라들도 미국의 이러한 모델을 따라하려고 시도하고 있다. 하지만 한 세기 이상 뒤처진 간격을 따라잡기란 쉽지 않으며 미국 대학 예산 정도의 자금을 끌어모으는 것도 만만치 않다. 자본주의에의 친화력과 대학, 학부, 학과, 대학원들 간의 끝없는 경쟁 등에서 유럽의 대학들은 아직 미국 대학들을 따라갈 준비가 안 돼 있다. 특히 끊임없는 경쟁은 미국 대학의 특징이라 할 수 있으며 미국의 기술 혁신을 낳는 원동력이다. 이런 경쟁에 대해 비판적인 사람들도 분명 있겠지만 그 효율성만큼은 아무도 부인할 수 없을 것이다.

과학 분야에서 노벨상 수상자가 대부분 미국에서 나오듯 우리 일상을 지배하는 새로운 제품들도 대부분 미국에서 출시된다. 위기 때나 아닐 때나 마찬가지다. 지난 경기침체기(1974~1982년) 때에는 오히려 오늘날 시장을 주도하게 된 혁신적인 기업들이 많이 생겨났다.

1975년 마이크로소프트사가 생겨난 것도 한 예다. 그러므로 분명 지금도 어딘가에서 또 다른 빌 게이츠가 또 다른 마이크로소프트사를 만들고 있을 것이다.

그런데 경제위기는 왜 오는 것일까? 위기는 미국 자본주의를 구성하는 한 요소다. 경제성장이 혁신에의 열정에서 비롯된다면 필연적으로 새로운 것은 낡은 것을 몰아내야 한다. 상품과 기업의 생명은 짧다. 기업들은 분야와 장소를 재빨리 바꾸며 이동한다. 그래서 나라 곳곳에는 버려진 기업들이 넘쳐난다. 국가는 되도록 이에 관여하지 말아야 한다. 디트로이트의 자동차나 월스트리트의 금융 같은 거대 산업 정도만 정치 지원으로 잠시 숨 고를 틈을 얻을 수 있을 정도가 되어야 한다. 미국 경제에서 국가나 중앙은행의 개입, 공적자금 투입 같은 외부 개입이 차지하는 비중은 전체 산업에서 1%에서 2% 정도로 미미하다. 이런 경제위기를 넘어서고 나면 민주당이든 공화당이든, 자유주의자든 국가개입주의자든 미국 경제가 기술 혁신을 통해 재도약하기를 기다린다.

최고의 기술혁신국이라 해도 모든 혁신이 성공하는 건 아니다. 성공 여부는 언제나 시장에서 최종적으로 결정된다. 기업가가 실패해도 언제든 재기할 수 있는 곳이 미국이다. 때론 성공하고 때론 실패하는 기업가들의 모험은 어떤 안전망도 사회 보호장치도 없이 톱니바퀴처럼 이어지며 경제성장을 주도한다. 하지만 혁신의 성공신화는 때로 상식을 벗어난 열망을 불러일으키기도 한다. 1929년의 부동산, 2000년의 인터넷버블, 그리고 2007년의 잘못된 신용담보 '파생상품'이 그 예이다. 집단의 열정은 '거품'을 불러일으키고 이 투기의 '거품'이 꺼지는 순간 피해는 어마어마하게 커진다. 하지만 아무리 그런 일이 일어나도 미국의 기업정신은 파괴되지 않고 혁신의 열망은 꺾이지 않는다.

　현 경제위기가 아무리 심각해도(심각한 경제위기인 건 맞지만 1930년과 같은 정도는 아니다) 미국에선 아무도 자본주의를 비난하지 않으며 이것이 극복할 수 없는 것이라 보지도 않는다. 아메리카 제국이 몰락하고 그 권력이 유럽이나 중국, 인도로 넘어갈 거라는 얘기도 있지만 책 속에서나 있는 얘기일 뿐 실제와는 거리가 말다. 미국이 어떻게 새로운 도약을 이루어낼지는 더 지켜보면 알게 될 것이다. 혁신의 능력, 기업가 정신 그리고 자본주의에 대한 절대적 신뢰는 어떤 경우에도 무너지지 않을 것이다. 설사 국가가 경제에 개입한다 해도 자본주의를 대체하기 위해서가 아니라 자본주의를 다시 세우기 위해서일 뿐이다. 또 하나, 거의 언급되지 않지만 미국 경제가 도약할 수 있는 다른 요인은 바로 군대에 있다.

　군비가 미국 경제에 차지하는 비중은 그다지 크지 않지만(냉전시기의 절반 정도) 미국의 군사력은 유럽과 중국, 인도, 러시아의 군사력을 합친 만큼 강하다. 이라크나 아프가니스탄 전쟁 장면이 깊이 각인되어서 그렇지 본질적으로 미국 군대는 전쟁을 목표로 하지 않는다. 예를 들어 미 해군 함단은 지난 40년 동안 어떤 분쟁에도 끼어든 적이 없었다. 미 해군 함단이 바다에 있는 자체만으로 분쟁 없이 세계의 무역활동이 원활하게 이루어지기 때문이다. 이 지구 방위대가 없었다면 세계화란 불가능했을 것이며 이 부드러운 제국의 품이 있기에 우리는 잇따른 경제위기도 극복하며 발전해 나갈 수 있는 것이다.

알래스카 기항

인조 곰 가죽과 이곳에서 태어나 자란 한 소녀의 성장기를 다룬 책 한 권(세라 페일린Sarah Palin[93]은 미국의 다른 주에선 이미 잊혀졌지만 여기선 그렇지 않은 모양이다). 새벽에 문을 연 앵커리지 공항에 하나밖에 없는 편의점에서 이 두 가지 말곤 아무것도 찾을 수 없다. 한때 앵커리지 공항은 유럽과 아시아를 오가는 여행객들로 북적거리던 곳이다. 앵커리지가 옛날엔 비행기들이 반드시 거쳐야 할 기항지였기 때문이다. 하지만 지금은 몇몇 작은 항공사 비행기들을 제외하고 대부분의 비행기들은 이곳을 거쳐 가지 않는다.

타이베이를 떠나올 때만 해도 비행기를 함께 탄 사람들 대부분이 분명 중국인이었는데 미국 국경을 넘자 모두가 갑자기 미국인이 되어 있었다. 무슨 이유인지 세관에서 여권을 보여주는 순간 이들의 태도는 완전히 달라진다. 특히 여성들은 훨씬 자유로운 느낌이다.

이런 '변신'은 사우디아라비아에서 유럽으로 가는 비행기 안에서도 볼 수 있다. 일단 유럽으로 가는 비행기에 오르면 여성들은 걸치고 있던 검은 아바야abaya[94]를 벗어던지고 금세 '구찌'와 '베르사체'로

---

93) 미국의 여성 정치인. 공화당 소속으로 알래스카 주지사로 재직 중 2008년 대통령 선거에서 존 매케인 대통령 후보의 부통령 러닝메이트로 지명되었으나 낙선했다.

무장한다.

뉴욕에선 무뚝뚝하기 그지없는 미국의 세관원들도 여기선 매우 상냥하다. 그들은 우리들에게 몇 시간만 머무를 게 아니라 알래스카에서 며칠 지내고 가라고 권유한다. 하지만 을씨년스럽기 짝이 없는 이곳 허허벌판은 한 바퀴만 돌아도 더 이상 할일이 없어진다. 시대는 때 묻지 않은 자연에 대한 환상에 사로잡혀 있지만 나는 사실 이런 데에 관심이 없다. 창문들 사이로 비치는 알래스카의 자연풍경을 보는 것만으로도 나는 오싹해진다. 지구의 기온이 약간 높아졌다고 해서 알래스카의 자연 풍광마저 변화시키진 못하는 것 같다.

내가 탄 비행기는 달라붙은 얼음을 떼어내느라 약간 지체했다. 하지만 다행히 얼마 뒤 나는 이곳 빙산 지역을 탈출해 시끄럽고 오염된 대도시로 향할 수 있었다.

---

94) 아랍 여성들이 외출할 때 입는 검은 옷.

복잡한 군사문제

오바마 대통령은 데이비드 피트레이어스 사령관이 최적의 조건에서 이라크를 떠나 아프가니스탄에서 임무를 수행하길 기대하고 있다. 조지 부시를 섬겼던 장군은 두 대통령이 똑같은 생각을 가지지 않은 한 이제 다른 정책을 따라야 할 것이다.

과연 페트레이어스는 어떤 생각을 가지고 있을까? 그는 내게 말한다. "전쟁 중인 군대는 전쟁이 계속되는 것을 즐기는 법입니다."

페트레이어스는 이라크 군대가 완전히 종교에서 벗어난 것을 확인하고 나서야 미군 전략을 근본적으로 수정했다. 2003년 바그다드와 모술 지역을 점령한 후 그는 갑자기 이곳의 통치자가 되었다. 그도 예상하지 못한 일이었다. "처음 정부부처에 들어간 나는 행정 공무원들을 불러달라고 요청했습니다." 하지만 그들은 이라크의 모든 기관들이 텅텅 비어버렸다는 사실을 알게 되었다. 그 때 도망치지 않고 있던 이라크인 수위 하나가 말했다. 정복자가 된 순간부터 나라를 다스리는 것은 정복자의 몫이라고! 페트레이어스는 군사공격과 국가재건을 동시 전략으로 추진했다. "이 낯선 나라에서 우리가 이방인이란 걸 깨달았습니다." 미군이 아랍 문화에 무지했다는 걸 페트레이어스는 인정할 수밖에 없었다. 그는 이를 출발점으로 삼았다.

미국으로 돌아와 포트 리븐워스Fort Leavenworth의 전쟁학교 교장으로 임명된 페트레이어스는 미군의 군 문화를 완전히 바꿔놓았다. "우리 세대(그는 1956년생이다)는 헬기로 소련군 탱크를 격파하는 훈련을 받았습니다." 하지만 이런 훈련은 '테러리즘'과 싸우는 데는 아무 효과도 없었다. 포트 리븐워스에서 임무를 끝내고 2003년 미 중부군 사령관이 된 그는 파키스탄까지 이르는 중부아시아 지역의 모든 미군부대를 지휘하게 되었다. 미 중부군 사령부는 원래 플로리다 주의 탬파Tampa에 기지를 두고 있었지만 페트레이어스는 통신장비를 지니고 부대를 지휘하며 군사전문가들과 쉴새없이 돌아다녔다.

페트레이어스는 '대테러전쟁'이란 말을 좋아하지 않는다. 그의 설명에 따르면 테러리즘이란 우리의 가치와 생활방식을 파괴하려는 '과격주의자들'과 벌이는 모든 싸움을 의미한다. '과격주의자'에 대한 이런 정의와 이라크에서의 실전을 바탕으로 페트레이어스는 '반군 진압Counter-insurgency 매뉴얼'을 완전히 다시 썼고 이 매뉴얼은 미군들에게 새로운 경전이 되었다. 2007년 조지 부시 대통령은 그를 다시 이라크로 파견하여 그의 이런 생각을 현지에서 적용하도록 명령했다. 이때 버락 오바마는 대통령 선거운동에서 "페트레이어스는 우리들이 예상했던 상상 이상의 성공을 가져다주었다"고 평했었다.

페트레이어스는 과연 전쟁에서 승리한 걸까? 아니, 적어도 미국을 패배에서는 구해낸 걸까?

"이제 승리니 패배니 하는 말은 의미가 없습니다. 언덕 어딘가에 깃발을 꽂으며 승리를 외치던 시대는 지났으니까요."

과격주의와 맞서는 전쟁은 '세력'과 '발전'이라는 기준으로 평가가 이루어져야 한다. 미군은 새 이라크군과 협력하면서 상당한 진전을 이루어냈다고 그는 말한다. 하지만 그 진전은 "측정이 가능하지만 깨지기 쉽고 언제든 뒤집힐 수 있는" 성질의 것이다. 그는 미국 여론이 이전의 이라크 상황에 대해 기억하지 못하고 있다고 지적한다.

2007년만 해도 이라크에서는 매일 40여 건의 테러가 발생했고 이는 "몇몇 라틴아메리카 나라들의 범죄 발생률과 맞먹는 수치"였다.

이라크에서의 이러한 성공은 병력 증강 덕분에 가능하기도 했지만 그보다는 아이디어 덕분이었다는 것이 페트레이어스의 이야기다.

"이 새로운 아이디어를 저는 미국의 역사에서 빌어 왔습니다. 전에도 미군은 통치술에 전술을 적용한 예가 있습니다." 그는 19세기 '인디언과의 전쟁'에서 그 예를 찾았다. (헐리우드 영화와는 달리 미 군부는 이 전쟁을 인디언을 문명화시킨 전쟁이었다고 긍정적으로 평가한다.) 이는 1900년 필리핀에서의 반군 진압 작전에도 마찬가지로 해당된다.

"당시 미국군은 과격파 반군들과 전투를 벌이면서 학교와 병원을 세우고 길을 닦는 일을 병행했습니다."

페트레이어스에게 교훈을 준 또 하나는 알제리에서 프랑스군들이 했던 행동들이었다. 알제리에서 프랑스군이 민간인들에 대해 가했던 무자비한 고문과 탄압이 다시 반복되어선 안 된다고 그는 말한다.

하지만 스스로 평가하듯 정말로 미군들이 "민간인들의 안전을 지켜주고, 그들에게 실질적인 도움을 주며, 그들 가운데 함께하는" 일에 성공했는지는 그에게 반문하고 싶다.

그의 방법론들은 프랑스에는 잘 알려지지 않았지만, 다비드 갈륄라 David Galula의 『반군 진압, 그 이론과 실제』라는 책에 체계적으로 소개되어 있다. 다비드 갈륄라는 1958년 알제리의 카빌리아 전투에 참여했던 프랑스 장교였다. 페트레이어스는 자신이 거느린 모든 장교들에게 이 책을 의무적으로 읽도록 권한다. 질로 폰테코르보 감독의 〈알제리 전투〉란 영화 또한 그가 즐겨본 영화로 자신을 찾아오는 사람들에게도 이 영화를 권한다고 한다.

그러면 페트레이어스는 현재 점령중인 이라크에서 철수할 것인가?

그는 '철수'라는 단어에 거부감을 표시한다. 대신 그는 미군과 이라크군 간의 '교대'라고 표현했다. 과격주의자들과의 전쟁을 끝내고 '성공적으로 철수'하는 경우는 드물다. 그는 두 경우를 예로 들었다. 영국군이 말레이시아와 오만에서 안정적인 정부를 세웠지만 영국이 물러나자마자 진압되었던 게릴라들이 다시 나타나 정권을 장악한 것이다. 미군은 아직 이라크에서 철수하지 않았으며 아프가니스탄에서는 군 재편성에 들어갔다. 페트레이어스에 따르면 "아프가니스탄 쪽이 여론을 다스리기가 더 쉽다"고 한다. 이라크에서의 '더러운 전쟁'에 비하면 아프가니스탄 전쟁은 비교적 정의로운 전쟁으로 인식되고 있기 때문이다.

"하지만 막상 현지에 가 보면 아프가니스탄이 훨씬 힘듭니다." 아프가니스탄엔 자원도, 국가 전통도, 교육받은 엘리트도 부족하다. 그래서 아프가니스탄에서는 '그들과 함께 지내며, 그들의 안전을 지켜 주고, 국가 행정을 회복시키고, 경제를 살리는' 자신의 방법을 실행하기가 매우 힘들다고 페트레이어스는 말한다.

페트레이어스는 자신의 작전에 아나콘다 작전이란 이름을 붙였다. 학교 건설에서 선전활동에 이르기까지 그의 컴퓨터에 저장해 놓은 특별군 관련 도표가 마치 모든 걸 삼켜 버리려 입을 벌린 아나콘다와 비슷하기 때문이다.

"특별군은 명령체계가 아니라 유럽 군대(나토군과 함께하면 더 안전하기 때문에)와의 의견조율을 통해 움직일 것"이라는 게 그의 구상이다. "우리의 계획이 옳다면, 그 힘으로 우린 과격주의자들을 무찌를 수 있습니다. 하지만 우리가 옛날 방식만 고집한다면 과격주의자들이 유리한 고지를 점할 것입니다."

"몇몇 나라들은 자기네들이 안전하다고 여겨 여기 동참하지 않으려 합니다. 하지만 과격주의자들이 점점 영역을 넓히면 그들의 생각도 바뀔 겁니다."

위험에 대한 자각이 그들을 앞서가도록 만든 것 같다. 사우디아라비아는 이렇게 해서 국가위기 상황을 피할 수 있었다. 이는 사우디 정부가 페트레이어스의 전략을 (그에 의하면 우연의 일치로) 전적으로 채택했기 때문이다. 똑같은 인식은 파키스탄과 인도 정부에서도 적용될 수 있다.

하지만 이런 진전들은 한순간에 뒤집어질 수도 있다. 1995년 그가 복무했던 보스니아가 언제 터질지 모르는 화약고가 되어버린 것만 봐도 알 수 있다.

"과격분자에 맞서는 전쟁은 몇 세대를 걸쳐 이어질 것입니다." 페트레이어스는 예언하고 있다.

우리 모두가 케인지언은 아니다

경제위기가 이데올로기 대립의 양상으로 치닫고 있다. 경기침체의 원인에 대해 사람들은 책임만을 추궁하려 하며 여기서 벗어날 길을 알려줄 예언자의 출현을 기대하고 있다. 이 싸움이 벌어지고 있는 전선戰線은 우리 모두가 알고 있는 바와 같다. 즉, 자유주의자, 시장주의자, 세계화주의자들이 국가통제주의자들과 대립하고 있는 것이다.

국가통제주의자들은 이번 경제위기를 30년 이상 지배해온 자유주의 이념의 조종弔鐘으로 받아들이고 있다. 예상치 못한 경기침체에 당황한 자유주의측은 아직도 분석에 골몰하고 있다. 하지만 자유주의는 스스로 진화하지 않는 한 언제나 불확실한 것이다. 반면 국가주의자들은 보다 교과서적이며 자신들이 대중 관료들의 확고한 이익을 대변하고 있음을 잘 알고 있다. 국가주의자들의 '이념적 복수'는 권력을 다시 잡는 것이다. 반면 자유주의자들은 이해관계가 복잡하다. 자유주의자들은 기업가들과 협력은 해도 그들을 위해 복무하지는 않는다.

이번 경제위기를 정말 자유주의의 실패로 보아야 할까? 경제학자들이 아직까지도 1930년의 대공황에 대해 논쟁하고 있는 걸 보면 2008년 파탄의 책임자를 밝혀내기는 불가능해 보인다. 하지만 국가통제주의자들은 경제위기가 온 것은 정부의 통제가 부족해서였다고 생각한다. 지금이라도 국가가 강력하게 개입하지 않으면 하이퍼인플레이션이 올 거라고 말한다. 이런 주장에 대한 자유주의자들의 반박은 두 가지다.

첫째, 이번 경제위기의 진원지라고 할 미국의 부동산 투기는 민주당 정부가 부추긴 셈이다. 신용담보대출이 국가 보증(Freddie Mac이나 Fannie Mae 같은 은행들의)을 통해 이루어짐으로써 은행들은 잘 알아보지도 않고 돈을 빌려 주었고 대출자들은 합리적 액수를 넘는 돈을 빚졌다. 말하자면 국가가 시장을 왜곡한 것이다!

두 번째는 미국 중앙은행의 '이완주의'를 들고 있다. 『미국 통화의 역사』의 저자이며, 밀턴 프리드먼과 '통화주의 이론'을 함께 만들어 낸 안나 슈바르츠Anna Schwartz는 앨런 그린스펀Alan Greenspan과 그의 후임 벤 베르난케Ben Bernanke가 통제불능 상태의 통화를 시장에 마구 풀어놓았다고 비난한다. 안나 슈바르츠는 미국의 경제위기는 늘 통화가 넘쳐나면서 시작되었다고 지적하고 있다. 이완통화가 투기와 '거품'을 낳았다는 것이다. 때문에 밀턴 프리드먼과 슈바르츠는 통화가 중앙은행이나 정부의 기븐에 따라서가 아니라 산술적 기준에 의해 조절되어야 한다고 말한다.

요약하자면 국가통제주의자들은 국가가 충분히 개입하지 못해서 경제위기가 생겼다고 보는 반면 자유주의자들은 국가의 무능력 때문이라고 본다. 그 해결 방법에 대해서도 자유주의자들과 국가통제주의자들의 의견은 갈린다. 지금 상황은 국가통제주의자들에게 유리하게 돌아가는 것 같다. 모든 서방 국가에서는(아시아의 나라들은 좀더 신중한 태도를 보이고 있다) 규제와 공적자금을 통한 경기 활성화를 논의하고 있다. 다행히 지금은 1930년 같은 최악의 상황은 아니다. 보호주의와 국가주의 혹은 사회주의로의 회귀를 주장하는 목소리는 소수일 뿐이다. 국가통제주의자들도 발전된 경제학을 받아들였으며 시장경제의 포기가 아닌 재건이 필요하다는 걸 인정하고 있다.

그렇다면 공적자금의 투입으로 성장을 재개할 수 있다고 보는 근거는 무엇일까?

그들이 '케인즈학파의 승수이론' 에 대한 미련을 아직 버리지 못하고 있기 때문이다. 즉, 경제에 투입된 달러나 유로는 결국 1.5배의 가치로 되돌아와 추가 일자리를 창출해낸다는 것이다. 너무나 매력적인 이론이다. 하지만 이미 1974년 미국의 경제학자 로버트 바로 Robert Barro는 이 이론이 잘못되었음을 밝혀냈다. 국가가 투자하는 유로나 달러 또한 모두 사적 부문에서 유입된 돈이기 때문에 공공분야의 투자가 개인 부문에의 투자보다 생산적일 수는 없다는 것이다. 공적자금이 경제 활성화에 보탬이 될지 어떨지는 알 수 없다. 누구도 앞날을 예측하지는 못하기 때문이다. 다만 한 가지 확실한 것은 이로 인해 민간부문의 권력이 공공관료들 쪽으로 이동하리라는 사실이다. 자유주의자들이 위기를 벗어나기 위해 민간투자를 유도할 감세정책을 원하는 것도 이런 이유에서다.

경기부양정책(국가통제주의자들에겐 공적자금 투입, 자유주의자들에겐 감세)으론 이번 위기의 근본 원인이 된 신용경색 문제를 해결할 수 없다는 반박도 있다. 혼란스러운 결과를 만드는 잘못된 금융 파생상품을 뿌리 뽑지 않는 한 신용 회복이 어렵다는 것이다. 그러면 은행들을 국유화해야 한단 말인가? 국가통제주의자들은 이에 적극 동조할 것이다. 하지만 은행이 국유화된다고 해서 합리적 방식으로 경영되리라는 보장은 아무도 못 한다.

반대로 자유주의자들은 해로운 금융 파생상품들일지라도 시장에 나와 올바른 가격이 매겨져야만 한다고 말한다. 이런 자유주의적 해법은 물론 일부 금융기관들의 파산으로 이어질 것이다. 하지만 안나 슈바르츠는 "신용경색이 무한정 확산되는 것보다는 잘못 경영된 기업들이 파산하는 게 낫다"고 말한다. 완전한 자유주의자인 그녀는 은행에도 '창조적 파괴' 라는 자본주의 원칙이 적용되어야 한다고 말한다. 왜냐하면 "은행도 똑같은 하나의 기업"이기 때문에.

이러한 자유주의적 해법은 두 명의 노벨상 수상자인 에드 프레스콧Ed Prescotte과 버논 스미스Vernon Smith가 작성한 건의서에도 잘 나타난다.

건의서에 그들은 쓰고 있다. "모든 경제학자들이 케인지언이 될 수 없으며, 모두가 공공지출의 확대로 성장률이 높아질 것이라 생각하지도 않는다. 프랭클린 루즈벨트 시절에도 공공지출은 미국을 공황에서 구해내지 못했으며, 1990년대의 일본 경제 또한 구제하지 못했다. 공공지출이 경제에 도움이 된다는 믿음은 경험에 반대되는 희망사항일 뿐이다. 성장을 다시 이루기 위해서는 노동과 저축, 투자를 방해하는 요소들을 제거해야 하는데, 지속적인 세금인하가 최선의 방법이다."

이 건의서에 동참한 사람은 소수일지 모르지만 거기엔 대세에 민감한 경제학자들도 다수 포진되어 있다. 1930년대엔 프랑스의 자크 뤼에프Jacques Rueff나 영국의 프리드리히 하이에크Friedrich Hayek도 소수파에 속했다. 이들은 당시 케인즈 이론이 완전고용은커녕 인플레이션만 일으킨다고 비난했고 역사는 그들의 주장이 옳았음을 증명해 주었다. 또한 1974~1979년 사이의 경제위기 때 로버트 바로와 밀턴 프리드먼도 신케인즈 이른에 반대하는 소수파였다. 자유주의의 복귀로 1980년부터 인플레이션과 실업이 사라지고 고용과 성장이 살아나면서 이들의 주장 또한 옳았음이 증명되었다.

모두가 미국과 유럽의 경기부양 정책이 성공하길 간절히 바라고 있다. 하지만 성공 여부에 대해선 회의적이다. 공공지출이 국가부채에서 나오는 것인 만큼 이는 결국 금리인상을 가져올 게 뻔하기 때문이

다. 금리인상은 소비심리를 억누르고 개인투자를 포기하도록 만든
다. 공공지출에 의한 경기 활성화는 경기가 회복된 것 같다는 잠깐의
환상만을 불러일으킬 뿐 통화팽창처럼 더 심한 경기침체로 이어질
수 있다. 이제 다른 대안을 준비해야 할 때다. 하이에크가 말한 '대체
유토피아'를 말이다!

대서양 양쪽의 분위기

오늘 아침, 파리는 혁명, 자본주의 붕괴, 언론노조들의 연대투쟁, 그리고 '교사 임용고시 개혁안'(여기에 대해서는 정말 반대해야 한다!) 등의 문제들로 들끓었다. 거리는 소란스럽고 매스컴들은 68년 5월의 항쟁을 떠올리고 있다. 위기의식이라기보단 집단 히스테리 증상에 가깝다.

같은 날 저녁 파리와 마찬가지로 경제위기를 겪고 있는 뉴욕은(뉴어크Newark 공항에서 세관을 통과하기 위해 1시간이나 기다려야 했다. 지문인식기가 많이 있었지만 시간이 오래 걸렸다. 지문인식기는 별 쓸모가 없는 것 같다.) 미국이 반드시 재도약할 거라는 확신이 지배하고 있었다. 미국인들은 경제에는 이론상 사이클이란 게 있으며 오바마 또한 자본주의를 바꾸려는 게 아니라 자본주의를 구하려고 노력하고 있다는 걸 알고 있기 때문이다.

최고 부자들

오바마가 내놓은 2009년 미국의 예산안 참고자료엔 놀랍게도 두 명의 프랑스 경제학자이며 사회주의 정권 당시 경제고문이었던 피케티 Piketty와 사에즈Saez의 그래프가 있었다. 이 그래프에 따르면 1980년에서 2006년까지 미국의 최상위 부자들의 세전 수입은 미국 전체의 10%에서 24%로 증가했다. 어떤 정부가 들어서느냐에 상관없이 부자들은 더 부유해졌으며 클린턴도 이 곡선을 바꾸진 못했다. 이런 비정상적인 부익부 빈익빈 현상을 어떻게 설명해야 할까? 오바마는 부자들의 비도덕성에 그 원인이 있다고 주장한다. "중산층 가정들은 책임감 있는 행동을 하는 반면 최상위 부자들은 그렇지 않다"고 그는 말한다.

그래서 오바마는 기회 균등과 사회의 도덕성 회복을 위해 세금을 올려야 한다고 주장한다. 하지만 이 문제를 세금만으로 해결하기엔 뭔가 부족해 보인다. 실제로는 세금이 낮아서 미국에서 거부들이 많이 출현한 것은 아니다. 그들을 최고 부자로 만들어준 것은 세계화였다. 마이크로소프트나 월스트리트처럼 세계를 상대로 한 직종에선 순식간에 60억의 고객도 만들어낼 수 있다. 따라서 그들은 비도덕성 때문이 아니라 시장 규모 때문에 최고 부자가 된 것이다. 비도덕적이냐 아니냐는 부자들이 무엇을 생산해내느냐에 달렸다. 윈도우즈는 비도덕적이지 않지만 매도프Madoff[95]의 경우는 충분히 비도덕적이다. 또 최고의 부자가 자신의 브를 어떻게 사용하느냐에 따라 도덕과 비도덕이 갈라진다. 빌&멜린드 게이츠 재단이 말라리아 퇴치에 앞장선 것은 좋은 경우지만 억만장자들이 이런저런 스캔들을 일으키는 것은 반대의 경우다.

여기서 잠시 시카고의 경제학자 케빈 머피Kevin Murphy가 연구했던 학력과 소득수준 사이의 관계에 대해서도 생각해 볼 필요가 있다. 이 연구에서 머피는 지난 20여 년 동안 '학위 특권' 이 끊임없이 심화되어 왔음을 보여주고 있다.

피케티와 사에즈의 보고서에 미국과 프랑스를 비교한 그래프 같은 건 없었다. 프랑스엔 미국처럼 눈에 띄는 거부들이 많지 않기도 하지만 무엇보다 프랑스엔 마이크로소프트 같은 회사가 없기 때문이다.

---

95) 전 나스닥 증권거래소 소장을 지낸 인물로 미국 월가를 중심으로 한 다단계 금융 사기 스캔들을 일으켰다.

아시아의 경제위기 대처법

경제위기에 대한 반성이 한창인 요즈음 아직 시장경제에 대한 변함 없는 믿음을 가진 사람이라면 아시아로 눈을 돌려보는 것도 좋을 듯하다.

지금 유럽엔 정치 불안과 사회 불만이 팽배해 있다. 공공부문의 적자로 어려움에 처한 서방세계의 정부들은 결국 세금인상과 인플레이션 정책으로 이를 메워야 할 판이다. 하지만 이런 경기부양책이 실효가 있을까? 이런 정책은 이론적으로도 입증되지 않았을 뿐더러 결국은 아무 효과도 보지 못할 것이다. 유럽 사람들이 생각하는 것처럼 이제 자본주의를 포기해야만 할까? 경제는 다시 국가로 회귀하고 있다. 하지만 그렇다고 유럽이 옛 영화를 되찾을 수 있을까? 프랑스에는 새로운 체제를 제안하는 반자본주의적 정당까지 생겨났다. 프랑스나 이탈리아에서 일어나는 만성적 파업만 봐도 그렇다. 파업이 어떤 메커니즘을 통해 실업을 완화시킬 수 있다는 건지 도대체 알 수가 없다.

이제 눈을 동쪽으로 돌려보자. 일본과 한국, 타이완에선 자본주의 혹은 자유무역을 둘러싼 이데올로기적 대립은 눈을 씻고도 찾아볼 수 없다. 서양에서 들여온 사회주의를 고집하고 있는 중국을 빼고 아시아에서 시장경제 이외의 다른 경제체제는 찾아볼 수 없다. 경제위기와 관계없이 자본주의는 동양에서 너무나 자연스러운 경제 형태로 자리잡고 있다.

"우리도 은행을 국유화시켜야만 했을 때가 있었습니다. 하지만 이러한 구제책은 임시방편이었습니다." 한국 정부의 경제정책 책임자인 사공일 씨의 말이다. 그는 기업가의 역할을 국가가 대신해 줄 수는 없다고 말한다. 한국 정부도 공공지출을 늘이고는 있지만 이는 사회의 최빈층을 돕고 실업을 해소하려는 것이지 복지국가를 지향하는 정책은 아니다. 또 이런 지원 정책은 한시적일 뿐이다. "우리는 기업의 의욕을 꺾고 사람을 의존적으로 만드는 유럽식 모델을 원치 않습니다." 사공일 씨의 말이다. 한국인들은 경제위기 앞에서 유교적 전통 가치를 다시 일깨우기도 한다. '현대'의 노동자들은 대량 정리해고 사태를 막기 위해 자발적으로 임금과 노동시간을 나누기로 했다.

여전히 세계 2위의 경제력을 자랑하고 있는 일본도 한국처럼 신중한 분위기다. 2000년대 초반 공공서비스 분야의 자유화를 주장했던 다케나가 헤이조 씨는 재경부 장관으로 있던 시절 제한된 조건 아래 사회보조금 정책을 지지하기도 했었다. 그는 '자극요법'을 경계하라며 1990년대 일본의 실수를 다시 범하지 말라고 충고한다. 1990년대 '잃어버린 10년' 동안 일본 정부는 공공지출을 통해 경기 활성화를 꾀하는 데 몰두했다. 그 결과 일본은 십 년 동안 극심한 경기침체에 시달려야 했다. 공공 수요가 개인 투자를 대신했기 때문이다. 다케나가 헤이조 씨는 자극요법은 어려운 고비를 넘길 때만 필요하다며 혁신을 방해하지 않으려면 "2년 이상은 안 된다"고 말한다.

수출로 부를 얻고 있는 아시아 국가들은 자유무역에 대해 더없이 호의적이다. 타이완의 마잉주 총통은 "북한이나 마오쩌뚱 시대의 중국처럼 자유무역을 회피했던 나라들에게 남은 것은 결국 가난뿐"이라며 아시아는 자유무역으로 다시 도약할 것이라 덧붙인다.

타이베이와 도쿄와 서울은 지금 새로운 도약을 준비하고 있다. 기업들은 국가의 도움을 받아 '구조조정'을 실시했고 한시적인 실업자 구제책도 마련되었다. 하지만 언제나 최우선은 기술 혁신에 두고 있다. 일본과 한국의 대학들은 미국 대학을 모델 삼아 점점 더 자율적으로 변해가고 있다.

"세계시장에서 창의적으로 앞서가기 위해서는 우수한 대학들이 필요합니다."

한국 교육과학기술부 장관인 안병만 씨가 내게 한 말이다.

경제위기는 아시아를 자유주의로 한 걸음 더 내딛도록 만들었다. 오히려 미국과 유럽의 폐쇄주의나 오바마 정부가 펴는 끝없는 대중요법이 경기침체를 더 심화시키지 않을까 염려스럽다.

"우리는 국가주의가 아닌 교역을 통해 경제위기에서 빠져나오고 있습니다." 한국의 이명박 대통령이 한 말이다.

월스트리트를 구하라

《리베라시옹Liberation》지가 내게 월스트리트를 구제해야 하는가에 대한 의견을 물어왔다. 과연 이번 사태의 잘못이 금융인들에게 있을까? 그런데 이번 금융 위기의 원인들을 파들어가다 보면 금융 종사자들의 실책보다 더 오래고 뿌리 깊은 이유들을 발견하게 된다. 나는 월스트리트의 파산 이유를 '빈 라덴'과 '노인 인구' 그리고 '중국'이라는 세 가지의 키워드를 가지고 찾아보려 한다.

주식 붕괴의 첫 번째 조짐은 2001년 9월 11일부터 있었다. 미국 금융가의 교황이라 불리는 미국 연방준비제도이사회 의장 알렌 그린스펀은 9·11 테러 이후 세계경제가 어려워질지도 모른다는 생각에 역사적으로 유례 없는 수준의 금리인하를 단행했다. 이와 함께 통화가 시장에 넘쳐났고 이렇게 넘쳐난 통화는 2001년부터 2008년까지 미국과 중국, 인도의 경제성장에 크게 기여하기도 했다. 월스트리트에서 런던 금융거래소에 이르기까지, 남아도는 통화는 확실하거나 위험한 투자자금으로 유입되었다. 당연한 일이다. 금융전문가들이 돈을 실물자산으로 바꾸지 않는다면 더 이상 자본주의는 없으며 자본주의가 없다면 경제성장도 없기 때문이다.

---

96) 프랑스 서부 브르타뉴 지방의 도시.

하지만 알렌 그린스펀은 자제력을 잃고 만다. 승리감에 도취된 그는 이후 6년 동안 저금리만을 고집했다. 그러는 동안 구하기 쉽고 넘쳐나는 현금에 어쩔 줄 몰라 하던 월가는 점점 위험스러운 투자에 빠져들었다. 말하자면 은행가들은 탐욕 때문에 투기에 빠져들었던 게 아니고 과잉 통화가 그들의 욕심을 부추겼던 것이다.

다음으로 중국은 어떤 역할을 했을까? 경제에 자신이 없는 중국 공산정부는 남는 돈을 미국, 특히 미국의 부동산에 투자했다. 이렇게 투기 거품은 점점 커졌고 그 거품이 터지면서 결국 많은 예금자들이 파산에 빠지고 만 것이다.

또 하나의 이유로 보다 뿌리 깊고 지속적으로 진행돼온 사회현상이 하나 있었다. 바로 급격히 불어난 퇴직자들의 경제파워다. 재력 있고 수도 많아진 미국과 유럽, 일본의 연금생활자들이 자기들의 재산을 연금기금에 맡겼다. 세계 제일의 주주가 된 연금재단은 고객들을 위해 투기를 시작했고 기업들에게 더 많은 이익을 분배하도록 압박했다. 지금 비난받고 있는 '트레이더'들은 인간의 수명연장과 부유한 퇴직자들의 출현 때문에 변화한 세계 자본주의 시장의 '중매인' 역할을 했을 뿐이다.

그러면 무익한 투기 대신 유용한 투자를 유도하기 위해선 어떻게 해야 할까? 자본주의에 대해 도덕성을 설교하는 것은 구호 이상의 아무 의미도 없다. 가장 정확한 방법은 통화를 잘 조절하는 것이다. 그러기 위해서는 트리셰[97]처럼 어떤 압력이나 정세에도 무덤덤할 수 있는 인물이 중앙은행의 지도부에 있어야 한다. 중앙은행의 금융전문가들은 성장을 위해 통화를 늘리고 투기를 막기 위해 통화량을 줄이는 임무를 맡고 있다. 위기가 깊어질 때마다 이론의 타당성을 확인시

---

97) 장 클로드 트리셰[Jean Claud Trichet: 유럽 중앙은행 총재.

켜주곤 하는 밀턴 프리드먼은 이미 오래 전 이에 대한 획기적인 해결
책을 제시한 바 있다. 중앙은행 대신 매일 매일 정확한 통화량을 측정
할 수 있는 컴퓨터가 있어야 한다는 것이다. 그러나 아직까지 이런 컴
퓨터 프로그램은 개발되지 못했다. 그렇기 때문에 트리셰 같은 인물
이 우리 곁에 있다는 사실만으로 우린 위안을 삼을 수밖에 없다.

황제, 오바마

　버락 오바마는 아브라함 링컨과 자주 비교되곤 한다. 하지만 소말리아 해적에게 납치된 미국인 선장 리처드 필립스Richard Phillips의 석방을 위해 함선을 급파한 이번 행동은 흡사 토머스 제퍼슨을 연상케 한다. 미국의 3대 대통령인 제퍼슨은 1801년 그의 취임식에서 미국이 '자유주의 제국'임을 선포했다. 그리고 대통령에 오르자마자 트리폴리에 인질로 잡힌 미국인들을 구하기 위해 전함을 급파했다. 미 해병대는 이 때 생겨났으며 미국 역사상 처음으로 미군 함대가 세계에 선을 보인 것도 이 때였다. 영국의 넬슨 제독도 이런 모습을 예의 주시했다. 지중해를 누비던 그도 미국의 함대를 보면서 서구세계에 새로운 힘이 등장했음을 감지할 수 있었다. 어쨌든 제퍼슨은 이렇게 '아메리카 제국주의'의 서막을 열었다.

　1801년부터 1815년까지 지속되었던 바르바리 전쟁[98]의 시작이 되었던 미국 역사상 첫 함대의 파견을 오바마도 분명 잘 알고 있을 것이다. 제퍼슨도 오바마와 마찬가지로 해적들에게 붙잡힌 미국 인질들을 구하기 위해 무력으로 개입했었다. 이 해적들은 오스만 제국의 트

---

98) 바르바리 지방은 아프리카 북서 해안지역의 옛 이름이다. 16세기부터 투르크 제국의 영토가 되었는데, 경제적 궁핍과 정치적 혼란 때문에 바르바리 해적이라는 해적들의 기지가 되었다. 19세기 미국이 해적 토벌에 나섰는데 이를 바르바리 전쟁이라고 한다.

리폴리, 알제리, 튀니지의 지방 파샤[99]들로부터 지원을 받고 있었는데 그들이 인질 석방의 대가로 요구했던 돈은 자그마치 미 연방정부 예산의 10%에 해당하는 액수였다.

하지만 제퍼슨의 속셈은 인질 석방에만 있지 않았다. 그는 미국 의회에서 자기가 내린 결정의 정당성을 주장하면서(그는 이 사실을 뒤늦게야 통보했는데 훗날 조지 부시와 버락 오바마도 그랬다) '통상의 자유'에 대해 적극 강조했다. 이 때 이미 미국은 세계화의 수호자 역할을 자처하고 있었던 것이다. 바르바리 전쟁은 미국이 대영제국(프랑스 함대에 의해 발이 묶여 스페인 해상으로 물러나 있던)으로부터 국제 무역의 헌병대 역할을 빼앗아 온 계기가 되었다.

이슬람과의 갈등은 이 때부터 이미 시작되고 있었던 셈이다. 제퍼슨은 그들이 '그 진의가 의심스러운' 인질들을 빌미로 코란에 의거한 석방금을 요구한다는 사실을 1785년 런던에서 이미 트리폴리의 대사에게서 들어 알고 있었다. 이렇게 신생국 아메리카의 '민주적 제국주의'에는 탄생 배경이 있었다. 제퍼슨 스스로 폭군들을 상대로 싸우고 있다고 생각했던 이 전쟁에서 오바마는 경제적, 인도주의적, 종교적, 이데올로기적 명분들을 이어받았다.

오바마는 자발적으로 이런 선택을 했을까? 분명 제퍼슨의 경우는 그랬다. 1801년 전임 대통령 존 애덤스를 필두로 한 화해론자들은 빨리 협상을 마무리하고 석방금을 지급하라 촉구했다. 당시 제퍼슨에 반대하던 화해론자들은 그가 '이길 수 없는 전쟁'을 강행하려 한다며 불만을 나타냈다. 덧붙여 애덤스는 이 전쟁이 '끝이 나지 않는 전쟁'이 될 거라 경고했다. 애덤스가 바르바리와의 협상을 촉구했던 것처럼 두 세기 후 지미 카터도 테헤란의 미국대사관에 억류돼 있는 인

---

99) 오스만투르크의 문무 고급 관리들에게 주어진 칭호.

질들의 석방을 위해 아야톨라[100]들과 협상을 시도한다.

제퍼슨와 애덤스 사이에서 오바마는 제퍼슨 쪽을 택했다. 이런 선택은 확실한 것이 아니었다. 제퍼슨이 그랬던 것처럼 여론이 어떻게 돌아갈지 모르는 상황이었기 때문이다. 당시만 해도 미 국민들은 바르바리인들에게 적대적이었고 그런 감정은 아직도 남아 있다.

오바마의 선택은 예견된 것이었을까? 선거운동 당시만 해도 그는 시리아, 이란, 쿠바 그리고 북한과 조건 없이 협상에 임하겠다고 했었다. 하지만 정권을 잡은 뒤 오바마는 조지 부시 밑에서 국방부 장관을 지낸 로버트 게이츠Robert Gates와 이라크 전쟁의 전략가 데이비드 페트레이어스를 그대로 임명했다.

애덤스가 아닌 제퍼슨을, 지미 카터가 아닌 부시 부자를 선택함으로써 오바마는 그의 온건노선에 공격을 퍼부으려던 보수 우파들뿐 아니라 자신의 지지자인 좌파들에게까지 실망을 안겼다. 이번 소말리아의 전함 파견은 한 명의 인질을 석방하기 위한 소규모 작전에 불과하지만 앞으로 벌어질 일들을 예상할 수 있게 한다. 오바마는 (통상과 교류의 자유를 위협하는) '자유의 적들' 과 타협하지 않을 것이며 테헤란이든 평양이든 탈레반이든 누구에게도 양보하는 일은 없을 것이다. 따라서 아메리카 제국은 지속될 것이다.

아메리카 제국주의를 싫어하거나 그 자리를 대신하고 싶어 하는 이들에겐 실망스러운 일이다. 하지만 미국의 자리를 차지하는 대신 그에 상응하는 돈이나 피의 대가를 기꺼이 지불하려는 세력은 아무도 없다. 그의 결정을 사람들이 반기건 싫어하건 21세기에도 미국은 여전히 미국으로 남을 것이다. 오바마와 함께 조금은 더 부드러운 제국의 모습을 띠게 되겠지만!

---

100) 이란 시아파의 고위 성직자들을 이르는 칭호.

중국이라는 물주

　미국은 빚으로 살아가고 있다. 오바마 정권 들어 미국의 부채 문제는 더욱 심각해졌다. 국채를 발행하여 경기부양책을 마련하고 있는데 그 대부분은 중국, 일본이나 산유국들로 흘러들어가고 있다.

　따라서 미국의 진로와 오바마의 운명은 이들 외국 채권자들의 선의에 달려 있다. 만약 중국인들이 더 이상 저축을 안 하거나 남는 돈을 미국에 예금하지 않는다면 무슨 일이 생길까 하는 끔찍한 시나리오가 현재 미국인들의 머릿속을 떠나지 않고 있다. 그러면 이에 대해 당사자인 중국인들의 생각은 어떨까?

　베이징 정부 지도층과도 가까운 관계에 있는 중국의 경제학자 웨이 샹진(컬럼비아 대학 교수)은 "중국과 미국 두 나라의 이해관계가 일치하고 있기 때문에 별 문제는 없을 것"이라고 말한다. 그는 중국인들이 저축을 중단하지 않을 거라 말한다. 웨이에 따르자면 중국인들은 세 가지 이유로 앞으로도 계속 저축을 할 수밖에 없다. 먼저 중국 인구의 4분의 3에 이르는 개인기업 고용자들은 고용에 불안감을 가지고 있다. 실업수당이 없기 때문에 건강과 자녀 교육비 부담을 스스로 해결해야 하기 때문이다. 따라서 그들에게 저축은 필수적이다. 또한 집을 얻고 싶어도 담보대출을 받을 길이 거의 없기 때문에 저축 외에 집을 장만할 방법이 없다.

그들이 저축하는 건 중국인이기 때문이 아니다. 그들은 불투명한 미래 때문에 그리고 자녀 교육을 위해서 저축을 한다. 월급에서 각종 세금과 분담금을 떼어 생계를 보장해주는 유럽과는 경우가 다르다. 중국인들은 평균 수입의 40% 정도를 저축하는데 방법만 다를 뿐 유럽과 거의 비슷한 수준이다. 서양과 아시아의 문화적 차이라고만 볼 수 없는 이유가 여기에 있다.

어느 곳이나 미래를 대비하는 동기는 비슷하다. 하지만 웨이에 따르면 중국만의 특이한 현상도 하나 있는데 그것은 중국인들이 결혼을 위해 저축을 한다는 것이다. 남아선호 사상과 1가구 1자녀 정책 때문에 중국에선 여성의 비율이 점점 줄어들고 있다. 그래서 결혼적령기에 이른 3천만 명의 남성들이 결혼 상대를 찾지 못하고 있는 실정이다. 하지만 돈만 있으면 기회는 그만큼 커진다. 배우자를 얻기 위한 사내들의 경쟁에서 지참금의 액수는 큰 힘을 발휘하기 때문이다.

그러면 중국인들이 가장 안전하게 돈을 맡겨놓을 수 있는 곳은 어디일까? 달러가 가장 안전하고 그 다음이 유로다. 그러면 중국인들은 왜 중국에 투자하려 하지 않을까? 중국 경제는 투자과잉 상태에 있기 때문에 더 이상 투자를 흡수할 곳이 없다는 게 웨이의 설명이다. 시골에 투자를 한다면 지역 불균형의 문제까지 해소되겠지만 이윤이 남지 않으니 어쩔 수가 없다.

웨이의 전망으로 이삼십 년 후면 중국에서 여아와 남아의 선호도가 같아지고 신용담보대출 시장이 발달할 뿐만 아니라 실업수당이나 각종 사회보험이 일반화된다. 이때쯤이면 중국인들의 저축도 '정상' 을 되찾아 미국은 더 이상 중국의 남는 돈을 흡수할 수 없게 될 것이다. 하지만 다행히도 이번 금융위기 덕분에 미국인들의 저축은 다시 늘어나기 시작했다. 결국 두 나라의 저축 행태는 같은 목표를 향하고 경제도 비슷해질 것이라는 말이다. 그래서인지 오바마는 이 문제에 대해 별 걱정이 없는 것 같다. 중국이 언제까지나 '물주' 로 남아줄 거라 믿고 있는지도 모른다.

하지만 이런 '마음 편한' 시나리오는 중국이 꾸준한 경제성장을 이루고 경제, 사회, 정치적으로 아무런 동요가 없을 것이란 전제 하에서만 가능하다. 이는 1960년대 유럽을 지배했던 이데올로기 즉, 서방 자본주의와 소련 사회주의가 결국 하나의 합일점을 찾아 수렴할 것이라는 이론을 떠올리게 한다. 당시 소련 내부에서 무슨 일이 벌어지고 있는지 잘 몰랐기에 사람들은 이런 생각을 할 수 있었다. 중국의 경우도 마찬가지다. 서방세계와 중국이 합일점을 찾아 수렴할 것이란 생각 또한 중국 내부의 문제를 잘 모르고 중국의 불안을 과소평가하기에 나온 착각인 것이다.

톨레랑스 제로(무관용)

선량한 취지를 가지고 운영되는 한 뉴욕의 각종 기금들은 재원이 마르지 않는다. 알다시피 미국인들은 문화와 좋은 아이디어들을 위해선 지원을 아끼지 않는다. 이들 기부금 중 가장 많은 비중을 차지하는 것은 하늘나라나 지상의 사업에 쓰이는 교회 헌금이고 다음이 대학이나 학교, 문화재단 등에 대한 기부금이다.

경제위기 이후 박물관이나 음악회, 연극 등의 전시나 공연이 줄어들고 있다. 하지만 이는 정치적인 이유 때문도 아니고 보수층들의 지원이 줄어들었기 때문도 아니다. 오바마의 집권이나 자본주의 체제의 고장으로 인해 미국의 보수층들이 불안해하고 있는 건 사실이다. 하지만 그렇다고 해서 그들이 의욕을 상실했거나 지쳐 쓰러진 상태는 아니다. 오히려 그들 사이엔 다시 시작해보자는 분위기가 팽배해 있다. 그래서일까? 오늘 '맨해튼 정책 연구소Manhattan Institute for Policy Research'에서 주최한 만찬회에는 600명의 유료 초대인들이 이 도시에서 가장 크다는 시프리아니 홀(의미심장하게도 옛 은행 자리에 있다)을 가득 메웠다. 그리고 이 보수단체는 이날 행사를 통해 1500만 달러의 수익을 벌어들였다.

'맨해튼 정책 연구소'와 이 연구소가 발행하는 《시티 저널》은 자본주의를 살리고, 국가주의를 배척하며, 세계 수도로서의 뉴욕을 만방에 알리고 있다. 이날 행사엔 세 번째 당선을 노리며 선거운동을 벌이고 있는 마이클 블룸버그Michael Bloomberg 뉴욕 시장이 초대되었다. 이날 저녁 그의 연설 주제는(중간 중간 자조와 유머를 적절히 섞은 그의 연설문은 정치홍보 전문가의 솜씨인 듯했다) 치안 문제에 집중되어 있었다. 그의 선임자 루디 줄리아니 때부터 뉴욕 시장의 당선 여부는 치안에 달려 있었기 때문이다. 블룸버그 시장은 20년 전 '톨레랑스 제로(무관용주의)' 이론을 제시했던 맨해튼 정책 연구소에 경의와 감사를 표했다. '톨레랑스 제로'의 결과는 확실했고 모든 분야에서 뉴욕의 범죄율은 계속 낮아지고 있다.

"경제위기와 실업으로 범죄가 되살아날 조짐이 보이지만 어떡하든 범죄율을 낮추기 위해 노력할 겁니다." 블룸버그의 말이다.

뉴욕 경찰국장인 레이 켈리Ray Kelly가 블룸버그의 뒤를 이어 연단에 올랐다. 이날 만찬의 진짜 주인공은 그였다. 이 인물 덕분에 만 달러짜리 저녁식사가 아깝지 않았다(식사 메뉴 중 양갈비 요리는 너무 익혀 맛이 없었다). 켈리는 마치 삼류 영화에 나오는 해병처럼 각진 턱을 가지고 있었다. 실제 그는 해병대 출신이라고 했는데, 자신의 확고한 신념을 되풀이 강조했다. "범죄는 어떤 구실로도 용납될 수 없으며 우리가 맞서야 할 상대입니다." 켈리는 왜, 어떻게 범죄가 일어났는가를 사회심리학적으로 이해하는 건 무의미하다고 말한다. 범죄가 일어나기 전 예방하고 억제해야 한다는 것이다. "치안 덕분에 뉴욕은 세계 금융과 문화의 수도로 남아 있다"는 블룸버그의 말을 받아 켈리 국장은 테러 용의자 집단 잠입 등 뉴욕의 치안 활동에 대해 조심스런 부분까지 자세히 설명해주었다. "테러리스트들에 맞서기 위해 '잠입'만큼 효과적인 활동은 없습니다!" 켈리 국장은 내 앞에서도 이 말을 독백처럼 되풀이했다.

하지만 톨레랑스 제로를 범죄율이 낮아진 유일한 이유로 볼 수 있을까? 인구의 노령화나, 중산계급화, 부동산 가격 등도 한 이유로 볼 수 있을 것이다. (경찰들의 말에 따르면) 크랙이 사라지고 헤로인이 자리를 차지한 덕분에 범죄자들이 덜 폭력적이 되었을 수 있다.[101] 하지만 '톨레랑스 제로'가 범죄 발생률이 감소한 원인의 전부는 아니더라도 가장 큰 원인인 것만은 확실하다. 그럼에도 왜 유럽에서는 이 원칙을 받아들이지 못하는 걸까?

'톨레랑스 제로'를 적용하려면 먼저 사회적 합의가 필요하다. 하지만 유럽 사람들의 생각은 너무 제각각이다. 톨레랑스 제로를 적용하려면 사법부와 경찰들 간의 합의가 필요하고 범죄에 대해 엄격해야 하지만 유럽에선 그렇지 못하다. 유럽인들은 범죄를 저지르면 반드시 벌을 받아야 한다는 생각에 미국인들처럼 익숙치 못한 것 같다.

그러면 미국인들은 어떻게 톨레랑스 제로와 그로 인한 가혹한 결과를 이토록 쉽게 받아들일까? 아마 미국에 아직 'O.K. 목장의 결투' 문화가 주류로 남아 있기 때문인 것 같다. 즉 모든 자유가 다 허용되는 대신 잘못에 대해선 반드시 벌을 받아야 한다는 생각이다. 여기에 뉴욕이라는 도시의 국제성도 하나의 원인으로 추가할 수 있겠다. 뉴욕은 두 가지 전제조건으로 세계 각지에서 온 이민자들을 받아들였다. 하나는 반드시 일을 해야 한다는 조건이고 또 하나는 규율을 엄수해야 한다는 조건이다. 사실 엄격한 질서가 없다면 이민자들의 사회는 큰 혼란에 빠질 수밖에 없다. 1970년대가 바로 그런 경우다. 다양한 문화가 섞인 곳에서 공공질서가 무너질 때는 치안이 서로 다른 문화들을 화해시켜주고 개인의 안전을 지켜주어야 하는 것이다. 이렇게 '멜팅팟'은 치안이 유지될 때만 그 기능을 발휘할 수 있다.

---

101) 같은 마약이라도 헤로인이 크랙보다 사용자들을 덜 폭력적으로 만든다는 연구 결과가 있다.

유럽을 사랑하는 미국인들

유럽인들의 시각으로 볼 때 미국의 우파 공화당과 좌파 민주당을 구분하는 기준은 애매하기만 하다. 유럽의 이데올로기가 대서양을 건너서는 제도적으로 제대로 정착을 못한 건가 하는 생각도 든다.

오바마 당선 이후로 공화당이 정부 여당을 공격하는 주요 근거는 미국을 '유럽화' 시키고 있다는 것이다. 민주당은 이를 부인한다. 대부분의 민주당측 사람들은 자신들에게 사회주의적 성향과 비윤리적이란 의미를 지닌 '리버럴' 이란 꼬리표를 붙이는 데 강한 불쾌감을 표한다. 대신 오바마는 자신을 '실용주의자' 라고 표현한다. 어느 쪽으로도 치우치지 않겠다는 말이다.

하지만 유럽식 사회보장제도나 보다 균형 잡힌 사회를 지향하는 오바마 진영 사람들을 보면 그들이 유럽을 동경하고 있음을 알 수 있다. 민주당의 이런 소망은 로버트 프랭크Robert Frank의 『경제적 자연주의자The Economic Naturalist』라는 책에 잘 표현되어 있다. 코넬 대학교의 경제학 교수인 로버트 프랭크 덕분에 우리는 민주당이 공식적으로는 부인하면서도 내부적으론 은밀히 공유하고 있는 생각의 면면을 들여다볼 수 있다.

프랭크는 미국 헌법에 의거하여 국가의 목표가 국민들의 '행복 추구(the pursuit of happiness)' 에 있다고 말한다. 한데 그에 따르면 행복이란 시대에 따라 상대적이다. 또한 이 행복은 남을 모방하려는 욕구와도 밀접한 관계가 있다. 예를 들어 스미스란 사람은 그의 이웃인 '존' 이나 '굽타' 나 '왕' 보다 더 큰 SUV차를 타면서 행복해하고 남보다 나은 교육여건과 큰 집에서 살며 행복을 느낀다. 하지만 나라 전체로 볼 때는 공공서비스도 엉망이고 사회보장도 되어 있지 않다. 자, 이제 국가가 공화당의 정책과는 반대로 세금을 크게 올렸다고 하자. 이로 인해 나라의 전체 공공서비스는 개선되고 모든 사람들에게 의료보험 혜택이 돌아갈 것이다. 그 결과 스미스 같은 사람은 (세금 인상으로 인해) 전보다 작은 차를 타게 될 것이고 존이나 굽타나 왕도 비슷한 차를 탈 수 있게 될 것이다. 어차피 행복은 비교를 통해 이루어지는 것이므로 이렇게 되면 모두가 똑같이 행복해지고 나아가 '공공의 선' 을 이룰 수 있다. 이것이 바로 '유럽식' 의 그리고 '리버럴'한 미국 민주당이 추구하는 이상이다.

하지만 이런 유럽식 유토피아는 두 가지 구조적 약점을 가지고 있다. 국가가 개인을 대신해 뭐가 좋은지를 선택해주기 때문에 선택의 자유(밀턴 프리드먼이 말하는 『선택의 자유Freedom to Choose』)가 제약을 받는다. 지금의 유럽이 그렇다. 로버트 프랭크나 그와 같은 경향을 가진 저자들은 규약 없는 사회, 불확실한 사회보장 그리고 돈을 쫓아 무작정 달려가는 경쟁의 '악덕' 을 탁월하게 묘사하며 비난한다. 그들은 또 시장이 제대로 기능하지 못하는 곳에선 국가가 정의와 선을 대신할 거라는 근거 없는 추측을 남용한다. 하지만 시장이 불완전하면 국가도 불안해지는 건 마찬가지다. 아니, 국가가 시장보다도 더 위험한 존재가 될 수 있다. 하지만 이런 부분에 대해 민주당측 사람들은 눈을 감고 외면해 버린다.

미국의 '유럽화'를 원하는 사람들 중엔 더욱 이해할 수 없는 부류들이 있다. 휴가나 회의 때문에 유럽에 다녀온 뒤 유럽에 대해 환상을 품게 된 미국인들이다. 로버트 프랭크의 경우 프랑스에서 경험했던 무료 의료서비스와 TGV에 대해 찬사를 아끼지 않는다. 하지만 그 비용을 누가 부담할까? 프랭크가 아니라 프랑스의 납세자들이다. 경제위기로 미국의 실업률이 8%로 치솟자 미국인들 모두가 비명을 지르고 있다. 하지만 경제위기의 직접적인 타격도 받지 않은 유럽의 평소 실업률이 얼마나 되는지 알고 있는가? 약 10% 수준이다.

미국 좌파들의 눈으로 보는 유럽이란 건축물은 한 면만 정확할 뿐 다른 면들은 모조리 이데올로기적으로 부풀려져 있다. 경제학자들의 경우도 마찬가지다. 과학이라는 명분을 가지고 실험을 통해 모델을 정립해 나간다고 하지만 그 출발에서부터 좋고 싫음의 감정은 개입되어 있기 마련이다. 역사학자 토마스 쿤Thomas Kuhn도 얘기했듯이, 이렇게 각자는 지배적인 패러다임 안에서만 제 길을 찾고 있을 뿐이다.

내가 보기에 친 유럽 성향의 민주당 사람들은 진정한 청교도 전통의 계승자인 듯하다. 그들은 크거나 넘치는 것, 이를테면 스미스 씨의 대형 SUV나, 저쿠지jacuzzi[102] 같은 것들을 좋아하지 않는다. 미국이 처음 생겨날 당시엔 많은 목사들은 예수와 같은 가난과 도덕적 엄격함 그리고 본능의 억제 등을 강조했다. 하지만 그 후계자인 오늘날의 개신교 목사들은 캘리포니아 해변에서 서핑을 즐기는 '건장한 몸'의 예수를 설교한다. '메가처치megachurch'(초대형교회)라 불리는 종교 기업들에서도 우리는 이를 확인할 수 있다. 리버럴리스트들은 디

---

102) 고급 욕조 상표명.

렇게 '터질 듯한' 미국에 대해 반감을 가진다. 불가지론자이면서도 지구온난화라는 새로운 사탄을 맹렬히 성토하고, 공동체의식이라는 오바마의 독트린에 광분하며, 과도한 개인주의에 대해 적개심을 드러낸다. 하지만 스미스 같은 사람들이 큰 자동차를 살 권리를 위해 열심히 공화당에 표를 던지고 있는 동안 리버럴리스트들은 규격화된 행복에게조차 외면당하고 있다.

자본주의를 수리하다

이번 경제 사태에서 자본주의의 마지각 위기를 기대했던 사람들은 실망을 맛보게 될 것이다. 자본주의 내부의 위기가 심각한 것은 사실이지만(지난 세기만 해도 우린 세 번의 경제위기를 겪었다) 이를 자본주의의 위기라고 부를 정도는 아니기 때문이다. 비판자들은 1930년대나 70년대의 위기 때와는 달리 자본주의를 대체할 모델을 찾지도 않는다. 1930년대의 파시즘이나 1970년대의 국가사회주의는 더 이상 믿을 만한 선택이 못 되는 것이다.

인간 사회 자체가 불완전한 만큼 자본주의 또한 완전치 못하다는 건 경제학자들도 인정한다. 하지만 자본주의가 많은 인류를 비참한 상황에서 구제했다는 것 또한 그들은 인정한다. 불과 30년 사이 모든 문명권에서 자본주의는 그 위력을 발휘하고 있다. 그렇다면 이제 남은 것은 시스템을 점검하고 고장의 원인을 밝혀내는 일이 아닐까?

경제학자들과 각 나라의 정부들은 지금 두 가지의 서로 다른 위기에 맞닥뜨려 있다. 그 중 하나는 아주 일상적인 위기이지만 다른 하나는 아주 급격한 위기다.

첫째의 일상적인 위기는 과거에도 경험한 것이며, 기존의 낡은 산업과 미지의 미래 산업이 교체되는 때에 나타난다. 이런 '창조적 파괴'(새로운 분야로 나아가기 위해 낡은 것을 포기하는) 프로세스는 자본주의의 원동력이라고도 할 수 있다. 이 프로세스의 어느 단계쯤에 이르면 위험이 한꺼번에 터져 나오고 국가가 그 부담을 모두 떠맡아야 할 때가 온다. 이 시나리오는 1970년대의 상황에서도 나타났었다. 당시 석탄과 철강, 섬유 산업은 유럽과 미국에서 아시아나 라틴아메리카처럼 더 적합한 지역으로 이전해 가고 있었다. 그리고 국가는 산업 간의 이런 이동을 잘 관리하여 사회적 합의를 이끌어냈고 경제적으로도 더 큰 이익을 창출함으로써 자본주의를 위기에서 구했다.

이런 시나리오는 현재 미국의 자동차산업과 금융업에서도 똑같이 되풀이되고 있다. 자동차 제조업은 이제 북미지역에서나 유럽에서 퇴장할 때가 되었음을 인정해야 한다. 또 금융이 실물경제에 비해 지나치게 비대해졌다는 사실도 인정해야 한다. 따라서 북미와 유럽의 정부들은 새로운 세계를 탄생시키기 위해 낡은 세계를 '안락사' 시킬 준비를 해야 하는 것이다. 오바마가 말했듯이 이런 변화를 국가주의화로 보아선 안 된다. 자본가 기업주들이 손실을 상호 보전하는 기법으로 보아야 하는 것이다. 그리고 이 과정 또한 우리가 이미 경험했던 것들이다.

금융 위기에 대해선 얘기가 좀더 복잡해진다. 금융시장은 실물경제와는 다른 또 하나의 골칫거리가 돼 버렸다. 우리는 실물경제가 어떻게 기능하는지에 대해 어느 정도 알고 있다. 실물경제는 어느 정도 예측 가능한 모델 안에서 움직이기 때문에 경제학자들이나 정부는 다스리는 방법을 어느 정도 알고 있다. 하지만 금융시장은 아무도 알 수 없고 다스릴 수도 없는 자신만의 법칙 아래서 움직인다. 주식 시세는 평가 기업의 실적이 아니라 금융투자자들의 전략에 따라 움직인다. 투자자들의 선택이 가격에 영향을 미치고 그 가격이 다시 투자 전략에 영향을 미치는 식이다. 이렇게 자기 내부의 순환 고리가 형성되어 있는 것이다. 하지만 실제 경제와 가상 금융 사이의 거리가 언제까지나 평행선을 달리는 것은 아니다. 언젠가 둘은 다시 만나게 되어 있지만 그게 언제인지는 아무도 모른다. 몇 년의 시간을 더 기다려야 할지 모를 일이다.

금융자본주의의 경향을 모델화하거나 그 편차를 예측하려는 시도는 모두 실패로 돌아갔다. 금융의 법칙은 '거친 우연hasard sauvage'을 따르기 때문이다.

그러면 금융자본을 포기한 처 실물자본에만 집중해야 할까? 그건 불가능하다. 왜냐하면 '보이지 않는' 금융 없인 '보이는' 혁신도 없기 때문이다. 이미 25년 전부터 세계의 경제성장은 담보신용의 증권화 같은, 때로는 독이 되지만 없어선 안 되는 금융혁신에 의해 가능했다. 담보신용의 증권화가 위험한 것은 그것이 적정선을 넘었기 때문이다. 그러면 이를 통제할 방법은 없는 걸까? 금융시장은 이미 주식시장의 위기 이전부터 통제되고 있었다. 단지 무능한 통제자들 때문에 생산적이지 못한 결과로 이어졌을 뿐이다. 통제가 오히려 위기를 심화시킨 것이다. 한 예로 은행들이 자기 주식을 팔도록 의무화함으로써 세계 시장을 붕괴시킨 경우를 들 수 있다.

금융과 경제의 불일치를 합리적인 틀 안에서 규제할 수 있는(만델브로트Mandelbrot는 이를 '순한 우연' 이라고 불렀다) 제도는 지금으로선 공상일 뿐이다. 이런 이상적인 규제는 세계의 모든 경제 흐름을 꿰뚫어야 한다는, 지금으로선 불가능한 지식을 전제로 한다. 실제로 파리와 뉴욕(컬럼비아 대학교)에서 활동하는 경제학자인 라마 콩트Rama Cont는 몰아닥치는 '폭풍우' 를 각 나라 정부에 경고할 수 있는 세계위험관측소를 제안하기도 한다. 이렇게 되면 시스템을 파괴할 위험성이 높은 투기성 작전으로부터 예금주들과 주주, 은행, 보험사들을 보호하는 일은 정부의 몫이(오바마 행정부는 금융시장을 통제하는 국가의 권한을 포기하지 않겠다는 뜻을 분명히 하고 있다) 될 것이다. 그러므로 경제위기의 해법은 억누르는 것보다는 위험을 알리는 데 있다고 할 것이다.

계속되는 위기를 넘어 경제가 발전하듯, 현재의 위기는 위험을 더 잘 이해하고 예측하는 계기가 될 것이다. 기업과 노동자들, 소비자와 투자자들이 자본주의의 두 심실이 같은 리듬에 맞춰 뛰고 있다고 느끼게 되면 지금의 위기는 끝이 날 것이다. 자본주의는 사람들이 그 속에 살고 있으며 실질적인 혜택을 받고 있다고 확고한 믿음을 가질 때만 제대로 돌아가기 때문이다.

자본주의 머리맡에서

주프랑스 미국 대사를 지냈던 은행가인 펠릭스 로하틴Felix Rohatyn은 '타고난 비관주의자' 다. 경제회복에 대한 여러 소문들이 무성하지만 그는 이를 전혀 믿지 않는다. 미 정부의 발표와 달리 그가 진단하는 미국 은행들의 건강상태는 매우 좋지 않다. 우리는 은행들이 보유하고 있는 '악성 자산toxic assets' 이 어느 정도나 되는지 모른다. 유럽도 마찬가지다. 유럽은 아예 이에 대해 투명하게 밝히길 거부한다.

미국 금융자본주의가 쇠락하고 있는 근본 원인은 어디에 있을까? 기업에 대한 '진정한 통제권한' 이 없었기 때문이다. 주주를 대표하고 경영자를 감시하는 이사들을 경영자 스스로가 선출한다. 이사회는 경영전략에 대해서는 전혀 감시권이 없고 경영진들의 급료를 책정하는 데나 만족한다. 그리고 경영진이 직접 선출한 연봉책정회의에 자기들 보수를 올려달라고 부탁한다.

이 문제를 어떻게 해야 할까? 로하틴은 국가적으로 '독립 이사' 의 리스트를 작성하여 대기업이 이들 중 의무적으로 이사를 임명하게 해야 한다고 제안한다. 이런 제도는 회사 내부에서 이사회를 구성하는 프랑스에도 마찬가지로 적용될 수 있을 것이다.

오랫동안 뉴욕 금융계에 몸담았던 로하틴은 미국을 위해선 경제기반 구축을 통한 대대적인 경기부양이 필요하다고 제안한다. 하지만 주정부도 연방정부도 책임지지 않는 사업은 불가능하다고 로하틴은 덧붙인다. 그는 국가 자본을 가지고 경제기반을 구축하기 위한 국립 은행을 창설하자고 말한다. 이렇게 하면 국가가 적법하면서도 수익을 낼 수 있는 프로젝트를 추진하게 되리란 것이다. 이런 계획에 가장 먼저 관심을 보였던 오바마가 과연 이를 지지해줄까? 로하틴은 말한다. "오바마는 뿌리 깊은 사회주의자입니다. 하지만 유권자들이 세금이나 재분배에 반감을 보이곤 하는 미국에서 사회주의자가 된다는 건 불가능함을 잘 알고 있습니다." 그래서인지 오바마는 은행 문제에 대해선 늘 어중간한 태도를 보여 비난을 받곤 한다. "은행들을 일단 국유화해서, 싹 정리한 다음 되팔아야 합니다." 로하틴은 주장한다. 오바마는 감히 그렇게 하지 못했다. 그는 '이도 저도 아닌 것' 을 선택했다. 프랑스에서 미셸 로카르Michel Rocard[103]가 결정적인 순간 그랬던 것처럼…… 대통령으로서는 '중도' 이외에는 다른 방법이 없다는 것을 로하티도 인정한다. 하지만 위기 때에는 중도가 최선의 선택이 될 수 없다. 급진적 해결책이 없다면 위기는 더 깊어질 것이다. 그래서 '좌파' (친자본주의적 미국 좌파)인 로하틴은 은행 파산 등의 문제를 풀기 위해 역시 급진적 해결책을 선호하는 우파 공화당이 동참해주길 바라고 있다.

---

103) 프랑스 총리를 지낸 정치가. 프랑수아 미테랑의 사회당(PS) 정권에서 계획·지역개발 장관과 농림 장관 등을 지냈다. 미테랑의 정책에는 현실주의적 입장에서 비판적이었으나 1988년 대통령 선거에서 미테랑의 재출마를 지지하여 그 해 재임한 미테랑 정권의 총리에 임명되었다.

우연의 교훈

경제 위기 때만 되면 사람들은 만델브로트를 찾기 바쁘다. 그의 명성은 이미 널리 퍼져 있지만 특히 위기 때만 되면 언론에서는 그의 의견을 들으려고 성화다. 그것은 만델브로트가 재앙이나 엄청난 사건 등에 관심을 갖는 흔치 않은 경제학자이기 때문이다. 대부분의 경제학자들은 규칙적이고 반복적이며 예측할 수 있는 것들을 연구 대상으로 삼아 이를 예측 가능한 수학적 공식으로 만들어낸다. 이 공식이 우연마저도 포괄할 수 있기를 바라면서 말이다.

만델브로트가 하버드대와 예일대에서 수학과 경제학을 강의하기 위해 프랑스를 떠난 지도 벌써 50년이 지났다. 그는 30년 이상 뉴욕의 요크타운 IBM 연구소에 머물면서 중요한 직책을 맡기도 했었다. 그 경력의 특이함도 놀랄 만하지간 86세가 되어도 여전히 정정한 그를 보면 더 놀랄 수밖에 없다.

만델브로트는 우연에는 두 가지의 우연 즉 '순한 우연' 과 '거친 우연' 이 있다고 말한다. 미국식 영어로 말하자면 'mild randomness' 과 'wild randomness' 다.

세계에 금융위기가 오기 전인 1974년 만델브로트는 '프랙탈' 이란 걸 발견하면서 수학계에 혜성처럼 나타났다. 만델브로트는 여러 가지 자연현상을 관찰한 끝에 영국 서부의 해안선처럼 겉으론 복잡해

보이는 자연물들이 반복되는 기하학적 모양을 가졌다는 사실을 알아
냈다. 그리고 그것들은 가까이서 볼수록 더욱 동일한 형태를 가지고
있다는 것이다. 눈송이나 콜리플라워 등을 생각해 보면 더 쉽게 알 수
있을 것이다. 이를 통해 우리는 겉으로 보이는 자연의 무질서함 뒤에
일정한 질서가 숨어 있음을 알게 되었다. 같은 시기 그는 브르타뉴 해
안의 길이를 측정하는 것이 불가능하다는 사실을 알아내기도 했다.
왜냐하면 측정하는 자의 눈금의 단위에 따라 거리가 달라진다는 것
이다.

만델브로트의 이론을 따라가면 우리 주변에서도 '프랙탈' 구조들
을 쉽게 찾아볼 수 있다. 공기나 물, 그리고 소리의 소용돌이도 무질
서하게 보이지만 결국 '프랙탈' 구조로 되어 있어 예측이 가능하다.

때론 만델브로트의 이론을 거친 우연과 순한 우연으로 요약하기도
한다. 무질서해 보이는 것들이 '프랙탈' 구조를 가지고 있을 수도 있
지만 무질서하면서도 '프랙탈' 구조를 가지지 않은 것도 있다. 금융
시장이 바로 그런 예에 속한다.

1960년대 만델브로트는 금융시장에서 형성되는 가격 동향에 숨겨
진 질서가 있지 않을까 하고 연구하기 시작했다. 뉴욕 증권거래소(오
랜 기간의 데이터 자료가 남아 있었기에 가능했다. 만델브로트는 "데
이터 없이는 과학도 없다"고 강조한다)의 면화 가격을 분석한 그는
면밀히 파고들수록 가격 예측은 더 어려워진다는 사실을 알게 되었
다. 서로 다른 우연한 사건들이 연속되면서 가격은 '증발' 되고 만다
는 것이다.

만델브로트의 싱거운 연구 결과는 다른 경제학자들을 만족시키지
못했다. 그들은 종 모양의 곡선이나 새로운 산법 또는 법칙들을 원했
던 것이다. 실물경제에서는 이런 것들이 가능하다. 지금도 우린 중앙
은행이 풀어놓은 통화량과 물가 상승의 관계를 비교적 정확하게 예

측할 수 있으며 임금수준과 실업과의 관계, 독점과 가격의 관계 등을 예측할 수 있다. 하지만 금융시장, 특히 증권시장에서는 이것이 통하지 않는다. 아직 연구가 덜 되었기 때문인가? 결코 예측이 불가능한 걸까? 만델브로트는 후자 쪽에 무게를 둔다. 주가의 흐름을 깊이 연구한 끝에 그는 주가가 '거친 우연' 즉 완전한 '요행'인 것으로 나타났다. 아무 규칙도 없는 무질서가 금융시장의 근본 법칙이라면 법칙인 셈이다.

만델브로트의 주장을 받아들일 수 없는 사람들(대다수가 그렇다)은 여전히 시간에 따른 가격 곡선 그래프를 포기하지 않고 있으며 소액투자자들이라면 피해갈 수 없는 마팅게일martingale 모형에 대해서도 연구를 계속하고 있다. 이러한 주가 예측 연구는 1900년대 금융수학을 창시한 루이 바슐리에Louis Bachelier까지 거슬러 올라간다. 만델브로트는 바슐리에가 안타깝게도 잘못된 자료를 가지고 연구했었다고 말한다. 하지만 우연을 정복해 보려는 시도는 계속되었으며 이런 노력들은 1997년 노벨상을 받은 스콜스Scholes와 머턴Merton의 이론처럼 항상 복잡한 공식들을 동반했다. 하지만 그 이론을 따르면 결코 잃을 수가 없다는 스콜스와 머턴의 이론을 적용했던 투자자들은 모두 자신들의 고객들과 함께 파산해 버렸다. 대체 어디서 잘못되었던 것일까?

우연을 정복하고 주식으로 부자가 되겠다는 욕망이 스콜스나 머턴 같은 경제학자들로 하여금 두 가지 엄청난 학문적 실수를 저지르게 만들었다고 만델브로트는 말한다.

먼저 이들 경제학자들은 자신의 이론적 모델을 먼저 만들어 놓고 그 모델에 맞는 데이터들만 적용시켰다. 금융시장이란 것이 착오의 연속임에도 불구하고 그들은 처음부터 이런 착오의 경우를 아예 배제시킨 것이다.

또 다른 잘못은 좀더 고전적인 것이었다. 그들은 한 영역에서 적용될 수 있는 법칙을 그것이 적용될 수 없는 다른 영역에까지 적용시켰다. 자연현상의 소용돌이에는 프랙탈이 적용되지만 금융시장에서는 그것이 적용될 수 없다는 것이다.

만델브로트의 이런 비판적 관찰은 다윈의 진화론을 인간사회의 역사에 적용시켰던 칼 마르크스의 이론을 떠올리게 한다. 당시 다윈은 마르크스에 반대했고 칼 마르크스가 그의 책『자본론』을 맨 처음 다윈에게 주고 싶어 했음에도 다윈은 이를 거부했다.

그런데 만델브로트가 비판했던 이런 금융 이론들이 어느 날 갑자기 여기저기서 맞아떨어지며 2008년까지 승승장구 최고의 전성기를 맞게 된다. 투자자들이 이론 모델을 적용하기만 하면 주가는 올라 거의 모든 주식 투자자들이 부자가 될 수 있었다. 만델브로트는 더 이상 대접받지 못했고 이제 아무도 그를 찾지 않게 되었다.

하지만 그러한 적중은 우연의 일치일 뿐이었다. 한 번의 주가 폭락으로도 이 모델들이 잘못되었음을 증명하기에 충분했다. 만델브로트는 전혀 놀라지 않았다. 긴 기간 동안의 주가의 흐름을 관찰해 본 결과 예측할 수 없는 갑작스런 변동(유명한 일례로 1987년의 주식파동을 들 수 있다. 이 변동은 갑자기 나타났다 사라져 예측할 수도 설명할 수도 없었다)은 실물경제와는 아무런 상관이 없다는 것이 그의 말이다. 설명될 수 없는 '사건'은 우리 주변에서 늘 일어난다. "주식 시장은 본질적으로 아주 위험"하며 '거친 우연'이 작용하는 분야라고 그는 말한다.

물론 주식을 해서 큰돈을 번 사람들은 분명 존재한다. 하지만 만델브로트는 "단지 그들이 운이 좋았을 뿐"이라고 말한다. 금융시장은 너무나도 변화가 심한 곳이기 때문에 통계적으로 돈을 벌 가능성보다 돈을 잃을 가능성이 더 높은 곳이다. 하지만 누구나 좋은 기회를 잡는다면 엄청난 돈을 벌 수도 있다. 조지 소로스George Soros가 그런 경우인데 그는 1992년 영국 파운드화를 공격하여 단 하루 만에 20억 달러를 벌었다. 그 때부터 소로스는 자신의 재산을 관리하고 있지만 그 이후로는 한 번도 한 방의 기회를 잡지 못했다. 만델브로트는 이렇게 주식으로 큰돈을 모을 수 있는 방법은 '한 방' 뿐이라는 법칙을 경험으로 확인했다.

"금융시장에서 큰 재산을 모으는 일은 모두 하루 사이에 이루어진다. 지속적인 투자로는 이것이 결코 불가능하다."

오랜 기간에 걸쳐 주식투자를 하면서 오르고 내리기를 반복하는 시장을 따라가기는 좀처럼 힘들다고 그는 말한다.

시장의 '증발성'을 그릇에 담을 수 있다고 착각했던 주식 이론들이 모두 무너진 지금 만델브로트가 그것을 대체할 이론을 내놓는 건 어떨까? 대답은 '노' 다. 그는 다음과 같이 말한다.

"나는 허풍쟁이들을 싫어합니다. 그들의 예측들은 객관적으로 거짓이기 때문입니다. 하지만 그렇다고 그들을 대체할 이론을 내놓을 생각도 없습니다."

학문은 우선적으로 오류를 배제해야 한다(이는 철학자 칼 포퍼의 입장이기도 하다). 그런 점에서 만델브로트는 칼 포퍼와 같은 계파라고 볼 수 있다.

"주식시장에서 돈을 벌려면 내 충고를 따라선 안 된다. 하지만 당신이 주식 가격을 결정하는 거친 우연에 주의를 기울인다면 내 덕분에 최소한 당신은 파산을 면할 수는 있다."

만델브로트와 이야기를 나누다 보면 우리는 거친 우연에서 순한 우연으로, 이상적으로 전환되길 바라는 마음에서 행하게 되는(대부분 정부가 주도하는) 시장 규제의 욕구를 이해할 수 있다. 하지만 거기에 도달하는 방법은 아무도 모른다. 언제나 화창한 날만 계속될 수는

없다. 예측이 불가능하다고 해서 만약 금융시장을 아예 없애버린다
면 결국 실물경제도 그와 함께 붕괴하고 말 것이다. 대출 없이는 또는
위험 없이는 경제성장도 있을 수 없다. 그러면 난폭한 우연을 피해 우
리를 경기침체부터 지켜줄 방법은 없는 것일까?

경제에서 '위험한 행동'을 막을 방법을 궁리한 끝에 미국 정부는
모험적인 새 방법 하나를 고안해냈다. 투자자들이 위험한 선택을 하
지 않도록 무조건 막는 대신 그 위험을 알려주는 것이다. 학문이나 경
기회복도 마찬가지다. 프랑스의 경제학자 장 티롤Jean Tirole과 피에
르-앙드레 치아포리Pierre-Andre Chiappori도 프랑스에게 이 방법을
권하고 있다.

우파의 유럽

유럽의회 선거가 끝난 지 일주일이 지났지만 아무도 결과를 분석하려는 이가 없다. 단순한 문제도 아닐 뿐더러 경제상황과 지역적 차이를 무시한 채 역사적인 의견일치를 이끌어내는 것은 시기상조일 수도 있다.

그럼에도 불구하고, 나는 선거 결과에 대해 몇 가지로 분석을 해보려 한다.

정치적으로 누구는 승리했그 누구는 패배했다. 투표에 불참한 사람들이나 유권자 중 반대표를 던진 사람들의 숫자를 계산하면서 결과를 재해석하는 건 상대방의 승리를 인정하지 않으려는 사람들이 늘 쓰는 수법이다. 하지만 투표에는 결과만 중요할 뿐 이런 시도들은 의미가 없다. 따라서 이것저것 기준을 바꾸지 말고 비교 가능한 것들만 비교해야 한다.

결론적으로 그리스와 발론(발론을 벨기에와 분리해 생각한다면) 지방을 제외하곤 나머지 모든 지역에서 우파가 승리했다. 그리스는 늘 유럽의 다른 나라들과는 다른 모습을 보이는 곳으로 좌파적 성향이 강하다. 오랫동안 계속되었던 내전의 영향인 듯싶다. 그리고 발론 지방 사람들은 플랑드르에 반발하는 의미로 좌파를 선택한 듯하다. 하지만 플랑드르 지방이 우파 성향인지는 잘 모르겠다.

특별한 몇 개 경우를 빼곤 유럽의회가 거의 우파 쪽으로 기울었다고 봐도 좋을까? 판단 여부를 떠나 거의 모든 나라들이 동시에 우파를 선택했다는 건 대단한 사건이 아닐 수 없다.

물론 같은 우파라도 다양한 모습들을 갖고 있다. 불가리아의 민족주의 정당들이나 네덜란드의 외국인 혐오주의자들, 폴란드의 자유노조, 독일의 기독-민주당, 프랑스의 자코뱅파들까지 모두 우파라 할 수 있다. 지역의 역사적 특성에 따라 다양한 스펙트럼을 띠고 있는 것이다. 하지만 이들은 정치적으로 한 뿌리를 가지며 문화적으로도 같은 감성을 공유하고 있다. 또한 자본주의를 거부하는 대신 잘 가꾸어가려 하며, 보수적 가치를 지키고, 다문화주의를 거부하며, 미국과 가까운 관계를 유지하려 한다는 점에서 같다. 거기에 유럽의 우파들은 모두가 자유가 넘치는 유럽다운 유럽을 좋아한다.

늘 그랬던 것처럼 유권자들이 선거에 관심이 없어서 우파가 승리한 걸까? 아니면 좌파가 고의로 또는 분열 때문에 패배를 자초했을까?

선거에 기권한 유권자들도 일단 투표에 참여하게 되면 다른 유권자들과 같은 투표 성향을 보인다. 이는 정치학에서 수없이 검증된 바다. 물론 저조한 참여율, 특히 젊은층의 집단적 불참은 미래를 위해 걱정스러운 것임에 틀림없다. 유럽연합에 관련한 안건에는 굳이 투표를 하지 않아도 괜찮다는 생각들이 만연해 있는 것 같다. 하지만 이들도 유럽연합이 위기에 처했다 생각하면 언제든 투표에 참여할 것이다. 이번 투표가 유럽 전체를 하나의 선거구로 하여 유럽을 대표하는 정당들을 선택하는 것이었다면 참여율은 훨씬 높았을 것이다. 그렇지 않았기에 유권자들은 정파와 지역적 성향에 따라 투표를 했던 것이다. 자신이 유럽인이라는 자각이 적을수록 사람들은 지역 성향에 따라 투표하게 되어 있다.

경제위기가 엉뚱하게도 우파에게 유리하게 작용하여 잘못된 결과를 낳은 것일까? 잘 알려져 있듯이 지금까지는 경제위기가 늘 좌파에게 유리하게 작용해왔다. 하지만 이번 투표에 경제위기가 조금이라도 반영된 것이라면 경제위기에도 불구하고 사람들이 시장경제에 대해 확고한 지지를 보냈다는 말이 된다. 이는 매우 의미심장하다. 경제가 성장하고 있을 때엔 아무도 경제 시스템에 이의를 제기하지 않는다. 그렇다고 해서 경제 시스템이 정당성을 인정받았다곤 할 수 없다. 그러나 경기가 침체되어 있을 때 시스템이 선거라는 시험을 통과했다면 그 '정당성'을 인정받았다고 보아도 좋을 것이다. 정당성은 애정과 다르다. 유권자들은 시대를 넘어 자본주의가 최선의 모델이라는 걸 인정한 것이다. 왜냐하면 현재로선 자본주의 외엔 검증된 모델이 없기 때문이다. 따라서 자본주의는 시험을 이겨낸 것이 된다. 이런 현상은 서유럽보다 동유럽에서 두드러진다. 사회주의로 인해 고통을 받아본 폴란드 사람들은 다른 곳보다 더 열렬히 자본주의를 지지하고 있다.

좌파는 분열 때문에 패배했을까? 좌파가 갈라지지 않았다면 결과는 달랐을까? 하지만 사회민주주의 좌파와 혁명적 좌파의 재통합은 앞으로도 가능성이 없어 보인다. 분열은 좌파의 특성이며 앞으로도 그럴 것이다. 자본주의를 '인간화'하려는 쪽과 그 자체를 부정하는 쪽 사이엔 어떠한 타협의 여지도 없다. 그들은 같은 당파라 할 수도 없고, 같은 가치를 추구하지도 않으며, 지지층도 완전히 다르다.

혁명적 좌파는 허무맹랑하긴 하지만 어쨌든 확실한 목표를 가지고 있다. 반면 사회민주주의 좌파에겐 뚜렷한 계획이 없다. 아직 자기들의 계획을 정식화하지 못했거나 아니면 계획이란 게 애초에 존재할 수 없는지도 모른다. 우리는 후자 쪽에 더 가능성을 둔다. 좌파가 자본주의에 동조하여 이를 더 '인간화'하기 원한다면 그들은 이미 갈 데까지 간 것이다. 왜냐하면 우파들은 경제위기 때조차 자본주의를 관리할 줄 알게 되었으며 자본주의의 인간화라는 이상은 너무 멀기 때문이다. 유럽의 민주주의 좌파는 국가 부의 절반을 사회보장에 쏟아붓는 제도를 고안해냈다. 하지만 이런 시스템은 경제의 활력을 파괴할 뿐이다. 생산의 논리보다 부의 재분배를 앞세웠던 스칸디나비아 국가들도 이제 갔던 길을 되돌아오고 있다.

재분배 프로젝트는 오랫동안 사회민주주의의 이상이었다(독일에서는 우파의 배려에 의해 좌파보다 앞서 퇴직연금을 만들어내기도 했다). 그리고 이런 역사적 야심은 유럽에서 현실이 되었다. 하지만 전에 프랑스 급진당[104]이 그랬듯이 자신들의 프로그램(특히 대중의 무교육에서)이 확고히 자리를 잡을 때쯤 사회민주주의는 낙동강 오리알 신세가 됐다. 유럽의 좌파는 한때 승리자였지만 그 때문에 지금은 패배자가 되었다. 그들은 이제 옛 고객들의 추억과 넋두리를 위해서나 존재할 뿐이다.

좌파를 새롭게 창조해낼 수는 없을까? 하지만 아무도 그 방안을 제시하지 못하고 있다. 예나 지금이나 그들이 표를 모으는 것이 금지된 적은 없으며 지금도 가끔은 승리한다. 하지만 그 역사적 의미는 사라졌다. 프랑스에서는 실제 행정에 있어서 좌파와 우파를 구분하는 것조차 불가능해졌다.

그러면 무언가가 좌파를 대신할 수 없을까? 환경주의자들이 모여 신비롭고도 알쏭달쏭한 당을 만들고 있긴 하지만 이들이 정권을 가져갈 수 있을 것 같진 않다. 만약 어떻게 해서 그들이 힘을 얻는다 해

---

104) 현재 이름은 좌익급진당Parti Radical de Gauche, 약칭 PRG. 1972년, 프랑스 좌파 내 다수 정파였던 공화주의자, 급진주의자, 그리고 급진사회주의자당을 탈당한 세력들이 창당했으며 지금은 사회적 자유주의와 사회민주주의 정당을 표방하고 있다.

도 합리론자들(다니엘 콘-벤디트Daniel Cohn-Bendit[105])과 종말론자
(조세 보베)들의 분열로 인해 와해되고 말 것이다. 오직 '투쟁'이란
끈만이 이들을 하나로 묶을 수 있다.

　진부하지만 이런 생각 끝에 얻을 수 있는 결론은 앞으로도 오랫동
안 우파가 득세하리라는 것이다. 물론 우파도 완전하지는 못하다. 그
러나 지금으로선 우리에게 평화로운 사회를 보장해줄 다른 대안이
없다.

---

105) 유럽연합 의회의 녹색당 당수.

이슬람 정치세력의 역사적 몰락

이란의 신정분리파神政分離派와 신정일치파神政一致派 간의 대립이 어떻게 끝나든 이제 '이슬람공화국'이란 개념은 과거로 사라졌다. 30년 전 호메이니가 정권을 잡았을 때 많은 사람들은(적어도 이슬람 사회에서는) 서방의 자유민주주의와 공산주의 독재체제 사이에 제3의 길이 열렸다고 믿었다. 제3의 길이라 여겨졌던 이슬람공화국엔 이슬람식 경제제도도 포함되어 있었다.

이슬람식 민주주의는 절대자의 가르침을 따르는 이슬람교의 가치관과 아주 '소극적인' 표현의 자유를 결합시킨 것이었다. 또한 이슬람 경제체제는 기업의 효율성과 조합식 소유제도(이란에서는 사실상 아야톨라[106]들이 1979년 국유화된 기업들을 모두 소유하고 있었다)를 접목시킨 것이었다.

이러한 이슬람식 민주주의와 경제 개념은 30년 전부터 무슬림 세계에 엄청난 반향을 일으켰다. 그리고 이 모델 때문에 이집트와 튀니지, 그리고 알제리의 독재자들은 온건파 무슬림들의 저항에 부딪히기도 했다.

하지만 이제 이슬람공화국이 허상에 지나지 않았음을 만천하가(서

---

106) 시아파의 고위 성직자.

방세계 사람들은 물론 무슬림들까지) 알게 되었다. 이슬람공화국 체제는 전체주의적 압제(마오쩌뚱의 중국이나 스탈린의 소비에트 연방처럼 개인생활을 인정하지 않는)와 민병대 그리고 오일 달러의 재분배가 없으면 존재할 수 없는 것이었다. 석유로 벌어들이던 부가 고갈되자(유가 하락과 방만한 자원관리 때문에) 아야톨라들은 빈털터리가 되었고 결국 억압과 악명 높은 부정부패밖엔 남지 않게 되었다.

반대로 사우디아라비아와 걸프 연안의 '석유군주'들은 오직 석유에서 나온 이익의 분배만이 쟈신들 체제가 생존할 수 있는 길임을 알고 있었다. 반면 석유가 많이 나옴에도 분배를 제대로 하지 않은 알제리와 리비아 등은 억압 쪽을 택했다.

이제 이슬람교는 현대 무슬림 사회도 근대적 국가도 지탱할 능력이 없음이 명백해졌다. 무슬림 사회는 점점 세속화되고 있으며 비무슬림 사회처럼 국가와 종교의 분리를 목전에 두고 있다. 이란에서는 국민들이 점차 세속화되고 심지어 불가지론자가 되어가는 역설적인 상황이 벌어지고 있다. 이란의 회교사원들은 텅텅 비고 있으며 이란인들은 종교축제보다 이슬람교가 생기기 이전의 페르시아식 신년행사인 '노루즈Nowruz' 축제에 더 열광하고 있다. 또 신정정치의 통제권이 느슨해지는 틈을 타 여성들은 빠르게 세속화되고 있다.

오늘날 우리가 확신할 수 있는 것은, 정치에서 이슬람주의가 패배했으며 자유민주주의만이 보편적이며 유일한 '희망'이 되었다는 사실이다. 하지만 아직까지 인류의 절반 이상은 이 희망의 영역 밖에서 살고 있다.

그러면 서방세계는 이슬람에 대해 어떤 대응책을 가지고 있는가? 1938년 뮌헨에서, 1956년 부다페스트에서, 1968년 프라하에서처럼 그리고 천안문 사태 이후 중국에서처럼 우리 서방국가들은 계속 구경꾼으로만 남아 있을 것인가, 아니면 유고슬라비아나 바그다드, 카불에서처럼 적극 개입해야 할까? 지금 우리는 중도 길을 모색하고 있지만 한 가지 분명한 사실은 여기에 중도의 길은 존재하지 않는다는 것이다.

라틴아메리카, '마술적 리얼리즘'의 종말

라틴아메리카에선 아직도 혁명이 계속되고 있다. 그러나 이 혁명은 '자유주의 혁명'이다. 같은 날, 대륙 남쪽의 아르헨티나에서는 네스토르와 크리스티나 키르히너 부부가, 대륙 중앙부의 온두라스에서는 마뉴엘 셀라야Manuel Zelaya가 대통령 권좌에서 물러났다. 아르헨티나는 선거에 의해서, 온두라스는 군사쿠데타(헌법에 입각한)에 의해서였다. 온두라스의 쿠데타는 의회와 사법기관의 승인을 받았고 대다수 국민들의 지지도 받은 것으로 알려졌다.

그러면 이 두 나라엔 어떤 공통점이 있을까? 키르히너 부부는 말만 많은 반자본주의적 포퓰리스트들이다. 둘은 코디요(남미의 군사돈재)의 전통을 이어가고 있으며 석유기금으로 자신들을 재정 지원하는 차베스와 우호적 관계를 유지하고 있다. 그럼 셀라야는? 그 역시 '차베스 클럽'에 합류하려 했으며 이를 통해 종신대통령을 꿈꾸고 있었던 것 같다.

하지만 아르헨티나와 마찬가지로 온두라스 국민들도 차베스주의자들의 허풍에 넌더리를 내고 있었다. 이제 사회혁명은 너무 낡아빠진 사상이 되었고 게릴라 병사들은 코칼레로cocalero[107]로 변신했으

---

107) 남미의 코카 잎 재배자를 이르는 말.

며 국유화는 가난한 인디오들의 토르티야[108]마저 빼앗아갔다. 그리고 이제 라틴아메리카 사람들은 주변을 다시 둘러보기 시작했다. 시장경제와 정권교체를 통해 앞서가고 있는 나라들이 눈에 보이기 시작한 것이다. 브라질과 칠레, 우루과이(명목상으론 칠레와 마찬가지로 사회주의자 대통령이 정권을 잡고 있지만 정책은 자유주의적이다), 콜롬비아, 멕시코, 페루(처음 집권할 때 사회주의적 성향을 보였던 알란 가르시아 대통령은 두 번째 집권하면서부터 자유주의적 성향을 띠고 있다), 코스타리카 같은 나라들이다. 이들과 다른 쪽엔 혁명사상에 입각하여 민족주의를 부르짖는 피 끓는 지도자들이 이끄는 낡은 라틴아메리카가 있다. 베네수엘라, 볼리비아, 니카라과, 에콰도르 등이 이에 속한다.

이런 상황에서 온두라스와 아르헨티나 국민들은 차베스-카스트로주의를 버리고 브라질이나 멕시코처럼 현실주의 그룹에의 합류를 선택한 것이다. 안데스 지역에서 일어난 이 두 개의 정치적 사건은 라틴아메리카 사람들을 소설가 가브리엘 가르시아 마르케스Gabriel Garcia Marquez[109]의 '마술적 리얼리즘'에서 일상적 리얼리즘으로 돌아오도록 만들었다. 이제 라틴아메리카 대륙 국민들의 수명은 늘어날 것이고 더 평화로운 상태에서 번영을 구가할 것이다. 그리고 남미의 작가들도 더 이상 자신의 재능을 인정받기 위해 감옥에 가야 하는 일은 없을 것이다.

---

108) 멕시코 지방의 납작하게 구운 옥수수빵으로 남미 주민들의 주식.
109) 콜롬비아의 작가로 『백 년 동안의 고독』 등의 작품이 있다. 중남미의 정치적, 사회적 현실에 대한 풍자를 신화적인 수법으로 보여주는 그의 문학을 평론가들은 '마술적 리얼리즘'이라고 부른다.

2009년 7월 1일—뉴욕에서

팝의 신

겨우 50살에 사망했지만 사는 동안 마이클 잭슨만큼 운이 좋았던 사람도 드문 것 같다. 그가 가수로 활동했던 기간이 CD의 세계화나 국가들의 문호개방과 거의 맞물려 있었기 때문이다. 마이클 잭슨 이전엔 앨범이 그토록 많이 팔린 적이 없었다. 레코드나 카세트는 CD보다 적게 사용되었을 뿐더러 지구의 절반 이상이 이를 접해볼 기회조차 없었다. 앞으로도 마이클 잭슨만큼 CD를 많이 파는 가수는 나타나지 않을 것이다. 세계화의 성격이 변해가면서 CD가 사라지고 있기 때문이다. 과거의 세계화는 천편일률적이었다. 하지만 Web 2.0이 등장하고 지역적 정체성이 보편화되면서 사람들은 세계인이자 동시에 지역민이 되었고 세계화와 함께 부족화되었다. 이제 마이클 잭슨도 다른 민족, 다른 언어, 다른 지역에 있는 다른 마이클 잭슨들과 경쟁해야 하는 시대가 된 것이다.

피부색과 장르를 넘어 사랑을 받았던 사람은 마이클 잭슨 말고도 많았다. 그 전에도 백인이지만 흑인처럼 노래했던 엘비스 프레슬리가 있었다. 마이클 잭슨은 리듬에서 디스코의 선구자인 카메룬의 마누 디방고를 많이 차용했다. 하지만 그들 중 누구도 마이클 잭슨처럼 세계를 뒤흔들어놓은 사람은 없었다.

하지만 마이클 잭슨의 죽음을 애도하는 세계인들의 감정이 다 같진 않을 것이다. 프랑스의 에르베 모랭Herve Morin 장관처럼 마이클을 '성도착자'라 비난했던 사람도 있으니까 말이다. 그의 죽음에 대해 세계인들이 느끼는 보편적 감정을 그렇다고 언론이나 군중들에 의해 조작된 것이라 말할 수도 없다. 그러면 이런 집단적 열광을 대체 어떤 식으로 설명해야 할까? 에드가 모랭이 1957년 출간한 『스타들』이란 책에서 그 답을 발견할 수 있다. 모랭은 이 책에서 오늘날의 스타들이 고대 그리스의 신들과 같은 존재라고 말했다. "우리의 정신이 신화를 만들었지만 그 신화는 우리의 정신을 지배하게 되며, 처음에 신화였던 것이 점점 현실 속 인물이 되고 자율성을 갖게 된다"는 것이다. 이렇게 해서 팝의 '황제'는 '신'이 되었다.

같은 투쟁 : 티베트와 위구르

중국 공산당의 식민주의에 맞서는 절망적인 투쟁이 또다시 벌어지고 있다! 지금 위구르인들과 중국인들이 우루무치 거리에서 맞서 싸우고 있는 것이다.

십여 년 전부터 동방의 옛 투르키스탄 지구인 신장웨이우얼 자치구의 주도主都 우루무치에서는 토착 주민들이 도시를 떠나고 있었다. 마치 티베트의 라싸에서 그랬던 것처럼. 이곳에선 공공장소에서 고유언어(터키어계)를 사용할 수 없으며 학교와 언론매체들도 만다린어만 사용해야 한다. 이슬람 사원들은 공산당국의 검열을 받아야 하고 위구르인들은 도시 외곽으로 점점 밀려나고 있다. 이 모든 것들을 필자는 직접 눈으로 확인했다. 티베트인들이 느꼈을 절망감을 이곳 사람들에게서도 느낄 수 있었다.

위구르 출신으로 1989년 학생시위 때 대변인을 지냈고 지금은 타이완으로 망명한 우얼카이시의 생각을 물어보았다. 그는 신장 지구의 중국 공산당이 티베트와 마찬가지로 위구르를 점령당한 식민지로 취급하고 있다고 말한다. 한족이 미개한 지역에 발전과 문명을 심어주었다는 식이다. 이는 1930년대 일본의 점령군들이 내세운 논리와도 같다. 그는 "신장 지구가 차라리 일본의 식민지로 남는 게 더 나았을 것"이라고 말한다. 티베트의 달라이 라마처럼 우얼카이시와 대부분의 위구르 지식인들은 독립이 불가능하면 문화적 자치권이라도 달라고 주장한다. 하지만 이들에겐 독립도 문화적 자치권도 꿈에 불과하다. 중국 공산당은 공산주의만큼이나 민족주의에 집착을 갖고 있기 때문이다.

오바마, 다시 전쟁으로 돌아가다

아프가니스탄 전쟁이 깨끗이 종결되기 어렵다는 판단에 따라 미국이 병력 확대를 결정했다. 이 전략은 우크라이나의 나토 가입(전적으로 러시아를 견제하기 위한), 인도에의 무기 판매(중국을 견제하는 효과가 있는) 등에 명분을 실어줄 것이다. 이런 일련의 발표를 만약 조지 부시가 했다면 이렇게 조용히 넘어가진 않았을 것이다. 오바마이기에 아무렇지도 않은 듯 넘어가고 있는 것이다. 아메리카 제국의 지속을 위해선 더없이 좋은 밑그림이지만……

몰도바라는 종착역

유권자들에 대한 부당한 압력과 속임수도 이젠 먹히지 않았는지 몰도바에서 공산주의자들이 정권을 잃었다. 그들의 패배는 우리가 생각하는 것보다 훨씬 충격적인 사건이다. 몰도바에서 공산주의 정권이 퇴각했다는 것은 유럽 최후의 공산주의가 종말을 고했다는 말이기 때문이다. 1917년 상트페테르부르크에서 처음 시작된 공산정권의 역사는 2009년 7월 30일 몰도바의 수도인 키시네프에서 마침내 종말을 고하게 되었다. 베를린 장벽이 무너진 시점에서 따져도 몰도바의 최후가 오기까지 장장 20년이 걸렸다. 거대한 역사의 한 단계가 종말을 고한 것이다. 시간이 이렇게 오래 걸린 이유는 유럽의 공산주의가 혁명으로 무너지지 않고 내부 모순에 의해 고사했기 때문이다.

공산주의의 종말은 이렇게 조용히 진행되었다. 공산주의가 아주 위험한 제도는 아니었다는 믿음을 심어 주기라도 하려는 듯하다. 베를린 장벽이 무너지고 20년이란 시간은 몰도바의 당 간부들이 살 길을 찾기에 충분한 시간이었다. 공산 몰도바 대통령의 아들은 몰도바 최고 재벌기업의 총수가 되었다. 하지만 기업가들이 아무리 썩었어도 과거 KGB만큼 위험하진 않을 것이다. 뒤늦게 유럽 세계에 합류하게 된 몰도바를 환영한다!

바이러스의 세계화

2003년 발생한 변종 호흡기질환 사스에 이어 조류독감까지 기승을 부린 지난 몇 년, 우리는 몇 번이나 가짜 위급신호 사이렌 소리를 들어야 했다. 이 전염병들이 진원지인 중국이나 베트남 주변에서만 맴돌았음에도 중국 당국의 미비한 위생검역 시스템 때문에 세계는 핵무기의 위협만큼이나 심한 공포에 떨어야 했었다. 이 바이러스들은 현재 유행하고 있는 멕시코독감, 돼지독감 그리고 신종인플루엔자 등 지금까지 세계가 경험하지 못했던 독감으로 이어져 나타나고 있다. 다행히 이런 독감 바이러스들은 아직까지 치명적으로 위험하진 않은 듯하다. 자연이 우리에게 더 끔찍해질 미래의 전염병에 대비할 시간을 주는지도 모르겠다.

앞선 경험들을 통해 우리는 전염병이 주로 위생상태가 좋지 않고 의료시설이 부족한 밀집지역에서 발생한다는 걸 알고 있다. 하지만 전염이 확산되는 걸 알아차렸을 때는 이미 늦는다. 전염병 발생국(특히 중국 같은)들이 보건에 조금만 더 투자를 해도 자신들은 물론 세계를 전염병으로부터 보호할 수 있다. 유감스럽게도 정부들은 확실한 공포와, 정치적 제스처 그리고 예방 차원의 경고를 제대로 구분하지 못한다. 초기 대응에 실패했던 에이즈의 전례 때문인지 서방 정부들은 비난을 모면하기 위해서도 지나치게(조류독감은 위험성이 과대

평가되었다) 호들갑을 떠는 경향이 있다. 그래서 흔한 바이러스만 나타나도 양치기처럼 소리를 지른다. 물론 잘 예방이 되어 지나간 유행병에 대해서 꼬투리를 잡아 비난하는 사람들도 늘 있기 마련이다.

전염성이 강한 바이러스는 긴밀하게 관계를 맺으며 살아가는 오늘날의 세계인들에겐 큰 위협이다. 그러니 자연보호에 (기후변화의 위험성은 확실하지도 않고 우리가 어찌 할 수도 없다) 쏟아붓는 에너지를 인간 보호에 더 쏟는 게 바람직할 것이다. 몇 달 후 열리는 코펜하겐 기후변화회의에서 국가원수나 권위자 중 누군가 주제를 바꿔 북극곰보다는 인간에 대해 한 번 더 생각해보자고 제안하면 어떨까?

마르크스, 추방당하다

프랑스에서 칼 마르크스의 인기는 좀처럼 식을 줄 모른다.

이를 증명이라도 하듯이 이번 주 《르 누벨 옵세르바퇴르Le Nouvel Observateur》[110]와 프랑스 엥테르[111]가 '마르크스의 위대한 귀환'을 선언하기 위해 뭉쳤다. 마르크스를 추억하기 위해 소집된 교수들과 파업 중인 노동자들, 언론인들의 증언에 따르자면 칼 마르크스는 지금의 자본주의 위기에 대해 규명해줄 가장 적합하고도 필요한 인물이다. 그리고 언론들에겐 논박할 '나쁜' 반대파가 필요한 법인데 그 역할에 필자가 당첨되었다. 프로그램이 진행되는 동안 양측은 자신들의 이야기만 늘어놓았고 토론 같은 건 없었다. 내가 속한 자유주의 쪽 패널들은 현 자본주의의 위기를 인정하고 원인 분석과 개선 방향에 대해 이야기했다. 나아가 자본주의에 적대적인 사람들의 '공격'이 필요하다는 점에 대해서도 인정했다. 우리는 민주주의가 자본주의의 단점을 보완해주었다고 평가한다. 민주주의는 마르크스가 살았던 시절의 자본주의로 인해 땅에 떨어졌던 인본주의를 되찾는 데도 많은 공헌을 했다. 이 점에서 우리는 서구식 자본주의와 중국식 자본주의를 구별해야 한다. 프리드리히 엥겔스가 말했던 '가혹한 도제식 노동'은 오늘날 특권적 공산당들이 부르주아의 역할을 대신하고 있

---

110) 프랑스의 시사 주간지.
111) 프랑스 공영 라디오 방송사.

는 중국 자본주의에서만 존재할 뿐이다.

마르크스 쪽 패널들 중 누구도 내 주장을 경청하지 않았고 반박하지도 않았다. 현실에 바탕을 둔 분석과 신비주의적 마르크스주의 간엔 애초 소통이 불가능한 건지도 모르겠다. 반대편 패널들은 말끝마다 "마르크스가 말하길"을 남발했다. 그리고 불가타Vulgata 성서[112]의 교리를 암송하듯 프롤레타리아, 계급투쟁, 내부모순, 착취 등의 단어들을 열거했다. 지금까지 자본주의가 내부의 위기를 극복하며 여기까지 왔다는 사실을 누가 부인할 수 있을까? 분명 우리의 반대자들이 기다리던 '최후의 위기'[113]가 다가오고 있는 것 같다. 아니, 지금 우리는 이미 그 시대를 살고 있는지도 모른다. 하지만 이 최후의 위기는 '좋은 의미'에서의 최후이다. 지금 중산층이 프롤레타리아의 자리를 대신하고 있지 않은가? 이것이 내가 공장들이 문을 닫는 사태를 걱정하지 않는 이유이다. 현실 속의 마르크시즘은 예외 없이 폭력과 독재로 이어졌다. 당황스럽지 않은가? 사람들은 내게 반박한다. 지금까지 공산주의를 표방한 정권들이 마르크스를 잘못 이해했고 그의 숭고한 뜻을 왜곡했다고. 반자본주의 좌파의 대표 지식인 다니엘 벤사이드Daniel Bensaid 같은 이는 미래엔 완벽한 공산주의가 도래할 것이라 확신하기도 한다.

라틴어 미사와도 같은 이런 예배가 아직까지 이토록 많은 신도들을 끌어 모을 수 있다는 게 놀라울 뿐이다. 프랑수아 퓌레Francois Furet 는 『환상에 빠진 과거, 20세기 공산주의 사상에 대하여』(1995)라는

---

112) 라틴어로 번역된 성서. 382년 교황 다마소의 명으로 성 히에로니무스가 편찬하였다.

113) 마르크스는 자본주의가 자체 모순에 의해 붕괴하고 공산주의 사회가 도래할 것이라고 예언했다. 따라서 여기서 말하는 '최후의 위기'는 자본주의를 붕괴시키고 프롤레타리아 혁명을 촉발시키는 세계적 경제위기를 말한다.

책에서 프랑스에서 공산주의가 계속 살아남을 수 있었던 것은 우리가 프랑스 혁명을 지나치게 이상화시켰기 때문이라고 설명한다. 앵글로색슨 국가들과 달리 프랑스인들은 초등학교 때부터 프랑스 혁명을 위대한 사건이라 가르친다. 이런 국가적 특성에 더해 프랑스의 공산주의자들은 자신들을 자코뱅파 나아가 파리코뮌파의 계승자라고 자처한다. 이렇게 그들은 프랑스의 역사적 정통성을 이어받는 것이다. 때문에 프랑스의 공산주의자들은 구소련이나 중국, 쿠바 등 소위 '변종' 들에 대해서도 모르는 척할 수 있었다.

이러한 국가적 전통 외에 사람들을 매료시키는 것은 마르크시즘의 독단주의다. 그들에게 마르크시즘은 모든 의문에 답을 주고, 모든 문을 열어주며, 복잡한 현실 문제를 단박에 날려주는 이데올로기적 만능열쇠다. 사람들은 마르크시즘으로 모든 지식을 대신할 수 있으리라 생각하거나 또는 그런 환상을 품는다. 물론 마르크시즘과 반대편에 서 있는 극자유주의도 하나의 유토피아이며 그 방식은 똑같지 않느냐고 물을 수 있다. 맞는 말이다. 하지만 세상에 극자유주의 정권은 존재한 적이 없으며 따라서 인류의 역사에 마르크스주의와 같은 폐해를 주지도 않았다.

좌파들이 부르짖는 마르크스의 귀환은 우리에게 마르크스에 대해서, 마르크시즘에 대해서, 그리고 지금의 금융시스템 위기에 대해서 아무것도 설명해주지 못한다. 단지 지식인들의 나태함과 대학의 경직성, 프랑스인들의 경제학에 대한 혐오감, 개혁 아닌 혁명에 대한 동경 등의 병리를 보여주는 증상일 뿐이다. 다행히 프랑스의 유권자들은 이 떠들썩한 미래에 내기를 걸고 싶은 생각이 없는 듯하며 진보적 지식인들이 동경하는 '폭력의 미학' 에도 별 흥미가 없는 듯하다. 따라서 '마르크스의 위대한 귀환' 을 저지하는 데는 선거만 한 방법도 없을 것 같다!

경제는 좀처럼 거짓말을 하지 않는다

경제위기가 경제학의 종말을 가져올 것이다!《르 몽드》신문은 이런 생각을 퍼뜨리고 싶어 하는 모양이다. 그들의 눈에는 필자가(이 얼마나 영광스런 일인가!) 한치 앞도 못 보면서 자기 만족에 빠져 있는 대표적인 경제학자에 속할 것이다. 이에 대한 나의 대답을 여기에서 밝혀 본다.

경기침체는 경제에 불만을 가진 사람들, 나아가 시장경제를 혐오하던 사람들에겐 '횡재'였을 것이다. 1848년 알렉시스 드 토크빌은 "프랑스인들에게는 정치 지도자는 있어도 경제 지도자는 없다"고 말했다. 경제전문가로서 토크빌의 이 언급에다 몇 가지 덧붙이자면 나는 프랑스인들의 자본주의에 대한 혐오감과 적극적인 국가의 개입에 대한 기대 등을 말하고 싶다.

학문으로서의 경제학이 유일한 쟁점이 아니다. 위기를 예견하지 못한 경제학자들과 과욕을 부렸던 자유주의자들이 한꺼번에 욕을 듣는다. 이렇게 경제학과 경제학자들은 이데올로기와 과학의 접점에 서 있다.

하지만 누가 뭐래도 경제학은 과학이다. 왜냐하면 경제학도 다른 분야의 과학과 똑같은 연구과정을 거치기 때문이다. 그들은 보이는 사실에서 출발하여 그것을 계량화하고, 반복되는 사실을 찾아내고,

하나의 모델을 끌어내며, 그 모델에 대한 비판을 거쳐 모델을 다시 현실 속에 대입하는 과정을 거친다. 경제학은 이렇게 오류일 수도 있는 가설로부터 출발하여 발전해 간다. 그 중 어떤 모델은 시간과 사건이라는 시험을 통과해 수학의 언어로 표현되면서 '경제학의 법칙'으로 거듭난다. 이론에서 시작해 현실 적용이 가능해진 이런 경제법칙의 수는 점점 늘어나고 있다. 이런 법칙들은 마침내 측정 가능한 결과로 나타난다. 경제성장률이 그 중 대표적이다. 칼 포퍼가 과학에 대해 이야기했듯이 경제학 또한 '발전'하기 때문에 과학이다. 또 인류의 삶을 개선해주는 역할을 일부 책임져 왔기에 경제학은 과학이다.

1945년 이후의 20세기 역사를 돌아보자. 수많은 인류들이 가난에서 벗어났고 그 수는 점점 늘어가고 있다. 이 사실을 부인할 사람은 아무도 없을 것이다. 이를 그냥 기적이라고 해버리면 그만일까? 동유럽 국가들이 재건하고, 브라질과 인도, 중국이 발전한 것은 문화를 바꿨기 때문도 정치제도를 바꿨기 때문도, 자연이 갑자기 부를 가져다 주었기 때문도 아니다. 그들의 비참한 삶이 행복으로 바뀐 것은 오직 경제학이 제시한 전략, 즉 '자유무역', '기업경쟁', '통화안정' 때문이었다. 그리고 이러한 경제 전략들은 다름 아닌 이론을 거쳐 실용화된 경제성장의 법칙들이었다. 좋은 경제학은 사람들의 생명을 구하기도 하지만 나쁜 경제학은 그들의 삶을 망칠 수도 있다.

좋은 경제학의 효과적인 원칙들(임금수준과 실업의 관계, '창조적 파괴'나 '슘페터의 원칙', 금융 위험의 분산이나 증권화의 이점 등)은 모두 합의를 거친 것들이다. 경제학자들 간엔 때로 시끄러운 논쟁들이 벌어지기도 하지만 아무리 입장들이 달라도 이 논쟁들은 하나의 패러다임 안에서 이루어진다. 자유무역의 원칙에 반대하는 사람이나 경제에 있어 인플레이션을 외과의학에서의 접골과도 같은 것이라 주장하는 사람까지 모두가 같은 패러다임 안에 있는 것이다. 미국의 경제학자이지만 사회민주주의자 또는 반세계화주의자라는 이유로 유럽에서 환영받고 있는 폴 크루그먼Paul Krugman과 조셉 스티글리츠Joseph Stiglitz(버락 오바마는 두 사람을 멀리하고 있다)도 모두 같은 패러다임 안에 있다고 볼 수 있다. 스티글리츠도 가난한 나라에서 자유무역이 효과적이라는 걸 부인하지는 않으며 크루그먼도 사회주의가 자본주의를 대체할 수 있다고 보지는 않는다. 대학에서의 연구나 대중적인 위치 때문에 앞다투어 시장경제의 불완전함을 강조하긴 하지만 그들을 포함해 어느 경제학자도 시장경제 자체를 부인하지는 않는다. 자유주의자들이나 강력한 국가의 개입을 주장하는 사람들이나 양쪽 모두 시장경제가 불완전하다는 걸 인정한다. 하지만 불완전하다고 해서 그것이 없어져야 한다고 생각하는 사람은 아무도 없다. 지난 20세기 우리 모두는 종이 위에서 씌어진 '이상적'인 경제 시스템의 영향력을 경험했지만 알다시피 그 결과는 너무나 비극적이었다. 지금 경제학자들 사이에는 공공 규제에 대한 것이 가장 큰 쟁점이 되고 있다.

개입을 주장하는 사람들은 국가가 시장의 불균형을 감소시켜 줄 것이라 기대한다. 금융가 트레이더들의 보수가 다른 사람들에 비해 지나치게 높은 것도 이런 불균형에 해당한다. 자유주의자들도 불균형이 존재함을 부인하진 않는다. 하지만 그들은 정부가 시장보다 더 합리적이란 보장이 없다고 주장한다. 시장은 기껏해야 경제버블 정도나 만들 뿐이지만 국가나 정부는 전쟁도 일으킬 수 있다는 것이다. 탐욕에 사로잡힌 자본가들도 있지만 그렇다고 정치인이나 관료들이 그들보다 지혜롭고 공정하다고 볼 수는 없다. 그렇기에 자유주의 경제학자들은 국가의 개입 대신 시장 정보의 강화를 제안한다. 자유주의 경제학자들의 분석에 따르면 투기성 거품은 규제가 느슨해서 나타나는 게 아니라 그 분야 전문가들이 부정확한 정보를 '남발' 하기 때문에 나타난다. 프랑스의 경제학자인 장 티롤도 비슷한 주장을 편다.

경제학을 학문이라고 하지만 아무것도 예상하지 못하는 학문이 무슨 쓸모가 있을까?

"경제학자들은 예측하는 것만 빼고 모든 것을 다 할 줄 안다." 경제학자 제라르 드브뢰Gerard Debreu가 1983년 노벨 경제학상을 받으면서 한 말이다. 하지만 경제학자들은 나쁜 정책이 최악의 상황을 만들어 낼 거라는 사실을 예측할 수 있다. 물가와 임금을 동결하고, 산업을 국유화하고, 국경을 폐쇄하고, 돈을 마구 찍어내면 국민들이 결국 비참한 생활로 내몰리게 될 것이란 사실은 얼마든지 예측이 가능하다. 따라서 경기침체에도 불구하고 거의 모든 정부들이 자유무역을 사수하고(1930년대와는 달리) 은행을 살려내고(이 역시 1930년의 공황 때와는 달리), 인플레이션을 막으려 노력하고 있는(1974년의 위기 때와는 달리) 지금 상황은 바람직하다고 할 수 있다. 이런 경제학 지식 덕분에 우리는 전에 저질렀던 실수를 반복하지 않아도 된다. 그럼에도 지금의 경제위기가 오기까지 25년 동안 불황을 피하고 경제성장을 이룩한 공로에 대해 경제학자들을 칭찬하는 사람은 아무도 없다.

2008년의 경제위기를 예견한다? 순전히 감에 의해 위기가 올 것이라 '예언'은 할 수 있다. 하지만 지식을 바탕으로 미리 확신할 수 있는 사람은 없다. 사실 위기란 우리가 정확히 측정할 수 없는 요소들이 모여 만들어지는 것이기 때문이다. 이런 사실을 우린 프랑스 출신의 경제학자이자 수학자인 만델브로트를 통해 알게 됐다. 그는 금융시장이 우연에 좌우되기 때문에 위기를 피할 수 없다는 걸 증명했다. 아무 혁신 없이 정체돼 있는 경제 시스템단이 예측 가능하다. 혁신과 성장 그리고 위기는 서로가 긴밀한 관계를 갖는다. 이런 복잡한 연계성들 때문에 경제위기의 원인을 한 가지로만 보는 경제학자들 사이에 이견이 생기는 것이다. 자유주의자들은 미국 중앙은행이 담보대출을 대책 없이 남발하는 바람에 투기성 거품이 일었다 성토하고, 국가 개입을 주장하는 사람들은 투기에 대한 규제장치가 없었기 때문이라고 주장한다. 아마 10년쯤 지나면, 이에 대한 충분한 자료들이 모아져 누구의 주장이 맞았는지 알 수 있을 것이고, 정부의 개입을 통한 경제 활성화가 필요했었는지에 대해서도 판단할 수 있을 것이다. 그러나 지금으로선 어느 쪽이 맞았다고 아무도 단정적으로 말할 수 없다.

불완전하지만 시장경제가 우리에게 상대적, 물질적 발전을 가져다 준 것만은 확실하다. 완벽을 추구하는 사람은 어떤 상황이 와도 만족하지 못할 것이다. 하지만 경제위기에서 세상의 종말을 기대했던 사람들은 실망하게 될 것이다. 위기와 위기를 거듭하면서도 자본주의는 무너지지 않고 늘 다시 일어섰기 때문이다. 경제학자들은 이렇게 한 번의 위기를 넘길 때마다 또 많은 것을 배우곤 한다.

행복과 퇴폐

일본의 정권교체를 서구의 방식대로 좌파-우파 관점으로만 보아선 안 된다. 일본의 정권교체는 중도세력 내 한 파벌에서 다른 파벌로 정치 전문 집단의 이동일 뿐이다. 변한 것은 일본인들 스스로 설정해 놓은 자신들 또는 자신들의 미래에 대한 이미지일 뿐이다. 최고가 되기 위해 몸바쳐 일하던 일본인들의 열정은 이제 식어 버렸다. 새 수상 하토야마 유키오는 일본인들의 이런 시대의 새 조류를 잘 파악했고 그래서 성장보다 행복을 약속했다.

실제로 일본인들은 20년 전부터 성장 속도를 늦춰 왔다. 일본에서 몇 안 되는 자유주의 경제론자 다케나가 헤이조는 1990년에 시작된 일본의 경기침체도 그 때문에 나타난 거라고 설명한다. 그는 너무 일을 많이 하는 일본인들과의 경쟁이 불공정하다는 미국의 압력 때문에 1988년 일본 정부가 주 5일 근무제를 법제화했던 사실을 예로 들었다. 관공서가 먼저 토요 휴무제를 시행했고 이어 은행들도 토요 근무를 없앴다. 1993년엔 합법적인 근무시간이 44시간에서 40시간으로 줄었다. 이는 일본 국민들 스스로가 요구한 게 아니었다. 하지만 정부는 근로시간 단축이 현대화, 나아가 서구화의 상징인 양 선전했다. 산업현장에서의 생산성은 곧바로 추락하기 시작했다. 세계 시장에서 비슷한 기술을 가졌다고 했을 때 미국이나 한국처럼 일을 많이 하는 쪽이 승자가 되는 건 당연한 이치다. 일본인들은 대형 매장보다 집 근처의 작은 가게들을 선호한다. 이 작은 가게들이 특별한 기술이 없는 젊은이들을 채용하기 때문에 실업은 줄일 수 있지만 전체 물건 가격은 오를 수밖에 없다.

2000년부터 2004년까지 일본 재무장관을 지내면서 다케나가는 자유주의적 개혁정책을 도입하려 많이 노력했다. 그러나 1960년대 경제를 이끌던(이때는 세계적으로 경쟁 상대가 없을 정도였다) 향수에 젖은 일본 관료들은 다케나가의 개혁안을 무시했다. 당시의 많은 일본인들 또한 자유화가 사회 불평들을 야기할 거라는 믿음을 갖고 있었다. 하지만 이것은 잘못된 생각이었다고 다케나가는 말한다. 일본에서의 사회 불평등은 자유화가 아닌 부동산투기와 정경유착의 관행 때문이었다는 것이다. 그럼에도 자유화에 대한 비판적 여론은 국민들을 설복시켰다.

하토야마 유키오도 이 주제를 선거공약으로 내세웠다. 행복과 평등의 구호는 선거의 승리에 보증수표와도 마찬가지다. 사람들은 새 정부가 이런 공약을 경제정책으로 어떻게 실천할지 궁금해하고 있다. 아마 새 정부는 아무것도 해내지 못할 것이고 일본은 정체상태에 계속 머물러 있을 것이다. 일본인들은 지금의 체제에 어느 정도 익숙해진 듯하다. 하지만 일본은 여전히 미국 다음가는 그리고 유럽보다 앞선 세계 2위의 경제대국이다. 아시아에서 1억 5천만의 일본인들은 25억의 중국과 인도인들보다 많은 생산량을 기록하고 있다. 또 일본의 기술 혁신은 꾸준히 계속되고 있다. 그래서 일본에선 매년 유럽연합 전체를 합친 것보다 많은 수의 특허가 출원된다. 이 나라는 0%의 성장률을 가지고도 10년 혹은 20년을 버틸 수 있는 나라다. 하지만 그 이상은 예측할 수 없다. 대부분 60살이 넘은 일본의 다수당 의원들은 이런 문제에 관심이 없다. 이들에게 성장을 위한 자유주의적 개혁과 기존 정책의 유지 중 하나를 선택하라 하면 분명 '더 이상 변하지 않는' 쪽을 택할 것이다. 이렇게 되면 정체는 계속되겠지만 사회 통합은 이룰 수 있을 것이다.

낡은 일본은 서양의 물질주의와 개인주의라는 가치들을 미련 없이 버렸다. 일본인들은 이제 힘들게 일하려 하지 않으며 그 혜택은 한국이나 중국에 돌아갈 것이다. 게다가 일본인들은 인구 노령화의 유일한 대안인 대규모 이민 수용도 원치 않는다. 일본 인종, 일본인의 가치관을 희석시키고 싶지 않다는 것이다! 하지만 이러한 선택은 결국 보이지 않는 희생자를 낳을 스밖에 없다. 일본의 젊은이들은 자신들의 희망이 점점 사라져가는 걸 보게 될 것이고 부모들 세대보다 더 어렵게 살아갈 것이다. 그리고 이들은 허무주의를 자신들의 도피처로 삼게 될 것이다. 다케나가는 기대 수명이 90세에 이른 일본에서 누가 퇴직연금과 건강보험의 비용을 떠안게 될지 걱정이라고 말한다.

더 걱정스러운 것은 이런 문제에 대한 논쟁조차 아직 시작되지 않았다는 것이다. 흔히 일본을 겸손의 나라라고 한다. 그래서인지 사람들은 누군가를 괴롭게 만드는 일을 극도로 싫어한다. 언론조차 국론 분열을 초래하는 논쟁은 피하려 한다. 외국인들이 나서서 이야기해 줄 수도 있지만 일본인들은 외국인들의 분석과 주장들을 심각하게 받아들이지 않는다. 필자의 일본인 지인들조차도 외국인이 일본의 내막을 어찌 알겠냐며 귀를 막아 버린다. 중국이 멀리 있거나 야심이 없는 나라라면 걱정도 덜하겠건만……

유대인의 미스터리

유대력으로 5770년 새해가 되는 오늘 유대인들은 몹시 기분이 언짢았을 것이다. 이란의 대통령이 다시 홀로코스트는 실제 일어나지 않았다는 발언을 했기 때문이다. 그의 말은 홀로코스트가 이스라엘이란 국가의 탄생을 정당화시키기 위해 지어낸 거짓 신화라는 것이다. (그럼 6백만 명에 가까운 이스라엘 사람들이 신화를 만들어내기 위해 자살이라도 했단 말인가? 이에 대해 아마디네자드 대통령은 아무 대답도 없다.)

UN(반시온주의가 이 기구의 장사 밑천이다) 산하 인권위원회의 조사관으로 임명된 남아프리카 출신의 유대인 리처드 골드스톤Richard Goldstone이라는 사람이 있다. 이 사람의 임무는 가자Gaza 지구에서 최근 벌어진 전투에 대해 조사하는 일이었다. 그는 이스라엘군을 '전범'을 넘어 '반인륜적 범죄 단체'로 규정하려 하고 있다. 그의 주장은 시민들이 하마스HAMAS[114]의 민병들과 함께 섞여 있었는데도 차할[115]이 진압을 멈추지 않았다는 것이다. 하지만 차할이 절차에 따라 수색 업무를 수행할 때 하마스가 제대로 응하지 않았다는 사실은 문제에서 제외되었다.

---

114) 반 이스라엘 팔레스타인 무장단체.
115) 이스라엘 방위군. IDF 혹은 히브리어 약자인 차할로 불린다.

이번 유네스코 사무국장에 아랍측 후보로 나선 현 이집트 문화부장관 파룩 호스니Farouk Hosni는 반유대주의자로 널리 알려져 있다. 또한 그는 이집트 내 반대파 지식인들을 몰아낸 인물로도 유명하다. 유대인들에 대한 그의 태도는 지금 많이 누그러져 있다. "알렉산드리아 도서관에 이스라엘 서적이 남아 있다면 내 손으로 모조리 불태워 버리겠다"고 호언했던 그는 유네스코 선거 유세에서는 자신이 했던 말을 "당시의 상황 안에서 파악해야 한다"고 해명한다. 그게 대체 어떤 상황을 말하는지 궁금하다. 어쨌든 선거에서 불가리아 출신 후보에게 밀리자 파룩 호스니는 약삭빠르게도 자신을 "유대인 음모의 희생자"라고 주장한다. 그 상황이란 게 또 바뀐 모양이다.

이런 맹목적인 증오에 대해 필자도 어떻게 설명해야 할지 모르겠다. 유대인과 반유대주의는 빛과 그림자처럼 떼려야 뗄 수 없는 관계라고 설명해야 할까? 어쨌든 필자는 앞의 경우들을 통해 유대인에 대해서라면 이성을 잃어버리는 반시온주의자들이 권력(UN 또는 국가들)의 핵심을 차지하고 있다는 사실을 알게 되었다. 어쩌면 그들이 진정한 철학자일지도 모른다. 이들 중 많은 수들이 발터 벤야민Walter Benjamin이 말한 '영원한 안티'로 세상에 대한 '삐딱한 시선'을 견지하고 있기 때문이다.

어쨌든 새해 복 많이 받으시길!

녹색 UN

세계는 잘 돌아간다. 수단은 이제 평화를 되찾았고, 콩고도 조용하다. 중동지역은 번영을 구가하고 타이완은 더 이상 위협받지 않으며 베네수엘라는 더 이상 걱정할 필요가 없으며 티베트인들은 행복하고 탈레반은 물러나고 알카에다는 사라졌다. 핵 확산은 멈추었으며 바이러스성 유행병은 더 이상 발생하지 않는다…… 오늘 뉴욕에서 열린 UN총회에서 내린 결론은 이런 게 아니었을까? 이어진 각국 정상들의 회의에선 UN이 추구하는 세계질서에 위협을 주는 어떤 사건에 대해서도 언급되지 않았다. 아마 이러한 위험이 존재하지 않거나 별로 시급하지 않다고 결론을 내린 모양이다. 블랙 코미디인가, 아니면 썰렁 개그인가? 눈에 보이는 것은 기후온난화 문제를 언급하고 이산화탄소 비율 축소에 갈채를 보내는(아니면 그러는 척하는) 정상들의 모습뿐이었다. 미국과 중국도 더 이상 평화나 민주주의, 소수민족의 권리 문제 등으로 신경전을 벌이지 않았으며 확인되지도 않은 20년 후의 온난화 가설에만 신경을 쓰고 있었다. 후진타오는 "너희는 우리만큼 '녹색' 을 사랑하지 않는다!" 는 식으로 오바마에게 도전장을 내밀었다. 중국 정부 수장의 약속이 그다지 신뢰할 게 못 된다는 걸 모두 알고 있음에도 이날 후진타오의 '인기' 는 오바마를 앞질렀다. 일본 수상은 후진타오보다 한술 더 떠 2020년까지 일본의 이산화탄소 배출량을 25%까지 줄이겠다고 공언했다. 일본의 경기침체를 감안한다면 그 목표가 가능할 것 같기도 하다!

기후문제에 대해 보여준 '아름다운' 만장일치는 이렇게 해석할 수 있겠다. 이날의 다짐은 참가자들에게 도덕적 위신과 모호하지만 정통성을 그리고 외양뿐인 권위를 보장해 주었다고. 환경문제가 장기적으로 해결해 나가야 할 사안이라는 점은 짧은 임기의 국가원수들에겐 무척 매력적이다. 후진타오나 오바마, 사르코지는 2025년이 되면 더 이상 이 기후 문제에 대해 책임져야 할 필요가 없기 때문이다.

UN 총회는 알다시피, 클렙토크라트[116]와, 독재자, 민주주의자들로 다양하게 구성되어 있다. 하지만 명목상이라도 UN은 세계 질서를 대표하는 기구다. 당장 시급한 인류의 고통보다 자연문제만 이야기하는 UN은 유행을 추종하는 집단일 뿐이다.

하지만 이런 유행도 철이 지난 걸까? 독일의 킬Kiel 지방에 있는 권위 있는 기후연구소인 라이프니츠 해양연구소는 같은 날 세계 평균 기온이 20년 전에 비해 변한 게 없다고 보고했다. 지구의 온도를 자동 조절하는 역할을 하는 바다가 무더워진 열기를 흡수했기 때문이라는 분석이다. 이런 판세가 미래까지 이어지리란 보장이 없다고 보고서는 덧붙이고 있지만 어쨌든 좋은 소식임에 틀림없다. 이제 각국 정상들은 총회에서 했던 '호언장담'을 잊어버리고 본국으로 돌아가는 일만 남았다. 아마 그들은 가스 배출 규제처럼 나라의 성장에 저해가 되는 사안에 대해선 아무 조치도 취하지 않겠다고 이미 마음먹고 있을 것이다.

---

116) 클렙토크라시는 절도kleptomania와 민주주의democracy의 합성어다. 좁은 의미로 빈국에서 통치계층이나 정부에 의해 이루어지는 부정부패를 말한다. 여기서 클렙토크라트는 절도kleptomania와 민주주의자democrat의 합성어, 즉 이런 정치를 펼치는 정치가를 말한다.

2009년 9월 28일

개인 날

"위기는 끝났습니다. 다 우리들 덕분입니다."

이상은 피츠버그에 모인 세계 20개국의 수장들이 승리감에 들떠 발표한 공식 성명을 필자가 오랜 노력 끝에 간추린 결과다. 자신이 태양을 떠오르게 했다고 믿은 수탉 샹트클레르의 도취감은 정치가들의 보편적 특성인 모양이다. 체제와 문명을 넘어 모인 국가원수들은 권력의 공용어를 사용해 대화를 나누었다. 그들의 허풍 섞인 성명을 일상의 언어로 옮겨보기로 하자.

위기는 끝났다. 우리가 두려워하거나 희망했던 자본주의의 '대위기'는 일어나지 않았다. 경제에 대한 논의는 다시 정상을 되찾았다. 성장의 엔진은 꺼지지 않았고 일부 나라들은 자본주의 시스템 안에서 잔고장 없이 빠른 회복세를 보이고 있다. 한 세기 전부터 시작된 인류의 성장곡선을 추적해 보면 2008년의 위기는 1930년의 위기처럼 큰 사건이라고 볼 수 없을 것이다. 이번 위기는 잠깐의 딸꾹질 같은 것이었으며 장기적인 성장의 '트렌드' 안에선 그리 큰 영향을 주지 않았다.

개인들이 겪은 고통은 컸겠지만 전반적으로는 옳은 이야기이다. 개인들이 겪는 고통의 분담은 경제정책보다는 사회분야에서 떠안아야 한다.

그렇다. 각국 정부들은 큰 과오를 저지르진 않았으며 금융 분야에서의 사고가 심각한 경기침체로 이어지는 않았다. 자유무역은 계속되었고 시장은 통제되지 않았다. "대마불사too big to fail"의 큰 은행들을 제외하고 창조적 파괴의 원칙은 계속되고 있다. 시장의 흐름을 방해하지 말라는 것이 이번 사태에 대한 전문가, 경제학자들의 처방이었다. 흐름을 방해하지 않았거나 부드럽게 방해한 G20 국가들에게 감사한다. 미래의 성장은 과도한 경기부양책으로 생긴 빚들을 흡수해줄 것이고 인플레이션도 닦아줄 것이다.

이런 자기만족적인 책임회피에도 불구하고 과연 G20 국가들은 경제위기에 대해 만족할 만한 해결책을 제시한 걸까? 이 논쟁은 1930년대 뉴딜정책에 대해 벌였던 논쟁처럼 경제학자들 사이에서 몇 년 간은 계속될 것이다. 1930년대 당시 위기를 불러왔던 은행들은 망하도록 내버려두어도 괜찮았다. 잘못 경영된 은행들이 사라져도 새로 만들어진 다른 은행들이 이들을 대신했을 것이다. 당시 안나 슈바르츠 같은 비타협적 통화주의자들은 이런 급진적인 해결책을 주장했지만 너무 위험부담이 컸기 때문에 받아들여지지 않았다. 확실하지 않은 새 은행들로 자리를 대체하기보단 무능해도 기존의 은행을 살려주는 쪽을 중앙은행들이 택한 것이다.

앞으로는 아무 일도 없을 것인가? 위기 초기의 통증들은 이제 진정되었다. 이제 특단의 조치를 취해야 한단 말인가? 위기 앞에서 정신을 놓고 있던 금융기관들도 지금은 새로운 투자정책을 시행하고 있다. 다시 국가의 귀환인가? 지금까지 국가는 한 번도 시장에서 손을 뗀 적이 없었다. 따라서 국가의 귀환이란 말은 성립되지 않는다.

금융인들을 재판정에 세워야 하는가? 자신이 살던 시대에 셰익스피어도 (〈헨리 4세〉라는 작품에서) "새 시작을 위해 모든 변호사들을 처단하자"고 말했었다. 그 시대에도 통치자들은 속죄양을 찾고 있었던 것이다. 하지만 정치는 그렇게 단순할지 몰라도 경제는 단순하지 않다. 금융자본주의가 없다면 투자 자체가 불가능하기 때문이다.

경제학도 완전히 바뀌어야 하는가? 부분적으론 그렇다. 요즘 시장 합리성보다는 열정을 강조하는 행동주의 경제학[117]이 주목받고 있긴 하지만 그들도 정작 실천 모델은 제시하지 못하고 있다. 그래도 그들은 경제위기를 피하기 위해선 기업들이 대중들에게 더 많은 정보를 주도록 강제해야 한다는 (훌륭한) 이론을 제시하고 있긴 하다. 투기성 거품과 지나친 보수, 독점권의 남용 같은 것들은 '정보의 블랙홀' 이론으로 설명할 수 있다. 정보를 많이 갖고 있거나 많이 갖고 있다고 생각하는 사람들은 정보가 부족하거나 없는 사람들을 속이게 된다. 따라서 좋은 경제는 완전하고 투명한 정보에 달려 있다. 위기 이후 우리는 브누아 만델브로트의 법칙을 다시 주목하게 되었다. 즉 금융시장은 언제나 위험을 내포하고 있으며 금융의 정의상 예측 자체가 어렵다는 것을.

G20 국가들이 훌륭한 합의를 이끌어냈다고 해서 미래의 경제위기까지 피할 수 있는 걸까? 대답은 회의적일 수밖에 없다. 세계시장이란 무대에서 주인공들은 국가의 통제보다도 훨씬 빠르게 움직인다. '투기세력들'은 반드시 규제들을 뚫고 다시 스며들 것이다. 그러므로 '거품 없는' 완전한 시장은 지금까지도 없었지만 앞으로도 절대 없을 것이다.

결국 우리 모두는 경제를 앞으로 나아가게 할 새로운 혁신들이 나타나길 기다리는 수밖에 없다. 1970년대 최악의 경제위기 상황에서

---

117) 행동주의 경제학은 경제학과 심리학을 결합한 것으로, 투자자들이 항상 합리적이고 이성적으로 행동하진 않으므로 심리적 요인을 경제학에 반영해야 한다는 사상이다.

마이크로소프트사가 태어났다. 어떤 회사가 될지는 모르겠지만 2008
년의 위기상황에서도 미래를 이끌 회사는 분명 태어나 성장하고 있
을 것이다. 아직 정체가 드러나지 않았지만 그들이 키우고 있는 혁신
은 다시 한 시대의 획을 긋는 획기적인 '사건'이 될 것이다. 경제학자
가 아니라면 누가 1974년의 의기에 대해 기억이나 하겠는가? 하지만
우리가 알다시피 대량정보와 인터넷은 우리 세상을 바꾸어 놓지 않
았는가? 2008년이 우리의 역사 속에 거품 붕괴의 해가 아닌 또 다른
의미의 역사적인 한 해로 기록되길 기대해 본다.

무너진 허상의 벽

장벽의 붕괴? 언론들은 이 사건을 기념하기 위해 경쟁적으로 보도를 내놓고 있다. 하지만 1989년 11월 9일 베를린 장벽은 '붕괴되지' 않았다. 그 날 장벽은 '파괴된' 것이다. 그런데 왜 사람들은 장벽이 스스로 무너진 것처럼 '붕괴'란 표현을 쓰는 걸까? 장벽의 '파괴'는 자발적인 의지와 노동으로 이루어진 행동이었다. 아주 기초적인 도구만 들고 있었지만 당시의 동독 사람들은 장벽 '붕괴'의 방관자들이 아니라 적극적인 '파괴'자들이었다. 이날 그들은 손에 손에 망치를 들고 시멘트로 된 장벽에 달려들었다. 이러한 '파괴'의 순간은 너무나 순식간이었지만 그렇다고 해도 '장벽이 붕괴했다'는 표현은 맞지 않는다. 베를린은 예리코[118]와는 달랐다. 동독이 없어진 것도, 유럽이 다시 통합된 것도, 소련이 지도에서 지워진 것도, 공산주의 이데올로기가 붕괴된 것도 어느 순간 갑자기 일어난 일이 아니다. 당시 소련의 독재자들은 서서히 몰락의 길을 걷고 있었다. 마침 독일의 헬무트 콜과 미국의 조지 부시, 러시아의 보리스 옐친 같은 인물들이 나타

---

118) 예루살렘 북동쪽 36km, 요르단강과 사해(死海)가 합류하는 북서쪽 15km 지점에 있는 도시. 구약성서에서는 여리고라 부른다. 구약성서에는 기원전 14세기경 여호수아가 이끄는 이스라엘군의 공격으로 여리고성이 함락되었다(여호수아 6장)고 나온다.

나 그 파국을 앞당겼을 뿐이다.

하지만 공산주의의 '역사의 종말'은 자기의 숙명을 순순히 따르지 않았다. 소련과 동유럽 국가들 그리고 프랑수와 미테랑 같은 일부 서방 지도자들은 베를린 장벽의 '파괴'와 함께 더 새롭고도 더 인간적인 사회주의의 길이 열리리라 기대했다. 장벽이 없어졌으니 이제 공산주의가 더 정의롭고 민주적으로 변신할 거라 생각했던 걸까? 당시 좌파 진영은 장벽의 '파괴'가 자유주의적 자본주의의 승리가 아닌 자본주의도 공산주의도 아닌 '제3의 길'을 열어주는 서막으로 받아들이거나 기대했다. 고르바초프는 민주주의자 보리스 옐친이 등장해 권좌에서 밀려날 때까지 이런 체제 대체對替의 '신화'에 흔들렸다. 폴란드에서도 공산당원들은 국가체제를 '제3의 길'로 바꾸려 애쓰고 있었다. 교황 요한 바오로 2세가 동유럽을 가난에서 벗어나게 할 유일한 제도가 자본주의 시장경제밖에 없다고 선언하기 전까지 폴란드와 체코의 가톨릭교회나 독일의 일부 개신교들도 이런 움직임에 가담했다.

지식인들 사이에 벌어졌던 2년의 논쟁과 외교협약, 성급한 체제 재전환의 시도, 이 모든 것들은 가혹한 공산주의와 인간적인 공산주의를 베를린 장벽의 잔해 속에 함께 파묻기 위한 과정이었다. 2년간의 망설임 끝에야 사람들은 지금의 공산주의만이 세상에 존재할 수 있는 유일한 공산주의라는 사실을 인정하게 되었다. 역사에 존재했던 공산주의와 완전히 다른 이상적인 공산주의란 없었던 것이다.

장벽의 '파괴'와 뒤를 이은 논쟁 덕분에 우리는 공산주의의 본질을 완전히 깨달을 수 있었다. 공산주의 이데올로기는 자유민주주의를 대신할 수 있는 것이 아니었으며, 경제 발전의 대안도 아니었고, 부르주아 민주주의의 대안이 될 또 다른 형태의 대중 민주주의도 아니었다. 공산주의는 단지 군사적 점령 상태일 뿐이었다. 총칼 없인 공산주의도 존속할 수 없었던 것이다. 공산당원이 아니거나 강압이 없다면 공산주의 체제에서 살고 싶어하는 사람은 아무도 없다. 동독의 경찰들이 겨누었던 총을 거두자마자 베를린 장벽이 '파괴' 되었다는 사실이 이를 증명한다. 경찰들은 인도주의 때문에 총을 거둔 게 아니었다. 고르바초프가 경찰과 군인들에게 민간인들을 향해 더 이상 총을 겨누지 말라고 명령했기 때문이다. 동구권 국가들의 체제의 붕괴는 1989년 봄 리투아니아에서부터 시작되었는데, 이때도 고르바초프는 그의 군대에게 리가Riga 시의 독립주의자들과 싸우지 말 것을 명령했다. 고르바초프가 평화주의자라서, 인간적이라서, 아니면 나약해서? 그가 자기 권력의 토대가 무언지 제대로 이해하지 못하고 있었기 때문이라는 게 가장 설득력 있는 대답일 것이다. 민주주의자 옐친이나 당의 '강경파' 들과 달리 고르바초프는 인간적이고 정당하며 효율적인 공산주의가 존재할 거란 환상을 가지고 있었던 것이다.

20년 전 프란시스 후쿠야마가 그의 저서 『역사의 종말』에서 했던 예언들이 옳았음을 우리는 여러 사건들을 통해 확인할 수 있다. 그는 더 이상 역사는 없다고 이야기한 게 아니라 역사는 오직 하나의 모델을 통해서만 정의될 수 있다고 말했다. 그 유일한 기준 모델이란 바로 민주주의적 자본주의다. 20년 전부터 이러한 예언은 들어맞고 있다. 원하든 원하지 않든, 경제가 성장할 때나 위기일 때나, 정치적 고려나, 경제적 판단 그리고 민주적 선택들은 모두가 민주적 자본주의라는 유일한 패러다임 안에서 이루어지고 있다. 어떤 이들은 이 패러다임에서 벗어나려 하고 어떤 이들은 이를 대체할 새 이데올로기를 만들어내려 하겠지만 이것들 또한 하나의 질서 안에서 진행되고 있는 것이다. 불합리한 걸 알면서도 절대성에 대한 추구는 좀처럼 현실의 원칙에게 자리를 양보하지 않는다고 후쿠야마는 말했다. 오늘날 독일이나 동유럽, 러시아에서는 자유주의적 자본주의에 불만을 품은 많은 지식인들이 장벽에 대한 미련과 함께 장벽 없는 다른 완전한 사회를 꿈꾸고 있다.

공산주의가 군사적 점령 외의 아무것도 아니란 걸 깨닫기 위해 베를린 장벽의 '파괴' 까지 가야 했다는 것은 서방세계나 동유럽 사람들의 어리석음을 반증한다. 사람들은 베를린 장벽의 '파괴' 를 기다릴 것도 없이 1961년 8월 그것이 만들어졌을 때 공산주의의 본질에 대해 알았어야 했다. 그 이후의 역사는 온통 성벽과 장벽으로 뒤덮여 버렸기 때문이다. 이 장벽들은 야만인들의 침략을 막기 위해 지어진 것이 아니었다. 그것은 역사적으로 전례가 없는, '나가는 것' 을 막기 위한 성벽이었다. 베를린 장벽도 그들의 이상적인 사회를 떠나 혐오스러운 자본주의로 이탈하는 걸 막기 위해 쌓아올린 것이었다. 장벽의 목적은 그것을 정당화하는 논리만큼이나 몰상식한 것이었다. 1961년 공산 지도자들은 자본주의의 '병균' 으로부터 순수한 공산주의를 지킨다는 뜻으로 '예방' 이란 단어를 썼다.

그런데 1961년 이후 서방세계는 어떻게 붉은 군대 없는 공산주의가 자본주의를 대체할 수 있다고 믿을 수 있었을까? 이러한 '환상' 은 좌파들만 가지고 있는 것이 아니었다. 레이몽 아롱Raymon Aron은 1960년대 공산주의와 자유주의 경제 시스템의 '절충' 을 깊이 고려하기도 했었다.

진짜 공산주의는 공산 치하에서 살아보지 못한 사람들의 상상 속에서나 존재했던 게 아닐까? 1990년, 그단스크Gdansk의 자유노조연대 의장이던 레흐 바웬사Lech Walesa[119]는 나와 이야기를 나누면서 자신은 폴란드에서 단 한 명의 공산주의자도 만나본 적이 없다고 단언했다.

---

119) 폴란드 노조 지도자 출신으로 1990년 12월 폴란드 첫 민주 대통령에 선출되었다.

"기회주의자들이나 공산당원들은 수없이 만나봤지만 공산주의자
는 한 명도 없었습니다!"

바웬사의 아이러니하면서도 예리한 관찰은 아직까지도 여전히 공
산주의라는 허울을 유지하고 있는 중국과 북한의 '유폐되어 있는'
국민들과 아직까지 옛 소비에트 체제를 유지하고 있는 나라의 모든
국민들에 해당한다. 아직 모든 장벽이 다 걷혀진 게 아니다! 중국과
북한, 쿠바와 베트남 인민들은 그들이 과거 공산주의 낙원이라고 여
겼던 곳에서 아직도 마음대로 빠져나올 수 없다. 그곳의 장벽은 시멘
트로 만들어지지 않았지만 검문과 인터넷 검열 등 옛날보다 더 교묘
한 형태를 띠고 있다. '장벽'의 재질은 바뀌었어도 그 원칙은 달라지
지 않았다. 어떠한 자본주의 국가도 폐쇄된 채 남아 있는 곳은 없다.
하지만 공산주의 체제와 폐쇄는 뗄 수 없는 관계에 있다. 이제 인류에
게 주어진 최후의 선택이 남아 있다. 마음대로 빠져나올 수 있는 자본
주의 '지옥'에서 살아갈 것인지, 아니면 한 번 들어가면 나올 수 없는
공산주의 '천국'에서 살아갈 것인지…… 아마 단테조차 이런 코미디
는 상상해보지 못했을 것이다.

코펜하겐의 실패

이번 코펜하겐 회의에서 우리는 간신히 위험을 피할 수 있게 되었다. 지구촌을 깊은 암흑으로 돌아넣을 수도 있는 에너지 사용에 대한 강제적 제한 협약이 결렬되었기 때문이다. 파멸로 치닫기 직전 사리분별의 힘이 지구온난화의 이데올로기에 승리를 거둔 것이다. 이번 협약의 결렬은 대부분의 참가국들을 만족시켰다. 서방국가들은 지구온난화의 책임을 중국과 인도에 돌리면서 자신들의 모든 책임에서 벗어날 수 있게 되었다. 미국과 유럽의 지도자들은 이번 협약의 결렬에 대해 속으로는 쾌재를 불렀을 것이다. 왜냐하면 실제로 지구온난화를 믿지도 않을 뿐더러 에너지 제한 협약은 서방세계의 산업생산에는 자살행위와도 같기 때문이다. 협약의 결렬로 인도와 중국은 계속 탄소 에너지를 사용하여 발전을 이어갈 수 있게 되었다. 탄소 에너지가 없었다면 인간은 지금까지도 석기시대에 머물러 있었을지도 모른다는 사실을 명심해야 할 것이다.

그렇다면 이번 코펜하겐 회의에서 패배자들은 누구일까? 지구온난화의 이데올로기에 감염된 거대한 관료조직들은 신뢰에 타격을 입게 될 것이다. 자신들에게 확실한 성직을 제공해 줄 '환경의 UN'을 꿈꾸어 왔던 이들은 참으로 아쉬울 것이다. 또 다른 피해자는 골수 환경주의자로 재무장한 반자본주의 이론가들과 행동가들 진영이다. 녹색주의의 가면을 쓴 예전의 '붉은 세력'들의 국가전복 시도가 좌절된 것이다. 또한 기후정의의 이름으로 많은 재정적 보상을 요구해 온 부패정치 지도자들도 뜻이 좌절되었다. 반자본주의자들이 '자연의 친구'로 재탄생했던 것처럼 제3세계 세력들도 코펜하겐에서 지구온난화를 걱정하는 세력으로 탈바꿈하려 했었다. 하지만 이 두 세력의 협잡은 둘 다 실패를 맛보게 되었다.

그렇다면 자연과 우리의 어머니와도 같은 지구가 코펜하겐의 협약 결렬에도 계속 살아남을 수 있을까? 국가원수들의 회동에도 불구하고 우리의 지구는 구원받지 못하는 것인가? 이번 결정은 인간의 무한 욕망을 드러내는 광기어린 선택이 아니었을까? 이제 우리는 후손들에게 '불덩이 지구'를 물려주어야만 것인가? 이에 대해 우리는 지식과 윤리라는 두 가지 방향에서 접근할 필요가 있다.

우선 윤리적인 면에서 살펴보자. 인류의 문명은 인간을 위해 자연을 다스리는 데서 시작되었다. 극단적인 지구온난화 이데올로기는 서방세계의 질서를 완전히 전복시키는 것이며 그리스-로마와 유대-기독교의 유산을 완전히 부정하는 것이다. 이 새로운 이교도 집단의 사역자들은 바로 환경주의자들이다. 국가원수들이 자신들의 품위와 도덕적 정의를 부각시켜줄 환경문제에 현혹되는 것도 이해할 만하다. 또한 그들로선 늘 요구사항이 많은 사람들을 상대하는 것보다 아무 말 없는 자연을 위하는 것이 편할 것이다.

그러므로 이번 코펜하겐 협약의 실패는 민주주의를 위해서도 과학을 위해서도 너무나 잘 된 일이다.

사실, 코펜하겐 회의 전까지는 기후온난화에 대해 공감하는 분위기가 지배적이었다. 하지만 중국인들이나 인도인들이 함께하지 않은 합의는 아무 의미도 없다. 사실 서양의 연구자들은 모두 난처한 입장에 처해 있었다. 코펜하겐 회의 직전 이른바 '기후게이트' 사건에 대해 해명해야 했기 때문이다. 이스트앵글리아 대학 부설 기후변화연구소의 기후학자들이 발송한 메일이 누설되면서 온난화를 주장하는 사람들이 자신들의 주장에 대한 증거를 조작하고 기후온난화의 회의론자들과 반대자들을 방해한 사실들이 낱낱이 밝혀지게 되었다. 이를 통해 기후온난화 이데올로기를 대표하는 UN 산하 단체인 IPCC(기후변화 정부간 회의)가 과학적 근거에 의한 지구온난화에 대한 합의보다는 그 합의를 믿게 하기 우해 정치적으로 공모했다는 사실이 백일하에 밝혀졌다. 이 정치적 공모에는 가난한 나라의 정부들이 참여했는데 그들은 다수의 힘을 통해 서구세계에 대한 부정적 인식을 계속 우려먹으려 했다. 제국주의의 희생양이었던 아프리카가 이제는 온난화의 희생양으로 거듭나게 된 것이다! 이렇게 되면 아프리카의 발전을 도모하기보다는 배상을 해주어야 할 판이다. 아프리카 사람들을 희생자로 보는 이런 논리는 50년 전부터 계속되고 있다.

이제 구심점은 와해되었고 쇼도 끝났다. 이제 우린 다시 현실의 한가운데로 돌아가야 한다. 그리하여 이런 모순들 속에 우리가 제대로 아는 것과 잘 모르는 것들을 구분하여 진정한 과학과 경제적 이익을 이끌어내야 할 것이다.

우선 기후가 느리게나마 더워지고 있다는 건 의심할 여지가 없다. 이는 지구의 역사 속에서 여러 번 되풀이되었던 일이다. 하지만 온난화의 주범이 정말 산업화와 탄소에너지에서 배출되는 다이옥신인지에 대해선 확실하지 않다. 이산화탄소 때문에 온난화가 일어난다는 가설은 지구온난화의 이데올로그들의 바람과는 달리 확실한 근거가 없다. 이 가설은 오직 이론적 모델로만 존재할 뿐이다. 정말 지구온난화가 일어나고 있다면 과거의 경우처럼 인간에게 유익할(특히 농업에 있어서) 수도 혹은 피해를(열대병과 홍수 등) 가져다줄 수도 있을 것이다. 그러므로 지금부터 지구온난화를 억제해야 할지 아니면 나중에 온난화가 확실한 결과를 가져왔을 때 대처해야 할지 잘 생각해보아야 할 것이다. 다시 말해, 불확실한, 혹은 먼 미래에 있을 위험에 대비해 산업성장을 늦출 것인가 아니면 온난화의 피해에 그때그때 대처하는 부수적인 방법을 모색하며 성장을 이어갈 것인가를 선택해야 하는 것이다.

코펜하겐 회의 전만 해도 우리는 지구온난화로 인한 재앙을 주장하는 사람들의 목소리밖엔 들을 수 없었다. 하지만 코펜하겐 회의 이후엔 발전론자들이 내는 대안의 목소리도 함께 들을 수 있게 되길 기대한다. 발전론자들은 일어날지도 모르는 위험에 보다 잘 대처하기 위해서는 먼저 발전이 필요하다고 주장한다. 이러한 발전주의 진영은 두 파로 나눌 수 있는데 지구온난화에 대한 부정론자들과 회의론자들이다. 부정론자들은 지구온난화 자체가 없다고 보거나 온난화가 실제로 확인된 뒤에 이 문제에 대처해도 늦지 않다고 주장한다. 반면 회의적 발전론자들은(고백컨대 필자도 이 그룹에 속한다) 중도의 길을 걸으며 신중론을 편다. 이들은 탄소 다이옥신이 확실히 검증된 건 아니더라도 어느 정도 지구온난화의 원인이 되고 있음을 인정하며, 온난화로 인해 통제할 수 없는(예를 들면 바이러스성 유행병과 같은) 새로운 위험에 직면할 수도 있다고 생각한다. 이들은 발전론자답게 에너지 자원의 다양화를 바람직한 방향으로 보고 있다. 에너지 자원

의 다양화가 불안정한 자원에 대한 의존을 줄일 수 있는 전략적 이점
도 줄 수 있다는 것이다.

이러한 에너지 자원의 다양화가 원활하게 이루어지기 위해서는 탄
소 에너지에 세금을 매기는 문제에 대한 경제학자들의 진지한 토의
가 필요하다. 단 이 세금은 과중해선 안 되고, 다른 생산부문의 세금
들을 대체할 수 있어야 하며, 전세계적으로 시행되어야 한다. 이러한
에너지 세금에 내재되어 있는 위험 요소는 몇몇 정부들이 세금을 공
제하지 않는 나라의 수입을 금지하게 하는데 이용할 수 있다는 것이
다. 따라서 우리가 지구온난화를 믿는다면 모두에게 이로운 자유무
역과 모두에게 균등한 혜택을 줄 수 있는 에너지 자원의 다양화 사이
에서 적절한 균형을 찾아야 할 것이다. 또한 터무니없이 많은 보조금
을 주며 환경주의자들이 열정을 쏟고 있는, 풍력발전 같은 가치 없는
새 에너지 연구에 대해서도 다시 생각해야 할 것이다.

완전히 객관적인 자료들에 의거한다면 국가 내 또는 국가 간의 대
화를 통해 실현 가능한 합의와 전략을 이끌어낼 수 있을 것이다. 이렇
게 하면 '지구의 수호신들' 처럼 요란을 떨지 않고도 우리 인류의 상
황을 더욱 개선할 수 있을 것이다.

아시아의 시대? 쉽지만은 않다

2010년 새해를 맞아 언론들과 미래 예언가들은 서양에서 동양으로 권력의 축이 이동하는 역사적인 대변화가 있을 것이라고 말한다. 최근에 벌어진 많은 일들이 이런 예측들에 설득력을 더해준다. 중국은 독일을 넘어서 세계 제일의 수출국이 되었으며 한국 기업들의 컨소시엄은 프랑스를 제치고 아랍에미리트의 원전 수주에 성공했다. 사실 이런 일들은 아시아 나라들에게 무척 고무적인 일이다. 반면 서양에서는 경제위기가 계속되고 있으며 미국과 유럽의 정부들은 분석 기능조차 마비된 채 아무 대책도 내놓지 못하고 있다. 그나마 내놓은 경제정책들은 기업정신 대신 사회보장 메커니즘만을 강화하면서 경제위기를 더 악화시키고 있다.

하지만 서방세계가 쇠퇴하고 아시아의 시대가 도래할 것이란 선언은 너무 성급한 판단이다. 먼저 짚고 가야 할 것은, 아시아의 시대라고 하는데 그 아시아가 구체적으로 어떤 나라들을 말하느냐는 것이다. 각종 언론매체들이 신문 일면을 장식하기 위해, 또는 미래예언가들의 장단을 맞춰주기 위해 동서양 할 것 없이 현실과 동떨어진 아시아에 대한 관념을 만들어내는 것 같다. 한국이나 일본, 중국 동부, 그리고 베트남의 경우 어느 정도 공통의 문명이나 경제 문화를 공유하고 있다 할 수 있다. 하지만 그 이상은 없다. 중국 서부는 여전히 중세 시대 같은 생활을 하고 있으며, 인도네시아는 전혀 다른 세상을 살고 있고, 인도 또한 전혀 다른 아시아라 할 수 있다. 더구나 아시아국들 간에는 정치적 공통점도 찾아볼 수 없다. 어떤 나라들은 민주국가이고 어떤 나라들은 독재국가를 유지하고 있다. 말하자면 아시아는 같은 자본주의 경제체제라는 표면상의 공통점만을 가지고 있을 뿐이다. 하지만 같은 자본주의라도 중국의 경우는 한국이나 일본처럼 사유제도에 기초를 둔 자본주의가 아니며 인도의 경제는 여전히 농업과 소기업들에 의존하고 있다. 아시아에는 유럽연합이나 나토NATO와 같은 중심기관이나 협력기관도 없다. 파키스탄 서쪽에는 아직도 분쟁이 끊이지 않고 있으며 중국해 연안에는 분쟁의 불씨가 항존하고 있다. 그러면 누가 아시아 국가들의 국경과 무역왕래의 자유를 지켜주고 있는가? 서쪽은 나토근이, 동쪽은 미국 제7함대가 지켜주고 있다. 만약 중국해에서 미군이 철수한다면 활기찬 아시아 경제의 원동력인 국제적 상업교류는 더 이상 유지되지 못할 것이다. 아시아의 안전이 아시아가 아닌 세계 헌병대의 손에 달려 있는 한 아시아의 시대를 이야기할 수 없을 것이다.

또 한 가지, 아시아에서는 기술 혁신이 거의 이루어지지 못하고 있다. 중국은 부가가치가 거의 없는 단순 생산품이나 서양에서 들여온 물건을 조립해 수출하는 수준이다. 일본이나 한국이 보다 창의적인 아이템들을 갖고 있기는 하지간 근본적으로는 서양에서 발명한 상품이나 서비스를 더 완벽하게 다듬는 정도다. 아시아 국가들이 혁신어 있어서 서방 세계보다 상대적으로 뒤처지는 이유는 아마도 뛰어난 고등교육기관이 없기 때문일 것이다. 아시아의 학생들은 학업을 완성하기 위해 서양으로 넘어가고 있으며 반대의 경우는 거의 없다. 북미로 떠난 중국 학생들 중 약 80%는 그곳에 정착해 산다. 마지막으로 가장 중요한 사실은 아시아가 자본주의나 민주주의, 개인주의, 남녀 평등, 신정분리의 원칙 등 서방세계의 가치관들을 그대로 받아들여 발전해 왔다는 점이다. 이런 서구적 가치들의 '침략'에 대한 반작용으로 '조화론' 같은 아시아 고유의 가치들을 다시 부흥시키려는 시도가 있기는 하다. 하지만 이런 운동이 정치색을 띠기 시작하면서 서양은 물론 아시아인들에게조차 설득력을 얻지 못하고 있다. 이러한 문화적 빈곤화는 아시아 나라들에게나 서방세계에나 매우 유감스러운 일이다. 아시아를 대표하면서도 동시에 세계적인 마하트마 간디 같은 사상가가 드물게도 인도에서 나왔다는 점을 생각하면 참으로 안타깝다.

이런 면에서 아직까지 혼란 속에서 쇠퇴의 길을 걷고 있는 아시아의 다른 나라들의 경제력은 제쳐두고라도 중국과 베트남의 수출, 한국의 마케팅 파워만을 보고 아시아의 세기가 왔다고 단정짓는 것은 너무 성급한 판단이다.

그렇다고 서방세계가 가진 많은 연구단체들이나 대학, 문화적 가치관들, 미디어산업, 군사력 등만을 보고 서방세계가 언제까지나 세계의 주도권을 이어갈 거라 결론지을 수도 없다. 동서양의 관계를 말할 때 이제는 옛날의 개념들이나 시대에 뒤떨어진 기준들은 뛰어넘을 필요가 있다. 지금은 경제를 말해야 할 때인 것이다. 일국의 경제나 일국의 생산품 같은 것은 더 이상 존재하지 않는다. 제품(스마트폰이나 바이오테크 등)이나 서비스(은행파생상품 등)는 점점 복잡해지고 그 원산지는 다국적화, 세계화되고 있다. 중국이 미국의 국채를 사들였다고 해서 한 쪽이 다른 쪽에 의존하고 있다 말해야 할까? 상호 교환을 한다는 것은 서로 서로 의존 관계에 있다는 말이 된다. 아시아가 부유해진다고 해서 서방세계가 가난해지는 것은 아니다. 모두 함께 발전해 가는 것이다. 테러리즘 또는 이란과 북한의 핵실험 등 세계 안전을 위협하는 행위는 단순히 동서양의 대립 문제가 아니라 전세계 문명에 대한 위협인 것이다.

대중문화의 경우도 마찬가지다. 중국에서 큰 인기를 끌고 있는 한국의 아이돌 가수들은 한국적인 것일까 미국적인 것일까? 이들은 단지 세계화된 가수들일 뿐이다. 우리는 아시아의 세기에 들어선 것도, 서양의 세기에서 빠져나온 것도 아니다. 다만 세계화의 세기로 함께 나아가고 있을 뿐이다. 하지만 이것은 지금까지와는 전혀 다른 새로운 문명이며 우리를 어디로 데려다줄지 모른다. 그래서 우린 이 문명을 표현할 적절한 단어를 찾지 못한 채 과거의 어휘들에서만 맴돌고 있는 것이다.

이 새로운 세계가 최고는 아닐지라도 분명 전과는 다를 것이다.

한국이 놓칠 수 없는 기회, G20 정상회담

올 11월 11일과 12일 사이 세계 주요 20개국의 모임인 G20 경제 정상회담이 개최됨으로써 서울은 처음으로 세계의 중심도시가 될 것이다. G20은 한국과 브라질, 남아프리카공화국 등 경제적 도약을 이룬 나라들을 포함하면서 바야흐로 세계 정부의 면모를 갖추게 되었다. 2008년과 2009년 사이의 세계 경제위기 때에도 그 해법을 함께 나누면서 G20은 그 위상을 입증한 바 있다. 이들 나라들이 함께 나눈 해법이란 바로 자유무역을 보호하여 우리를 세계적인 경기침체로부터 지켜주는 것이었다.

2010년 막바지 한국은 매우 중요한 권한을 부여받게 될 것이고 이는 역사적인 기회가 될 것이다. G20의 공식 회의는 원칙적으로 국제 안전문제에 대해선 관여하지 않기로 되어 있기 때문에 경제적인 문제만을 논의하게 될 것이다. 그러나 경제의 논리에 대해서도 한국은 자신들의 경험을 나눌 자격이 충분히 있다. G20은 한두 세대 만에 절대빈곤을 넘어 풍요를 이룬 '한국적 모델' 을 알리는 데 매우 좋은 기회가 될 것이다. 나라들마다 자신들만의 경험들이 있기 마련이지만 한국의 교훈은 매우 보편적인 원리들을 보여준다. 즉 한국이 보여주는 체제의 안정성과 기업가정신, 국제교류 그리고 교육열은 국가 발전의 가장 기본적인 요소들이다.

한국은 한순간도 집산주의collectivism[120]를 믿지 않았으며 발전을 명목으로 세계에 손을 벌리지도 않았다. 마찬가지로 최근의 경제위기 때에도 한국 정부는 자유주의적 방향을 틀지 않았으며 국가가 시장을 대신하려 하지도 않았다. G20은 이런 한국의 원칙들과 경험들을 세계에 전해줄 아주 특별한 무대가 될 것이다. 사회주의에 매료되어 있는 서방국가들이나 국제원조에 의지하는 많은 가난한 나라들은 한국을 통해 많은 것을 배우게 될 것이다.

G20 정상회담은 또한 서울을 세계지도 위에 확실하게 자리매김할 최고의 기회가 될 것이다. 유럽이나 미국 사람들은 한국이 정확히 어디에 있는지, 한국이라는 나라가 어떤 문화를 가지고 있는지 거의 모른다. 다른 나라와 헷갈리거나 한두 개 자동차나 휴대폰 메이커의 이름을 대는 정도다. 한국이 국가브랜드 이미지를 제대로 가지지 못해 많은 어려움을 겪고 있다는 것은 잘 알려진 사실이다. 국가에 대한 이러한 인식 부족은 경제적으로나 외교적으로도 상당히 부정적인 영향을 준다. 세계의 소비자들은 아무래도 프랑스나 미국, 일본 등과 같이 문화에 있어 긍정적으로 인식된 나라의 제품들을 선호할 수밖에 없다. 한국이 덜 알려진 탓에 한국 제품들은 국제경쟁에서 상대적으로 불이익을 당하고 있다. 현대로 오면서 고수익 산업으로 변모하고 있는 관광산업의 경우만 해도 세계에 이름이 잘 알려지지 않은 한국에겐 매우 취약한 분야로 남아 있다. 현대로 오면서 각광받는 또 다른 산업이자 수익성이 좋은 문화수출산업도 마찬가지다. 한류 열풍에도 불구하고, 또한 한국의 예술 생산품들이 아시아에서 가장 빠르게 퍼

---

120) 토지나 생산 수단 등을 국유화하여 관리 · 통제하는 주의.

져나가고 있음에도 불구하고 이 산업은 아직까지 미미한 상태에 머물고 있다. 북한과의 대립문제는 차치하고라도 한국은 제대로 인식되지 못한 국가 이미지로 인해 국제 협약 관계에서도 많은 불이익을 당하고 있다. 그래서 한국은 일본과 중국처럼 자체로서 하나의 문명권으로 인정받지 못하고 둘 사이의 중간적 위치 정도로 생각되고 있는 것이다.

이번 G20 정상회담에서 한국이 위치에 걸맞는 문화 전략들을 잘 수행해 낸다면 한국은 그간의 잘못된 인식을 바로잡을 수 있을 것이다. 내 생각으론 이제부터라도 한국의 공공기관들이나 정부, 서울시 그리고 대기업들이 세계에 한국을 알리기 위해 적극 나서야 한다. 이를 위해서 한국은 용산 국립박물관처럼 이제까지 보여주지 못한 것들을 부각시켜야 한다. 원시부터 현대까지의 문명을 보여주는 아시아 유일의 이 박물관은 이제 모든 세계 여행자들의 안내지도에 등재될 것이다. 지금이 바로 이 박물관을 세계에 알릴 최고의 기회인 것이다. 또한 아직 완성되려면 멀었지만 광화문 광장에 세워질 현대사 박물관에 대해서도 지금부터 홍보해야 할 것이고 경복궁에서 한강까지 이어지는 '국가 상징 거리'도 외교사절단들과 기자들에게는 미리 알려야 할 것이다.

이러한 한국문화 알리기 전략에 영화, 음악, 조형예술, 문학 등에서 활약하는 세계적인 예술가들의 참여도 빠뜨리지 말아야 한다. 작고한 백남준에게 범했던 실수를 한국은 다시 되풀이해선 안 된다. 파리와 뉴욕을 오가며 활동했던 세계적 아티스트 백남준은 한국을 알릴 수 있는 훌륭한 외교사절이지만 정작 한국 정부는 그의 존재를 제대로 인식하지 못했고 결국 불운하게 죽음을 맞아야 했다. 죽은 뒤에야 한국 정부는 그의 존재를 인식했지만 그가 한국을 널리 알리는 데 얼마나 공헌했는지를 깨닫기까진 더 많은 시간이 걸렸다. 오늘날 활동하고 있는 한국의 다른 예술가들에 대해서는 정부가 다시 이런 실수를 되풀이하지 말아야 한다.

1988년 올림픽과 2002년 월드컵 때와 마찬가지로 이번 G20 회담은 직접적인 경제효과를 넘어서 한국을 상업교류의 중심으로, 나아가 세계화 문명의 중심으로 만드는 데 도움을 줄 것이다. 이제 정부나 공공기관들이 한국의 문화 인재들에게 좀더 기회를 주어야 한다. 그래서 수많은 외교사절들과 경제학자들이 G20 회의에만 참석했다가 돌아가는 일이 없도록 해야 한다.

기 소르망의 저서들

『미국 보수주의 혁명』, Fayard, 1983 ; 재판, 1984.

『자유주의적 해결방법』, Fayard, 1984 ; 재판, 1985.

『최소 국가』, Albin Michel, 1985.

『앞서가는 미국, 그 매력과 혐오』(공저), Hachette Litterature, 1986.

『신국부론』, Fayard, 1987 ; 문고판, 1988.

『20세기를 움직인 사상가들』, Fayard, 1989 ; 문고판, 1991.

『미국 정부』(공저), La Decouverte, 1990.

『사회주의로부터의 탈출』, Fayard, 1990 ; 문고판, 1992.

『No a la decadencia de la Argentina』, 부에노스아이레스, Atlantida, 1990.

『Hacia un nuevo mundo』, 부에노스아이레스, Emece, 1991.

『정말 러시아를 도와야 할까?』(공저), Albin Michel, 1991.

『야만인들을 기다리며』, Fayard, 1992 ; 문고판, 1994.

『자본, 그 지속과 종말』, Fayard, 1994 ; 재판, 1995.

『프랑스적 행복』, Fayard, 1995 ; 재판, 1996.

『세계는 나의 동포』, Fayard, 1997 ; 문고판, 1999.

『프랑스에서의 좋은 시절』, Fayard, 1998.

『새로운 자유주의적 해결방법』, Fayard, 1998.

『기로에 선 프랑스어』(공저), L' Harmattan, 1999.

『떠오르는 인도』, Fayard, 2000 ; 문고판, 2006.

『프랑스에서 토론이 가능할까?』(공저), Albin Michel, 2001.

『진보와 그의 적들』, Fayard, 2001.

『리파Rifaa의 아이들, 이슬람교도와 현대인』, Fayard, 2003 ; 문고판, 2005.

『Made in USA, 미국 문명에 대한 시선』, Fayard, 2004 ; 문고판, 2006. (문학세계사 출간)

『닭의 해, 중국과 반역자들』, Fayard, 2006 ; 문고판, 2008. (『중국이라는 거짓말―경제성장의 장막에 가려진 중국』, 문학세계사 출간)

『아메리카 : 행복의 탐구』, Full Circle, 뉴델리, 2009.

『경제는 거짓말을 하지 않는다』, Encounter, 뉴욕, 2009 (문학세계사 출간)